NICOLAS RYHINER
IM SURINAM

Der Autor und der Verlag danken herzlich
für die Unterstützung:

Der Zytglogge Verlag wird vom Bundesamt für Kultur mit
einem Strukturbeitrag für die Jahre 2016–2020
unterstützt.

Coverbild: Albert von Sack: Beschreibung einer Reise nach Surinam
und des Aufenthaltes daselbst in den Jahren 1805, 1806, 1807 so wie von
des Verfassers Rückkehr nach Europa über Nord-Amerika nebst einer
zweiten Reise dahin 1810-1812. Haude und Spener, Berlin, 1821,
Universitätsbibliothek Basel.
Layout/Satz: Zytglogge Verlag
Druck: Finidr, Tschechische Republik

ISBN: 978-3-7296-5024-4

www.zytglogge.ch

Nicolas Ryhiner

Im Surinam

Roman

ZYTGLOGGE

Für Béatrice

Sissach, d. 4. August 1824.

Am Donstag kam ich um 3 Uhr nachmittags von der
in Zunzgen gehaltenen Vorkinderlehre nach Hause und
vernahm gleich beym Eintritt in dasselbe von meinem
Töchterlein: Herr Ryhiner auf dem Ebenrain habe sich
in seinem Zimmer erschossen. Ich konnte u. wollte erst
dieser Nachricht keinen Glauben beymessen; als aber
ich derselben gewiss versichert war, lief ich, laut weh-
klagend und jammernd, die Treppe hinauf. Ich begab
mich sogleich zum Herrn Bezirksphysikus Heinimann
und von da zu Herrn Statthalter Forcart, um bestimmte
u. genaue Erkundigung über diesen erschütternden
Vorfall einzuziehen. Das Visum et repertum der Ärzte
hörte ich ablesen; niemand aber konnte sagen, was
Herrn Ryhiner zu diesem entsetzlichen Entschluss gebracht. Und so steht es in Hinsicht der Beweggründe
noch bis auf den heutigen Tag. Nur so viel weiss man,
dass er 6–8 Wochen vorher in eine finstere Schwermuth
verfallen war, in welcher ihm alle seine vorigen Lieb-
habereyen verleidet waren. Man schrieb es aber seiner
Unpässlichkeit zu und dachte nicht von ferne an das,
was geschehen ist. Hingegen sagte mir Freund Theo-
phile Passavant: er habe 6 Wochen vorher Herrn
Ryhiner gesprochen und nachher seinem Vater gesagt: es
wundere ihn nicht, wenn Herr Ryhiner sich selbst entleiben würde.

Am Freitag früh ersuchte mich Herr Hauptmann
Ryhiner, Onkel des Verstorbenen: ich möchte bey seinem Leichenbegängnis beym Grabe ein Wort des Trostes sprechen. Ich antwortete, ich dürfe diesen Auftrag

nicht übernehmen, ohne vorher mit Herrn Antistes gesprochen zu haben, worauf ich mich sogleich auf den Falkenrayn begab.

Herr Antistes Rath ging dahin: mich keineswegs zu weigern, ein Gebet um Trost in dem Leidhause zu halten, weil diess heilige Pflicht des Seelsorgers gegen die am Verbrechen des Selbstmordes ganz Unschuldigen und Trostes bedürftigen Hinterlassenen sey. Herr Hauptmann Ryhiner schien auch ganz zufrieden mit diesem Entscheid des Antistii zu seyn. Freund Passavant kam noch Nachts 10 Uhr zu mir. Ich las ihm mein eben ins Reine gebrachte, 4 Octavseiten eng geschrieben enthaltendes Gebet vor. Er billigte es ganz und erklärte es für tröstlicher als das seinige, das er auf den Fall verfertigt hatte, wenn ich mich weigern würde, ein Gebet zu halten.

Um halb 4 Uhr früh bey der Morgendämmerung war ich nebst sämtlichen Autoritäten und einigen anderen Einwohnern von hier abgeredtermassen schon auf dem Ebenrain und durfte nicht lange warten, so war alles in Ordnung. Ich verlas nun, vor einem Tisch mit 2 Lichtern stehend, im Sommerhaus, bey offenen Thüren, in Gegenwart der Verwandten, der die Leiche begleitenden Einwohner, der 15 um den Sarg stehenden Trägern und des Dienstpersonals mein geschriebenes Gebet. Es herrschte feyerliche Stille und allgemeine Rührung während demselben. Da nur wenige Personen die Zeit des Leichenbegängnisses erfahren hatten, so liess sich unterwegs u. auf dem Gottesacker fast kein Mensch blicken. Herr Statthalter hatte befohlen, dass man Herrn Ryhi-

ner in der Kirche begraben solle und wohnte selbst dem Grabmachen bey. Er liegt jetzt zwischen 2 Kindern. Zum Glück traf die Reihe gerade den hintern Kirchhof, über welchen kein gangbarer Kirchweg führt.

Frau Ryhiner, die sich jetzt in ein Bad bey Thun für einige Wochen begeben hat, schikte mir gestern Hundert Neuthaler für den hiesigen Armenseckel. Überhaupt hat sie und ihr unglücklicher Mann sich immer sehr wohltätig gegen die hiesigen Armen bewiesen, so dass H. Ryhiner von denselben, so wie überhaupt von den Leuten hiesigen Orts, denen er viel zu verdienen gegeben hat, sehr bedauert wird.

Am gleichen Samstag hatte ich auch um 10 Uhr 2 alten Witwen, die zusammen 167 Jahre gelebt haben, die Leichpredigt zu halten. Ihr Grab konnte an einem von Herrn Ryhiner etwas entfernten Orte gemacht, welches ihren hinterlassenen Kindern sehr lieb war.

Hiermit schliesse ich mit Bitte um euere Fürbitte für Euren armen

D.B.

Aus den Pli-Briefen von Daniel Burckhardt-Linder, Pfarrer in Sissach von 1812–1833.

PROLOG

Vorhang auf! Nennt mich Vater, und ihr werdet sein meine Kinder fortan – wie die Herrnhuter Pfaffen, die elenden Seelenfänger, die Missionare kennen sich aus bei den Negern. Sie sollen Vater zu mir sagen, *pater noster,* das ist besser als *Sir.* Respekt sollen die Sklaven vor mir haben. Respekt, von allem Anfang an. Ich werde ankommen auf meiner Plantage und euer Vater sein. Nennt mich Vater! Auch wenn ich ein junger Schnösel bin aus Basel. Und Johann Rudolf Ryhiner heisse. Euer Vater, und wenn ich weiss bin und ihr alle schwarz.

Kotzübel war mir bei der Überfahrt, sterben wollte ich, bevor ich überhaupt erst ankam – aber dann wird's grünlich, das Meer, das vorher blau war, der lange Streifen von Guyanas dunklen Wäldern zeigt sich, der Wind lässt nach, man setzt die grossen Segel, Schwärme roter Flamingos ziehen über die Küste, Schmetterlinge kommen an Bord, Wohlgerüche von Millionen Blüten – alles weg, alles vergessen, was beschissen war bisher im Leben, alles neu, alles mein, alles gross.

Die Mündung der beiden Flüsse, der breite Strom, Delphine mit rosa Bäuchen und überall die farbigen Barken mit den nackten Rudernegern. Weisse Häuser, und die Mühlen mit dem langen Schornstein, versteckt unter dichtem Gewächs, Zuckerplantagen, Kaffeeplantagen an allen Ufern, gleich dahinter fängt der Urwald an. Träge Fluten, die Mündung vielleicht eine Viertelstunde breit. Weg ist die Eiszeit, weit weg der zugefrorene Rhein, das Grau, das ewige Grau meiner Vaterstadt. Meiner zugeknöpften Jugend.

Mein Vater, beerdigt, im Apothekerhimmel wird er schweben, bei seinen wohlanständigen Freimaurern, den wohltätigen, wohlwollenden, allwissenden. Zu dir werd ich es wohl nicht schaffen, heute Nacht, in deinen Himmel, wenn ich mir gleich die Kugel durch den Kopf jage.

Mehr Brennholz, Hänsler, viel mehr Brennholz! Hörst du, Hänsler, was ich befehle? Her mit den Scheiten, gib ihm Zunder, heute wird der Ofen eingefeuert, dass es bollert und lodert und kracht, ja, auch wenn es Juli ist, in den hundigen Hundstagen dieses vermaledeiten Jahres Vierundzwanzig und eine laue Nacht ist, mir ist kalt. Seit ich zurück bin, hier im Land der Väter, frier ich mir den Arsch ab, Hänsler, verstehst du? Bring ein ganzes Ster herauf und heize tüchtig jeden Ofen ein im Haus! Ich friere! Hänsler, wird's bald? Gleich hol ich den Ochsenziemer und versohle dir das Fell, du Krüppel, wenn du nicht vorwärts machst, Hänsler, ich jag dich noch zum Teufel, du Nichtsnutz, und wenn es meine letzte Tat ist, dann kannst du klagen beim Gericht, ja, das ist modern, das Klagen, das Gesinde klagt und das Schiedsgericht, das gerechte, fällt dann ein Urteil zu deinen Gunsten und zu deinem neuen Recht, wie im Fall des alten Gärtnerehepaares, den unflätigen Lupsigers, es richtet und stellt fest, der grausame Herr vom Ebenrain zu Sissach habe die armen Entlassenen viel zu hart und – wie in den Prozessakten festgehalten – «nach amerikanischen Grundsätzen zu behandeln können geglaubt». Frechheit. Und der Patron wird genötigt, dir für deine Untauglichkeit noch 15 Louisdor zu zahlen.

Neue Zeiten, neues Recht. Ich stimme dem ja zu, zum Teil, ich bin kein Unmensch. Ich weiss, es ziemt sich nicht, Rousseau, Voltaire, und so weiter, und so fort. Bewaffnete Neutralität und des Volkes Wille, das ist die neue Formel. Ich bin kein Politiker. Früher stand bei der Linde, am Ende des Parks der Galgen, beim Glünggisbühl wurde Gericht gehalten und der Henker waltete seines Amtes. Aber das war lange vor meiner Zeit, und auch vor deiner, Hänsler, es soll ja gut sein, so wie es ist. *Tempora mutantur, nos et mutamur in illis.* Ich bin kein Lateiner, aber der Spruch wird einem ja eingetrichtert, im humanistischen Gymnasium auf Burg, den werd ich nie mehr los, ich war ein schlechter Schüler, habe Latein gehasst, Mathematik geschwänzt und nichts studiert, ich bin zur Schande meines Vaters kein Akademiker geworden, habe zu seinem Verdruss die Apotheke meiner Vorväter am Fischmarkt nicht übernommen, war der Schreck der Basler Gesellschaft, ich hab mich schlecht aufgeführt und war vorlaut, wie es hiess.

Nicht wie Jakob, mein grosser Bruder. Der hätte die Apotheke übernommen. Wenn er gelebt hätte, wenn … Ich hab stattdessen Karten gespielt. Und brav gewartet bis zu meiner Volljährigkeit und auf Vaters Tod. Statt wie Jakob zu studieren, wenn er nicht gestorben wäre, als ich zur Welt kam. Wenn.

Ich hab mich, gehorsam wie ein guter Sohn, in Handelshäusern kundig gemacht, bin Kaufmann geworden, bevor ich aufbrach in die Neue Welt. Da hat man einträgliche Plantagen, Hänsler, hörst du. Geerbt von Mutters Faesch'schen Seite, in Surinam, und keiner kümmert sich darum, keiner fährt hin, verstehst du, zu unkommod, zu viel der Anstrengung, zu fremd, das Ganze, jeemerli, jeemerli. Und dann das Sklavenproblem, jeemernaiau, wir als gute Christen, ist das noch zu verantworten, heutzutage, mit dem humanistischen Gedanken und den Engländern? Ja, ich kann's ja nachvollziehen, mit all den Abolisten überall, die werden den Sklavenhandel wohl bald ganz aufheben. Die Zeiten ändern sich, und wir ändern uns mit ihnen, und ja, es lebt sich ja ganz anmutig im Surinam, aber doch lieber hier in den Schorenmatten auf dem Landgut mit dem Namen *Zum kleinen Surinam*, ach wie kummlig, direkt vor den Toren der eigenen Stadt, verstehst du, im Surinam, das man, wohlbemerkt, aus den Erträgen aus Übersee finanziert.

Und dann die Aufstände, sagen sie und machen sich in die Hosen, man kann doch nicht mehr, wie zu alten Zeiten, wie der alte Faesch, einfach durchgreifen und die Neger köpfen, wenn sie fliehen wollen? Sagt ja keiner mehr, man soll sie köpfen, verstehst du – und nein aber auch, das feuchte Klima und die Schlangen, die Seekrankheit, das Tropenfieber und die vielen Mücken, pfui Teufel!

Aber vorbei ist vorbei, jetzt ist eh alles aus, Hänsler. Ich hab das Spiel verloren. Obwohl ich gute Karten hatte. So ist das Leben. Es hätte anders kommen können. Aber hier ist, was jetzt ist. Alles was ich dir jetzt sage, hätte anders sein können, ich *setze* das, Hänsler, verstehst du, dies ist eine Setzung, wie bei Kant, sagen die Akademiker, wenn sie besoffen sind.

Hier, *nihilo trotzquam,* die Geschichte: Der fiese V. spielt dabei den Judas. V., genannt der Pfau. Pokulieren mit Studenten, Künstlern, Musen, man zieht durch die Gassen, endet im Drei Könige am Rhein, frühmorgens bin ich voll, kann nicht mehr gehen. V. nimmt ein Zimmer im Gasthaus, schleppt mich rauf, legt mich aufs Bett und zieht mich aus, zieht mir die Hose runter und will mich küssen. Ich hau ihm ordentlich die Faust ins Gesicht, damit er merkt, ich bin kein warmer Bruder wie er einer ist, und sag ihm alle Schande. Er setzt sich an den Bettrand und heult sein Elend in die Nacht. Ich schlafe ein, er zückt sein Skizzenheft, zeichnet mich schamlos im Geheimen, schlafend, nackt und wehrlos ab. Er zeigt die Blätter in der Folge jedem, der sie sehen will, man lacht sich über mich den Buckel voll in Basel.

Ein paar Jahre später wird er dann, weil er's auf die Spitze treibt mit seiner Herrenreiterei und dem weibischen Getue, von der Familie fortgeschickt, auf ausgedehnte Reisen nach Westindien, Amerika und Mexiko, mit seinem Skizzenblock, er ist ja wirklich ein sehr begabter Zeichner, aber Päderasten will man keine in unseren Kreisen, besonders wenn sie auffällig werden. Tunichtgute schickt man in die Kolonien, dort sollen sie machen was sie wollen. Das war immer schon so, seit es die neuen Länder gibt.

Nicht aber bei mir, Hänsler, nicht in meinem Fall. Ich musste meine Setzung machen auf dieser Welt, ich hatte Anspruch auf meine eigene Setzung, verstehst du. Nicht erobern, die Welt, nicht neu erfinden, aber setzen, meinen eigenen Anteil hineinsetzen. Wie beim Kartenspiel. Meine Runde. Mein Einsatz. Mein Risiko. Und ich hab's versaut, das Leben, mit meinem Spiel. Ich hab verloren. Die Rechnung ist nicht aufgegangen. *Rien ne va plus*.

Bring mehr Brennholz, Hänsler – ich komme also an, wie gesagt, Schwärme von kleinen Delphinen mit rosa Bäuchen, und so weiter und so fort, erste Mückenstiche, naturgemäss, und die schwüle Luft, die schweren Düfte, die grosse Hitze, ich streife meinen Rock ab und ziehe meinen Hut, Paramaribo! Ja, Paramaribo! Stehe in aufgewühlter Stimmung an Deck, im blossen Hemd: Endlich, das Land meiner Sehnsucht! Hier beginnt die Unendlichkeit. Ich rauche meine erste Zigarre in den Tropen.

Man geht vor Anker. Eine Viertelstunde flussaufwärts, majestätisch, in buntfarbiger Kajütenbarke, reiches Schnitzwerk, Vergoldungen, mit Jalousien an den Fenstern. Acht Ruderneger in Livree, hoo-hiss, hoo-hiss. Die Häuser am Ufer stehen erhöht auf Stelzen, die meisten aus Holz, wenige aus Backstein, meist perlenfarbig, die Läden und Türen gefirnisst in grün, Baumriesen erheben sich dahinter, Melonenbäume, übersät mit duftenden Blüten, Kokospalmen, das Hinterland ist fruchtbar und satt, man ahnt sie, die unendlichen Wälder, von fern das Geschrei der Affen, die Rufe der tropischen Vögel.

In einer kleineren Barke geht's weiter, vorbei an der Siedlung, wo aller Wald ausgerottet ist: Sieht fast ein wenig aus wie in einer reichen Gegend Hollands, so musst du dir das vorstellen, Hänsler, wenn nicht die exotischen Gewächse und die schwarzen Sklaven die Illusion stören würden. Die letzte Etappe der Reise, am rechten Ufer des Flusses Commewijne entlang, bei der Mündung, jetzt also dem Ziel entgegen: Meine Plantage Charlottenburg.

Gezirp von Grillen, es sirrt die Luft. Die Allee mit den Zitronen- und den Orangenbüschen, die Pampelmusebäume, das Wohn- und das Gästehaus, wie beschrieben in den Briefen, und dennoch weit anmutiger anzusehen in Wirklichkeit als auf den Skizzen meines Direktors, dem alten Haudegen Bödeker, der mich schon erwartet mit seinem Willkommenstrunk.

Bödeker, danke für die Ehrerweisung, ganz meinerseits, die Ehre, endlich die Gelegenheit zu haben, Sie kennenzulernen, *in persona*, quasi. Deutschen Riesling hätte ich hier zuletzt erwartet, beim Gehalt von 5000 Livres jährlich, die er von uns verlangt, allerdings nicht unbedingt erstaunlich, wie ich meine, nicht wahr, Hänsler. Er scheint es etwas *gênant* zu finden, dass ich für's Erste im Gästehaus unterzukommen wünsche, während er weiterhin im Haupthaus residiert – Keine Umstände meinetwegen, mein Bester. Man wird sehen, wie die Dinge sich in Zukunft entwickeln. Er weist mir seine schönste kleine Sklavin zu, die für mein Wohl zu sorgen hat, nebst einem Koch und einem weiteren Haussklaven.

Dann der abendliche Appell der Arbeitssklaven im Park. Meine kleine Rede zur Begrüssung sprech ich in einer Art Neger-Englisch, es soll so klingen wie das Pidgin, das hier alle reden. Das Kirchenlatein der Kolonien. *Call me Vater, you my black sons and dotters now.* Das versteht doch jeder, Hänsler, nicht wahr? *Call me Vater, you my black sons and dotters now.* Seit die Investoren den Kolonialherren gleichgestellt sind, die Franzosen, die Venezier, die Schweizer, hat man sich auf dieses merkwürdige Kauderwelsch geeinigt. Seit die Briten die Kolonie besetzt haben, sowieso, vorher sprach man Holländisch. *mijnheer* statt *Sir,* verstehst du, Hänsler, *mijnheer.*

Mehr als die Hälfte der Weissen sind Juden aus aller Herren Länder, Sklavenhändler aus Tradition, aber auch Pflanzer, Siedler oder Krämer. 1 Weisser auf 40 Mohren, die eingeborenen Wilden nicht mit eingerechnet, da braucht es Truppen, Hänsler, um die Ordnung zu erhalten. Überall besoffene Soldaten, gelangweilte Offiziere, auf allen Wegen, auf allen Plätzen, in jedem Kaff, verstehst Du, Plage und Notwendigkeit. Gesindel jedenfalls, in Überzahl.

Als erstes beschaffe ich mir ein Pferd. Bei all dem Pack bin ich nur beritten unterwegs auf Inspektion von einer Plantage zur anderen. Ich pflege den Kontakt nur zu den bedeutendsten Persönlichkeiten des Landes, das kennst du ja von mir, Hänsler, was? Sir Charles, Graf Bentinck suche ich als ersten auf, den Gouverneur, ein geistreicher Mann, er war es übrigens, der statistisch erheben liess, was hier die Anteile der verschiedenen Rassen sind. Ausserdem, nicht wahr, sind die Kontakte unter den Pflanzern hier merkwürdig rar. Man sondert sich ab, bleibt in seinem eigenen Reich. Argwohn, Misstrauen, Neid? Ich weiss es nicht, Hänsler. Dennoch ist Gastfreundschaft hier das Mass aller Dinge, verstehst du. Die Etikette besagt, dass jeder zu beliebiger Tageszeit auf einer Plantage erscheinen kann, du wirst freundlich empfangen, wirst fürstlich bewirtet, hast Anspruch auf ein Gastbett, und bleibst, so lange du willst. Aber genutzt wird das Recht nur selten. Auch das ist Teil der Etikette.

Und dann Belle, Hänsler, da ist Belle, meine kleine Servantin, ich nenne sie Belle, weil sie ein Bild von einem schwarzen Mädchen ist, mit ihren wulstigen Lippen, in der weissen Spitzenschürze, wie sie dasteht und knickst, mit ihren grossen Augen, wenn ich sie rufe, Bödeker hat ihr Manieren beigebracht, das muss man ihm lassen, sie ist allerliebst. Und jetzt, verstehst du, möchte ich nicht jeden Abend mit Bödeker verbringen und mich mit ihm auf der Veranda betrinken. Genever kippen bis zum Umfallen, jeden Abend. Er fängt schon am Morgen damit an. Ich halte ihn mir auf Distanz, so gut es geht.

So kommt es, dass ich mich mit Belle unterhalte, abends, ich bringe ihr das Kartenspiel bei, wir radebrechen und palavern miteinander, es gibt dabei viel zu lachen, Belle, anfangs, als sie in meine Dienste kam, ein erschrecktes, verschämtes Häuflein Elend, blüht auf, lacht verschmitzt und auf den Stockzähnen, wenn sie mir einen ihrer Scherze serviert, kurz, sie ist mir ans Herz gewachsen im Lauf der Zeit. Und das, Hänsler, gilt es unter allen Umständen zu vermeiden. Zu unterbinden. Abwürgen die Gefühle. Auch wenn ich in den Kolonien bin und tun und lassen kann, was ich nur will. Keiner macht mir hier Vorschriften, jeder Pflanzer hält sich eine Missi als Konkubine, eine schwarze *Surrogattin,* wie man sagt, kein Mensch dreht einem einen Strick daraus.

Der Sinn steht mir nach Höherem, ich bin aufgebrochen, mich in dieser neuen Welt zu behaupten. *Belle, I go away long time.* Jetzt pass auf: Sie bringt mir eine Schnur, ich solle so viele Knoten machen, wie ich Nächte fort sein würde. Was soll ich machen, Hänsler. Ich nehme die Schnur und schneide sie entzwei. So mache ich mich denn auf, den tiefen Dschungel zu erkunden, zu Fuss, nur mit meiner Flinte, in der ersten Zeit noch in Begleitung eines schwarzen Jägers, der mich führt, Mambo, flussaufwärts in den Urwald. Dann bald allein, auf mich selbst gestellt, um einzudringen ins grüne Herz der Finsternis, die Unendlichkeit zu suchen.

Das Meer ist mir fast zu offenkundig unendlich. Den Elementen ausgesetzt, bist du bei der Überfahrt nur der Passagier, du bist in einer Nussschale im ewigen Nichts, verdammt dazu, dich mit Gottvertrauen der Kunst des Kapitäns auszuliefern. Nicht im Dschungel. Von Anfang an, Hänsler, bist du auf dich selbst gestellt, stösst vor in die geheimen Tiefen des Daseins, hinein ins dunkle Innere der Welt.

Nächte in der Hängematte, im leuchtenden Schwarz aus Umbra und Blau, umgeben vom Duft der Orchideen, lange Bulben weisser Blumen im Geäst, liegst du schaukelnd über mannshohen Mimosen, unter dir im feuchten Dunst des Waldes Moose und Farne, liegst zugedeckt und eingewickelt in feines Tuch, um dich vor den Mückenschwärmen zu schützen, ob's dich schaudert oder nicht, ist denen egal, die Nacht flirrt vom Lufttanz tausender kleiner Feuerfliegen, liegst da, lauschst dem Gezirpe der Zikaden, der Musik von ungezählten Kröten, dem Wehruf der Nachtvögel, rabengrosse Fledermäuse schwirren fiepsend um dich herum, du hörst den Schrei der Brüllaffen, der hallt und hallt wider, und manchmal durchbricht ein Donnergetöse das Rauschen, wenn ein alter Baum fällt, der morsche Stamm des Riesen durchs Geäst stürzt und das Buschwerk niederreisst, bevor er am Boden krachend auseinanderfällt.

Im Morgengrauen weckt dich das gellende Geschrei der Wackagos, dann hörst du schrill die Flötenrufe kleiner

Vögel, bis zum Sonnenaufgang schwillt es immer weiter an, bei Tageshelle beginnt das höllische Konzert der Papageien und der Affen in den Wipfeln. Jagd und Tarnung, ich schlage mich also durch den dichten Buschwald, werde geplagt von Stichen, Bissen, Wunden von allerlei Gewürm und unbeschreiblichem Geziefer, aufgeschwollen und aufgedunsen die Haut, voller Blasen, Risse, Schrunden und eiternden Geschwüren, in der schwülen Hitze wate ich im Morast durch das Sumpfland oder rudere im Einbaum auf den Flüssen.

Fische gibt der Fluss in rauen Mengen her, kannst dir ja vorstellen, bei dem vielen Gewürm gedeihen die prächtig, nur vor den Piranhas muss man sich in Acht nehmen und vor den Alligatoren. Man isst, was Gott einem vor die Flinte schickt, Wild, Hänsler, gibt es in Hülle und in Fülle im Wald. Amardillos und Nasenbären, Wasserschweine, Hirsche und alle Arten von Federwild. Alles, was da kreucht und fleucht, kannst du essen, man kann auch Cabbiswürmer braten, daumendicke, fingerlange Würmer, eine Delikatesse, wohlbemerkt, wie das Fleisch von Schildkröten oder von gewissen Schlangen, wenn man sie zuzubereiten weiss.

Fressen und gefressen werden. Bleib wachsam, auch im Schlaf. Es lauert nicht nur der Jaguar in Schilfgras, es gibt auch menschliche Räuber, Hänsler. Wie oft erzählt man sich hier nicht die Geschichte vom Soldaten Willems, Willems verirrt sich im Busch, wird von Saramaccanern überfallen, entlaufenen Sklaven, die tief im Urwald wohnen, beim Häuptling findet man später die goldene Uhr des armen Opfers, der Mohr trug die Soldatenuniform am Leib, samt Kriegsmedaille. Er prahlt damit, ihn verspeist zu haben.

Diese Dörfer muss man meiden, auch um die Siedlungen der Indianer machst du besser einen weiten Bogen. Die Wilden und die Mohren stecken unter einer Decke hier im Busch, nur die Missionsstationen entlang der Flüsse sind sicher, die kann man ruhig aufsuchen, und die Judendörfer, natürlich auch die Forts und Posten der Briten.

Hänsler, bist du noch da, Kanaille? Ja, lass die Funken sprühen, dass es kracht in der Glut, mit dem Balg, mehr Zug, mach Wind! Eines Tages, gegen Ende der Trockenzeit im April, nach einem Bad im Fluss, hörst du, zieh ich am Ufer meine Kleider an, steig in meine Stiefel, und plötzlich an der Wade, ein stechender Schmerz, scharf, spitz, wie von einem Giftpfeil. Im Moment der ersten Schreckensstarre fühl ich am Bein ein Krabbeln und zugleich den zweiten Stich. Ich reiss den Stiefel vom Bein und seh eine Spinne, wie sie blitzschnell flieht, fingerlange Beine, von der Grösse einer Baumnuss ihr braungrauer Körper, und schon ist sie im Unterholz verschwunden. Kleine rote Wunden, wo sie zubiss, ringsum gelblich verfärbte Haut, ein Gefühl der Taubheit breitet sich aus, soll ich das Bein abbinden wie bei einem Schlangenbiss? Ein schier unerträglicher Schmerz strahlt bis zum Knie und hinauf das Bein, hoch zum Unterleib, zum Bauch, es rast das Herz, der Schweiss bricht durch alle Poren, es schwinden mir die Sinne, kann kaum mehr atmen, Tränen füllen meine Augen, kann nichts mehr sehen, bin blind, alles flimmert jetzt und flirrt, es wird mir sterbenselend, ich kann nicht kotzen, hab Muskelkrämpfe, es schüttelt mich wie im schlimmsten Fieber. Das hält der Mensch nicht aus, Hänsler. Es kann nur der Tod noch folgen, jetzt. Es geht zu Ende mit meinem Leben. Ich schnappe nach Luft wie ein Ertrinken-

der. Als nächstes wird es dunkel, ich liege da gelähmt, geplagt von Schmerzen am ganzen Körper. Es ist kalt, ich
zittere. – Bist du das, Jakob?, frage ich. Wie bist du denn
hierhergekommen? Und Vater, du, im Urwald? Nachts?
Sind wir alle da, wir drei? Jakob hat die Apotheke übernommen, sagst du? Dann ist ja alles wieder gut. Und ich
kann sterben. Ich hab ihm auf der Welt den Platz genommen, jetzt hat er sie für sich allein. Schön.

Ruhe finden kann ich trotzdem keine. Mag sein, vielleicht
ist hier nicht der Ort dafür, es ist mir ja auch schrecklich
peinlich, muss ich gestehen, und der Zeitpunkt ist sowieso
der falsche. Das hat alles nichts mit Belle zu tun, glaubt mir,
es war der Kuss der Spinne, es geht euch auch gar nichts an,
im Übrigen. Ich habe noch ein Schamgefühl. Halt!, macht,
dass ihr wegkommt, das geht zu weit, ich muss euch schon
sehr bitten! Wo bleibt der Anstand, schaut nicht so! Ich
lebe hier mein Leben, verschwindet jetzt, geht dorthin zurück, wo ihr hingehört, zurück nach Basel, ich bin dir
keine Rechenschaft mehr schuldig, Vater, und dir schon
gar nicht, Bruder.

Furchtbar, Hänsler, es ist wie beim Gehängten am Galgen,
ich bin erregt und habe einen Steifen, und der tut weh, so
weh! Ich spüre, wie vulkanisch alle Säfte steigen, niese,
spucke, die Tränen fliessen, ein Krampf schüttelt mich, ich
berste. Belle! Und du, Hänsler, steh nicht so rum mit deinen
Glotzaugen, mach endlich Feuer.

Die ganze Nacht liege ich da, gelähmt, gekrümmt vom
Schmerz und in Tränen, bis mich am Morgen ein Trupp
Söldner auf Patrouille entdeckt.

Sie tragen mich auf einer Bahre, bringen mich ins Fort, wo mich ein Arzt mit Chinin und Morphin versorgt und mir die Wunden säubert. Man bringt mich zurück nach Paramaribo und auf meine Plantage. Ein Bett, mein Bett, mein Königreich für ein Bett. Schlafen, die ganze Regenzeit hindurch, nur schlafen!

Alles ist ausgedörrt, verwelkt die ganze Blumenpracht, nur noch weisse Kaktusblüten leuchten da und dort, die ihr Parfüm in der heissen Luft verströmen. Acht Monate ohne einen Tropfen Regen, die Binnenflüsse führen kaum mehr Wasser, die Palmen matt, mit welken Blättern. Fahles Licht kommt durch die Baumkronen, scheint unter den Bäumen, Risse im harten, staubigen Boden, die Luft scheint stillzustehen. In den Fenstern bewegen sich nicht einmal mehr die feinen Sassinetten hin und her. Nur die Wanduhr tickt. Hunde bellen.

Weisse Riesenwolken formen sich am Himmel und verhüllen das Abendlicht. Schwarze Strahlen, fächerförmig, leuchten aus der letzten Sonne. Mit dem ersten Donnerschlag platzt der Regen in grossen Tropfen aus der Wolkenwand und legt sich wie ein Kettenvorhang über das trockene Land, prasselt auf Wald und Höfe, pladdert wuchtig auf die Dächer. Jetzt kann ich endlich schlafen.

Als ich die Augen wieder öffne, Hänsler, steht Belle am Bett und reicht mir Tee. Ein leerer Blick und schaut zu Boden. Stützt mit den Händen das Kreuz und seufzt. Unter der Schürze zeigt sich deutlich eine Wölbung. Hänsler, Sie trägt mein Kind im Bauch. Sie knickst und geht zur Tür hinaus. – Belle? – Ja, mein Vater. – Ich bin nicht dein Vater. –

Wer denn sonst, mein Vater? – Ich bin der Vater deines Kindes. – Ja. – Was soll aus ihm denn werden? – Ich weiss es nicht, mein Vater, was soll ich tun? – Wir werden sehen. Sie knickst und geht zur Tür. So plötzlich der Regen einsetzt, so plötzlich hört er auf. Nebelschwaden ziehen den Fluss entlang, der Waldboden dampft, die Baumriesen sind vom Dunst verschleiert. Mit den letzten Tropfen posaunt der Kwau seinen schrecklich falschen Warnruf in den Wald und wieder beginnt das Konzert der tausend Papageien.

Jetzt aber, Hänsler, pass auf: Es hatte sich etwas verändert bei mir, in meinem Wesen seit dem Spinnenbiss, seit ich vom Tod auferstanden bin. Das arme Ding kann doch nicht Bödekers Sklavin bleiben, mit dem Kind. Solche Bälger, das kennt man zur Genüge, wachsen auf wie die Lilien auf dem Feld, es kümmert sich kein Mensch um sie. Streunen wie die herrenlosen Hunde durch die Gassen. Mit all den armen Mestizlein, von den betrunkenen Soldaten und ihren Missis, die keiner haben will. Aus ihnen kann doch gar nichts werden, verstehst du?

Noch am selben Abend bin ich bei Bödeker zum Essen und sitze mit ihm bei Genever und Zigarre auf der Veranda. Es ist Vollmond, die Feuerfliegen tanzen. Ich komme mir vor wie ein Debütant, sollte ich bei ihm um Belles Hand anhalten, es ist völlig absurd, Hänsler, aber ich bin aufgeregt, viel zu aufgeregt in einer Lage, in der ich ja eigentlich sein Vorgesetzter bin. Verlegen reibe mir die Hände, suche nach der rechten Formulierung, wische mir den Schweiss von der Stirn. Ob jetzt wohl der günstige Zeitpunkt ist für meine Frage, ob Bödeker mir wohlgesinnt ist? Was habe ich diesem Herrn denn überhaupt meine Absichten zu erklären? Ich stosse hervor – Bödeker, ich heirate. – Ach, Glückwunsch, wenn das nicht eine gute Nachricht ist! – Ich kauf sie Ihnen ab, die Braut, ich kauf sie frei, sie soll ein freier Mensch sein, wenn sie mein Kind gebiert. Schweigen. Bödeker pafft Ringel in die Nacht. Nimmt einen Schluck Genever.

– Was soll sie denn kosten? Nennen Sie mir einen vernünftigen Preis! Bödeker schaut mich an und wiegt den Kopf. – Heirat allein macht sie noch lange nicht zur mündigen Person, wie Sie wissen. – Just aus diesem Grund will ich sie ja freikaufen. Bödeker zwinkert mir mit glasigen Äuglein vertraulich zu, sie sind rot und blau unterlaufen im aufgedunsenen Gesicht. Er wird jetzt philosophisch. – Haussklaven besitzen so gut eine unsterbliche Seele wie wir, sie sind keine minderen Wesen wie die Tiere, aber sie bleiben uns untertan. – Mag sein, Bödeker, mag sein. Wieviel also wollen Sie für sie haben?

Er hat sich in der Frage wohl längst entschieden, er grunzt selbstzufrieden, sagt – Den Balg können Sie von mir aus behalten, die Mutter bleibt in meinem Besitz. Ich hab sie erst letztes Jahr erstanden, sie ist mein bestes Stück.

Das ist sein letztes Wort, er lässt sich nicht erweichen. Auch wenn ich bereit bin, für Belle einen hohen Preis zu zahlen, ich kann nur das Kind freikaufen. Tja. Am 15. November 1808 kommt ein Büblein zur Welt, Jan Harry, dem ich meinen Familiennamen gebe, ganz offiziell, und das ich adoptiere. Ich bin ein Mann der Ehre, wie du weisst. Unvermeidlich, dass ich mich im Gegenzug nun von Bödeker trenne, er wird entlassen.

Bleibt Belle, die mir kurz vor Weihnachten mein Söhnlein überbringt, mich mit leerem Blick ansieht – Weisst du, Vater, warum Zucker klebrig ist? Weil er mit Sklaventränen gemacht ist, darum. Ich werde sie nie mehr wiedersehen.

Jetzt muss im Handumdrehen eine Missi her, was soll ich tun. Dank meiner Beziehungen zu den höchsten Kreisen kann ich noch vor Heiligabend eine gebildete Mestizin mit besten Referenzen in meine Dienste nehmen, eine Freie überdies, namens Groenberg. Ich ziehe um ins Haupthaus und bin von einem Tag zum anderen nun mein eigener Direktor, bin der Gutsverwalter.

Sie, diese Groenberg, macht ihre Sache gut, sie erweist sich als wahre Perle, steht dem Haushalt vor und ist zugleich dem kleinen Jan Harry so gut wie eine Mutter. Ich schalte und walte derweil im Kontor, überwache die Arbeit auf den Feldern, ich bin, noch bevor der Morgen graut, beim Appell zugegen, wenn der Captain seine Tagestrupps zusammenstellt, inspiziere die Quartiere der Sklaven, sehe zu, dass alles seine Ordnung hat, rüge da und dort den einen oder anderen oder spreche eine Strafe aus, wo sich Liederlichkeit einzuschleichen droht, wie bei dir, so sind die Dinge nun mal bestellt, Hänsler. Ich reite auf der Militärstrasse flussaufwärts zur anderen Plantage, gebe Anweisungen neue Felder anzulegen und kaufe frische Arbeitssklaven auf dem Markt.

Abends, nach getaner Feldarbeit, gibt es erneut Appell im Park und die Besprechung mit dem Captain für den nächsten Tag. Die Groenberg, fällt mir jetzt immer mehr auf, ist eine rassige Frau, sie hat Klasse, eine recht elegante Erscheinung, wie sie umherschreitet im Haus, in gemessenem Schritt, lächelnd und stets mit gesenktem Blick, ganz anmutig in ihren Bewegungen, grossgewachsen, aufrecht, sie dürfte eine geschmeidige Tänzerin sein. Dafür habe ich ein gutes Auge.

Conte Contarini lädt wie jedes Jahr zum venezianischen Maskenball. Der einzige Anlass von Bedeutung hier im Urwald. Ich, gedankenlos, platze mit der Frage heraus, ob sie mich begleiten möchte. – Groenberg, wollen Sie mit mir tanzen? – Wenn Sie mich heiraten, die Antwort! Wenn Sie mich heiraten! Das kommt ja wohl nicht infrage, im Leben nicht, aber ich nehme sie mit zum Ball.

Sie kommt gekleidet wie eine Königin. Trägt die Maske der *moretta muta,* der kleinen schwarzen, stummen Dienerin. Die schwarze Seidenmaske wird von innen mit einem angenähten Knopf zwischen den Zähnen festgehalten, so braucht sie den ganzen Abend nicht zu reden und bleibt für alle unerkannt im Flackerlicht der Kerzen. Das macht sie so begehrenswert. Jeder will mit ihr tanzen. Wer ist die unbekannte Schöne? Fragt sich jeder, verstehst du, Hänsler. Sie tanzt den ganzen Abend. Die *Passacaglia* jedoch gewährt sie keinem anderen Tänzer, wenn die *Passacaglia* gespielt wird, schaut sie in meine Richtung, und ich fordere sie zum Tanz. Schwer und tragend, voller Sehnsucht. Seidenweich ihre dunkle Haut und diese blauen Augen hinter der schwarzen Maske. Sie trägt sie noch immer, als wir nach dem Ball nach Hause fahren, knickst und macht sich auf zum *Negerpoort,* dem Hauseingang für die Sklaven. Ich halte sie zurück, nehme sie in meine Arme und trage sie durch den Haupteingang ins Haus.

Groenberg wird meine Frau, es ist unvermeidlich, Hänsler. Unvermeidlich. Auch durch Heirat, wenn sie es will. Hier im Busch ist alles möglich.

In meiner neuen Welt sind wir jetzt das Königspaar. Ich kleide mich wie ein Dandy, lasse mir Anzüge schneidern, nach der neuesten Mode mit langen engen Hosenkleidern, trage Seidenschals wie ein englischer Snob, etwas zu theatralisch für die Tropen, mag sein, sogar auch Handschuhe, um mich von den anderen Gentlemen zu unterscheiden. Ich hab etwas erreicht in meinem Leben. Man spricht von uns. Das bestgekleidete Paar der Siedlung. Wir geben Gesellschaften, musikalische Abende, Rezitals europäischer Künstler. Wir setzten neue Massstäbe, die Geschäfte blühen.

Die Groenberg schenkt mir Ende Jahr einen Sohn. Jakob Rudolf ist ihr neuer Hahn im Korb.

Hörst du überhaupt noch zu, Hänsler? Jetzt kommt's: Die Groenberg blüht auf, die Groenberg hält Hof, noch immer ist sie tüchtig, führt den Haushalt, aber um eine Umdrehung vielleicht zu forsch, in ihrer Rolle als meine Gattin zu kühn in ihrem Eigenwillen, und sie nimmt sich Freiheiten, die ihr nicht gebühren, verstehst du, Hänsler. Für den kleinen Jan Harry nimmt sie sich eine Missi. Ihr Benehmen, ihre ganze Haltung, wie soll ich sagen. Übertrieben ihre Art, etwas zu grotesk. Ich muss sie in die Schranken weisen. Naturgemäss. Ihre Stellung muss sie erst noch finden. Den passenden Auftritt üben benötigt seine Zeit, verständlicherweise.

Auf meine Anweisung hin jedenfalls hat sie vorerst wieder zu Hause zu bleiben. Man will ja nicht zum Gespött der Leute werden. Groenberg ist einsichtig, scheinbar. Pariert, sie fügt sich, vordergründig. In Wahrheit geht sie, wie man bei den Pferden sagt, hinter dem Zügel, sie igelt sich ein, sozusagen, hinter vorgespieltem Gehorsam mit trotzigem Widerstand. Ich gehe derweil meiner Arbeit nach, fühl mich wie ein Fisch im Wasser. Die Geschäfte florieren.

Groenberg beginnt zu trinken. Erst heimlich, dass es kaum auffällt, es trinkt hier ja jeder Schnaps, vom Söldner bis zum Pfaffen, du kannst dir gar nicht vorstellen, in welchem Masse, Schnaps ist eine Währung, nicht viel wert, ein Brennstoff wie die Kohle, Schnaps schlägt die Zeit hier tot, gebrannter Zuckerrohr für die Sklaven, zur Betäubung, der Genever als Seelenbalsam für die Pflanzer, aber mit der Zeit fällt es jedem auf, der ihr begegnet, sie trinkt am helllichten Tag. Und schon am Morgen, wie einst Bödeker.

Ich nehm ihr die Flasche weg, verbiete ihr zu trinken. Lasse den jungen Indianer kommen, den Heiler mit dem feurigen Blick, auf ihren Wunsch, der gibt ihr bittere Wurzeln zu kauen, bis sie kotzt. Sie glaubt an seinen Hexenzauber. Er tanzt und brüllt wie ein Affe, faucht wie der Jaguar, schreit wie eine Harpyie in meinem Haus herum, bis ich ihn hinauswerfe. Auch wenn er scheinbar mit den bösen Geistern ringt, die Groenberg besetzen, hier wohnen Christenmenschen, keine Wilden, ich bitte dich!

Groenberg will sich bessern, wie sie sagt, mir nicht eine Schande sein. Sie will die stolze Gattin an meiner Seite sein, sie treibt mich an, weitere Ländereien zu kaufen, grössere

Mühlen zu bauen, mit einem Heer von Sklaven. Und sie die Herrin neben mir. Eine ganze Weile geht das gut, Groenberg ist in ihrem Element, überwacht mit scharfem Blick die Arbeiten in Haus und Hof. Sie kümmert sich um alles, mit grossem Eifer.

Sie beginnt jetzt, mich zu kritisieren, Hänsler. Und jetzt pass auf: Sie schlägt mit der Peitsche auf die Sklaven ein. Ich sei zu wenig streng, hätte nicht den Mut und den Ehrgeiz meiner Vorfahren, den ersten Pflanzern, nicht den nötigen Pioniergeist, um wirklich Grosses zu leisten.

Dann, eines Tages, reite ich nachmittags früh nach Hause zurück, und da, im Park, ich seh's von Weitem, der junge Indianer sitzt in meinem Sessel auf der Veranda und trinkt gemütlich Genever mit der Groenberg. Ich reite zum Stall, geb mein Pferd ab und, zurück im Park auf der Terrasse keine Spur mehr vom Indianer, sein Glas und die Flasche sind verschwunden, mein Sessel leer, die Groenberg sitzt alleine da und wippt im Schaukelstuhl, ein Glas Genever in der Hand. – Ich hab mir heut ein Gläschen Schnaps genehmigt, ausnahmsweise, zum Aperitif, mein Schatz. Magst du mit mir trinken, auf unser Wohl? Ich will noch ein Kind von dir!

Wir schweigen, lauschen dem Wind, dem Rauschen der Blätter vor dem Regen. Die Wolken ziehen vorüber. Nachts ist es noch immer schwül, das Gewitter will sich nicht entladen, wir schweigen, Hänsler, es ist spät als wir uns im fahlen Schein der Öllampe ausziehen, schweigen noch immer, lauschen den Orchesterstimmen der Nacht im nahen Wald. Die Hunde bellen im Hof.

– Was hast du? – Nichts. – Doch, was hast du? – Nichts sage ich, was soll ich schon haben, was ist bloss in dich gefahren? – Warum machst du so ein Gesicht? – Was für ein Gesicht? – So ein Gesicht. – Ich mache kein Gesicht. – Nein? Vielleicht hälst du mich für blöde, du denkst wohl, ich wüsste nicht genau. – Was weisst du schon genau? – Selbst wenn du meinst, du kannst mit mir machen. – Bitte was?, schreit sie mich an. Ich bleibe ruhig. – Selbst wenn du versuchst. – O mein armer Johann, du weisst, mein Gott!, ich möchte gern wissen, was du zu wissen glaubst, weil ich dann mehr darüber wüsste, was ich selber nicht weiss. – Schluss mit dem Unsinn, sag schon, was ist los mit dir? – Nichts, ich sage dir doch: Nichts. Was soll ich denn erfinden? – Ich weiss doch, dass du was hast. – Soso. – Warum du so ein Gesicht. – Jetzt hört aber alles auf. – Ich bin doch nicht blöde. – Bloss, weil du glaubst etwas Besseres zu sein. – Lenke nicht ab. – Armer kleiner Dackel, du!, sagt sie. – Wie bitte? – Dackel! – Was schlägst du meine Sklaven? Was nimmst du dir heraus? Wenn einer hier zu schlagen hat, wenn denn überhaupt, dann bin ich es, verstanden! Drauflos geschlagen wird von dir schon gar nicht!

Die Groenberg, halbnackt, steht von der Bettkante auf. Sie geht zum Schrank, zieht die schwarze Seidenmaske der *moretta muta* heraus und vors Gesicht, sie nimmt die Reitpeitsche in die Hand. Die Groenberg treibt ihr Spiel mit mir, verstehst du, Hänsler. – Ich schlage wen und wie oft ich will, und wann ich will!, sagt sie. Auch dich werde ich hauen, wenn es nötig wird! – Groenberg, ich warne dich, sage ich, treib es nicht auf die Spitze! Weisst du, was sie darauf antwortet? – Du sollst doch *mich* schlagen, Dackel, deine kleine Mohrin, schlag sie, ich bin für dich da, nimm sie, mach mit ihr, was du willst, ich gehöre dir, ich bin dir untertan! Ich bin ja stumm, bleibe stumm auf ewig!

Und jetzt kommt's. Groenberg holt aus und drischt mit voller Kraft auf mich ein, trifft mich im Gesicht, von links, von rechts, kreuzweise auf der nackten Brust. Ich stürze mich auf sie, entwinde ihr die Peitsche, sie fällt zu Boden. Ich packe die Groenberg an den Haaren im Genick und schlage ihr die nackte Hand ins Gesicht, einmal links und einmal rechts. Sehe die blauen Augen hinter der stummen schwarzen Maske. Mit dem ersten Donnerschlag setzt der Regen ein.

Was glotzt du, Hänsler? Bring endlich die grossen Scheite, die trockenen! Ja. Groenberg ist jetzt wieder schwanger, ich, naiv, hoffe, das versöhnt sie mit der Welt. Aber nein, sie wird, im Gegenteil, immer herrischer, gereizt im Ton und Umgang, es wird unerträglich. Den kleinen Jan Harry nennt sie jetzt das Bastardkind. Ein Trauerspiel, Hänsler.

Ich setze derweil an zum Glanzstück meines Lebens als Entrepreneur. Kein Pioniergeist: von wegen! Mein Vorhaben: Ich steige in den Dreieckshandel ein. Mit eigenen Schiffen, auf eigenes Risiko. Von Nantes mit bedruckten *Indienne*-Stoffen aus Basel, mit Stahl und Bronze, und mit Feuerwaffen aus dem Neuenburger Jura hinunter an die Westküste Afrikas, Sklaven von dort in die Kolonien, mit dem gleichen Schiff, dem eigenen, und das ist der Trick, Zucker, Kaffee und Baumwolle zurück nach Europa.

Das nötige Kapital ist da. Das grosse Spiel. Meine Idee dabei: Mit Menschlichkeit. Die Sklaven werden angeheuert, statt in Ketten herbeigeschafft. Am Geschäft beteiligt, wer genügend Geld und Mut hat zu investieren.

Groenberg, dein Mann und Pionier setzt Segel für die grosse Fahrt! Er geht auf Reisen, baut sich ein kleines Imperium. Gib ihm Zeit, es wird dauern, bis er zurückkehrt, siegreich, als dein Imperator, den du dir doch so sehr wünschst. Er geht auf Seereise, nimmt den kleinen Bastard mit, Jan Harry, bringt ihn zur Erziehung zu Tante Faesch nach London, wo er meinetwegen in Zukunft auch bleiben soll, im nebligen England, ich werd ihr sagen, es sei ein Malheur passiert, sie solle nicht verraten, wer sein Vater ist. Dann, zurück in Basel, wird dein Herrscher alles liquidieren, was zu seinem Besitz gehört, wird Haus und Hof verkaufen, die Geschäftsanteile, ein ganzes Netzwerk von Handelspartnern wird er gründen, wird nach Nantes fahren, wird dort Schiffe ausstatten lassen für seine Handelsfahrten, mit dem ersten wird er in See stechen, auf Jungfernfahrt, voll beladen mit eingekaufter Ware, nach Calabar an die Sklavenküste Afrikas, dort wird er seine Ladung gegen kräftige Neger tauschen, die jetzt freiwillige Arbeitsknechte sind, keine Sklaven mehr, und zu guter Letzt wird er sich wieder einschiffen, westwärts über den Ozean, zurück in die Neue Welt, zu dir.

Soweit der Plan. Was daraus wird, kommt jetzt.

Während der grossen Springfluten bei Vollmond im April 1815 kommt die Groenberg mit Elise Claris nieder, einem allerliebsten braunen Mägdelein, ich, derweil, nutze die beste Reisezeit des Jahres, wenn die Sonne den Meridian durchschneidet unter dem die Seeküste Guayanas liegt und fahre mit der *Princess Olive,* einer dreimastigen Bark von dannen, um nie mehr wieder dorthin zurückzukehren, Hänsler, nie mehr! Mit dem Administrator meines Vertrauens, einem de Hoy, habe ich auf den Plantagen einen erprobten Direktor eingesetzt. An meiner Hand der kleine Jan Harry. Ihm schenke ich ein goldenes Medaillon mit dem Schattenprofil seiner Mutter Belle, bevor ich ihn in England zum Abschied küsse.

Tempora mutantur, Hänsler, die Zeiten scheinen sich noch während der Überfahrt geändert zu haben. Bei unserer Ankunft in London empfangen uns jubelnde Menschen. Napoleon ist geschlagen, das französische Kaiserreich ist am Ende. England macht Jagd auf Sklavenschiffe, die Britische Marine fasst just in Vieux Calabar, östlich der Mündung des Nigers, zwei vollbeladene Briggs, wie man hört, die *Cultivateur* und die *Petite Louise,* beides Schiffe von Bekannten, von Christophe Bourcard aus Nantes und von dessen Vater Christoph Burckhardt vom Segerhof am Blumenrain zu Basel. Die Schiffe werden beschlagnahmt, die Kapitäne kommen in Liverpool vor Gericht, die gesamte Investition ist verloren, der arme Bourcard ruiniert, das eingesetzte Kapital aus Basel verdampft wie die Regenwolken überm Meer. Vermögen werden mit einer einzigen Setzung vernichtet. Vorbei das Goldene Zeitalter, wie es scheint. Für Bourcard jedenfalls, er hatte sich mit Kaperei und Korsarenschiffen in den letzten Jahren hoch verschuldet und jetzt mit der letzten Expedition alles auf eine Karte gesetzt und die Partie verloren. Wenig ruhmvoll beendet er sein Leben mit dem Freitod, er wählt ihn, um nicht vor Gericht zu kommen. Traurig, Hänsler, traurig.

Bevor ich nach Vaters Tod wegfuhr, war alles Napoleon in Basel, man sprach französisch und hielt die Tricolore hoch. Bei meiner Rückkehr tobt der Krieg vor den Toren der Stadt, mit umgekehrten Vorzeichen. Hunderttausende von Österreichs Truppen überqueren wie ein Heer von Kampfameisen den Rhein bei Basel und fallen im Elsass ein, die Festung Hüningen wird von 17 000 strammen Mannen des Österreichischen Besatzungscorps bezwungen, mit Schweizer Kriegsverbänden, die sich ihnen angeschlossen haben, wohlgemerkt.

Zum Befreiungsfest lädt die Basler Regierung auf den reich geschmückten Petersplatz, es wehen die Doppeladler im Wind, dem Bezwinger von Hüningen, Erzherzog Johann von Österreich, wird von einem allerliebsten, hübschen jungen Fräulein mit blondem langem Haar, Pauline Streckeisen, ein Lorbeerkranz überreicht. Man spricht jetzt deutsch. *Fini le français.* Beim Empfang im Blauen Haus ist es eben wieder jenes anmutige junge Fräulein Streckeisen, das in Anwesenheit allerhöchster Durchlauchten, darunter die beiden russischen Gesandten, die Grossfürsten Nikolaus und Michael, mit seidener Engelsstimme und scheu sirenenhaft ein kleines Siegerlied zum Besten gibt. Ich bin nicht der Einzige, der zu Tränen gerührt ist. Ich fasse mir ein Herz und bitte Pauline noch am selben Abend um ihre Hand. Ich kann nicht anders, Hänsler, ich bitte dich, kannst du mich verstehen?

Am folgenden Tag tue ich, was sich geziemt, ich mache im Ramsteinerhof meine Aufwartung und bitte im lauschigen Garten überm Rhein bei einem Glas Champagner

Paulines Eltern um Erlaubnis, Ihre Tochter zu heiraten. Alles nach den Regeln, wie es sich gehört, alles geht mit rechten Dingen zu, Hänsler, verstehst du. Damit beginnt ein Glück, dass wohl nie enden wird, die Hochzeit wird vereinbart, am 20. November treten wir in der kleinen Kirche zu St. Margarethen vor den Traualtar, auf dem südlichen Hügel über der Stadt, den Blick hin zum Rhein gerichtet, der fliesst ruhig in dunstiger Ferne durch das von Österreichs Kaiser neu befriedete Land. Ob ich unrecht tue mit meiner Vermählung, weiss ich nicht, Hänsler, ich weiss es nicht. *Tempora mutantur.*

Unter den Hochzeitsgästen, jedenfalls, mein alter Kumpel V., der Pfau, von einer Forschungsreise durch Amerika eben zurückgekehrt, überreicht uns zum Geschenk eine indianische Zauberkalabasse. Eine runde, hohle Kalabasse, es trifft mich wie der Blitz, genauso eine hatte der Indianer in den Tropen, einen langen Holzstab in der Mitte, verziert mit schwarzen Rabenfedern. Eingeritzt in den Bauch des Instruments ein grosses Spinnentier. Wir danken artig und sind doch beide, jeder aus einem anderen Grund, von dem Geschenk verstört. Pauline hat Angst vor Spinnen, Arachnophobie nennt man das, mich, nach dem Kuss der Spinnenfrau im Urwald, graust es genauso. Wir ziehen zu den Eltern in den Ramsteinerhof, die Kalabasse kommt auf den obersten Dachboden in die Winde.

Im Sommer Sechzehn, der gar kein Sommer ist, kommt Heinrich August zur Welt, unser erstes Kind. Es bleibt kalt in diesem Jahr, Hänsler, wie du weisst. Es ist dunkel in diesem Sommer und kalt, die Ernte bleibt aus im ganzen Land. Die Menschen hungern.

Ich kann den Ebenrain erwerben, für einen Pappenstiel, von der Witwe Bachofen, auf dem alten Galgenfeld zu Sissach, und stelle dich ein, Hänsler, alter Wasenmeister, wirst meinen Leichnam finden morgen früh und die Schweinerei aufwischen. Das kennst du von der Jagd. Ich gebe den Schuss ab, der Dackel jault und du besorgst den Rest. Abnicken, Totverblasen, Hornsignal Sau tot! Zerwirken. Was übrig bleibt geht zum Schinder. Die ganzen Jahre nach den Tropen ist's hier kalt und kälter, kurze dunkle Tage, Dauerfrost. Es klappern mir die Zähne, bring jetzt endlich Brennholz, Hänsler, bald geht der Ofen aus. Einen Abschiedsbrief schreib ich keinen, dafür erzähl ich dir ja die Geschichte, meinem Abdecker, das bist du, Hänsler, hast du zu sein, mein Freiknecht, mein Fallmeister, Luderführer. Die ganzen Jahre nach den Tropen komm ich auf keinen grünen Zweig, ich dreh mich um die eigene Achse. Versuche Boden unter die Füsse zu kriegen, Halt zu finden, vergebens. Es ist wie verhext, mein Leben. Dabei scheint doch alles nach meinem Wunsch zu laufen, bin ein namhafter Bürger der Stadt, hoch angesehen, aber der Wurm ist drin, bei mir und mit Pauline.

– Mach doch nicht so ein Gesicht, Geliebter, was ist los mit dir, nichts, ist ja alles gut, hast du Sorgen, bitte lass mich, nein, was soll schon sein, alles bestens. Ich bin Mitglied der Schlüsselzunft, gründe eine Handelsfirma mit meinem Schwager, Passavant & Ryhiner, meine Pauline ist ein zauberhaftes Wesen. – Was hast du nur, lass mich, ich hab zu tun, mein Schatz, was mach ich falsch, wir sind doch glücklich, nichts, ich geh auf Jagd, die Wildsau ruft. Dann presche ich mit Diablesse, dem englischen Vollblut, meinem geliebten Rappen, hinaus nach Sissach auf den Ebenrain, in einer knappen Stunde bin ich da und grüble weiter vor mich hin, ist auch dir schon aufgefallen, Hänsler, nicht wahr, sommers und neuerdings auch winters, dabei geht Jahr um Jahr stumm an mir vorbei, unterdessen schreib ich Groenberg alle paar Monate vorgetäuschte Berichte meiner Reisen und lasse die Briefe durch Mittelsmänner von diversen Destinationen, mal von da, mal von dort abschicken. Bin zurück in Nantes, der Schiffbau kommt nicht voran, ich fahr nach Russland zu einem neuen Handelspartner, die Franzosen sind inzwischen abgesprungen, es dauert wohl noch eine Weile, bis ich von hier wegkomme, Geduld, meine Liebe, ich schreib bald wieder. Auch von Afrika lass ich welche absenden. So ausgeklügelt ist meine Taktik, dass ich selber schon daran glaube.

Derweil mein liebstes Paulinchen mit Gouvernante und dem Kind nach Berlin entflieht, die Wintermonate in den warmen Salons zu verbringen, weil sie es nicht mehr aushält mit dem Schwerenöter, der ich inzwischen bin, verstehst du, Hänsler, dem Trauerkloss, kein rechter Mann in ihren Augen und nie da. Pauline, währenddessen, im Berlin der freigeistigen Empfindsamkeit, schwärmt dort im Dunstkreis von Künstlern mit ihrer Tante Wiesel, schwelgt und schmachtet in grosser Sehnsucht, sie schäkert und poussiert, dass die Puderdose rot wird, wie mir zu Ohren kommt. Sie soll sich in eine gewisse Lisette verliebt haben und sich mit ihr in eine bizarre Aventüre eingelassen haben. Bref. Auch sie hat ihr kleines Geheimnis. Das gönn ich ihr sogar. Sei's drum. Ich bin ja kein Unmensch und lass es geschehen.

Im Gegenteil, ich tue mein Bestes, wenn sie da ist, mich auf-
zuraffen, meiner geliebten Frau ein guter Mann zu sein, um-
garne sie und zwitschere, so gut ich kann, trotz der Schwermut, die mich quält. Der Strohhalm, an den ich mich
klammere, ist eine Idee. Wenn du eine kleine Tasse Kaffee
mit Zucker über Nacht auf dem Ofen stehen lässt, entsteht
ein fester süsser Klumpen, der vorzüglich schmeckt, ein
Lutschbonbon. Eingekochte Kolonien. Solche Bonbons
in grosser Menge herzustellen, vom Zuckerbäcker, war der
Plan, unternehmerisch durchdacht, eine Fabrik im grossen
Stil, Täfeli, verpackt in weisses Seidenpapier mit dem Familienwappen, und sie auf dem Weltmarkt zu vertreiben. *Les
Larmes Tropiques.* Meine Idee.

Ein letztes kurzes Aufbäumen, Hänsler. Vor dem Fall.
Pauline schenkt mir noch ein Kind, Benedikt Rudolf, einen
weiteren pausbäckigen Blondschopf. Dann kommt der
Brief aus Paris. *Maître Eustache-Marie Courtin, procureur
du Roi près le tribunal de première instance,* Seine Hoch-
wohlgeboren Johann Rudolf *Richnêr à Bâle*, Gnädiger
Herr, als Anwalt Ihrer Gemahlin Mme. J.R. Ryhiner, ge-
borene Groenberg aus Paramaribo, muss ich Sie in Kennt-
nis setzen, dass, und so weiter und so fort, kannst dir den
Rest ja denken, Hänsler, die Groenberg hat Wind bekommen.

Hier kommt V. ins Spiel, der Judas, V., der Pfau, mein Kumpel, hat die Groenberg aufgesucht in Surinam, auf der
Durchreise ist er bei ihr aufgekreuzt, verpfiffen hat er mich
und verraten, mit einem schönen Gruss aus Basel, doch,
ihm geht es blendend, dem Johann Rudolf, auch seiner jungen Frau Gemahlin Pauline und den beiden hübschen Kin-

dern, ach, nein, Sie wussten nicht, dass er geheiratet hat? Wirklich nicht? So ein Fauxpas, nein auch! Hat er sich dahingehend denn nie geäussert? Unmöglich! Das bringt mich jetzt aber arg in Verlegenheit, ach, tut mir aufrichtig leid für Sie, Madame.

Und die Groenberg wittert Morgenluft, sinnt auf Rache, kannst dir ja vorstellen, Hänsler, sie packt stante pede ihre Koffer und macht sich auf nach Paris, nimmt den besten Anwalt. Bumm. Aus. Fertig. *Les jeux sont faits.*

Mit der Groenberg ist nicht zu spassen, Hänsler. Anklage wegen Bigamie, vorgebracht von höchster Instanz. Prozess. Gericht. Und Urteil. Das bedeutet das Ende meiner Person. Der Verlust meiner Ehre. Ich habe die Partie verloren.

Was bleibt mir übrig, als zu gehen? Ab und in den Ofen mit dem Brief, als Fidibus, hinauf durchs Rohr und durch den Schornstein, hoch zum Himmel. Ich komme nach. Ich war ein schlechter Sohn, verzeih, mein Vater, euch Kindern werde ich ein besserer Vater sein, wenn ich nicht mehr bin.

Noch ein letzter Blick durchs Fenster, hinab zum Park, durch die Allee der blühenden Linden, zum Tor hinaus, Richtung Süden, auf Zunzgen, hinein ins Unendliche. Vorhang! – Hänsler, bring die Pistole!

Errinner sie sich von der Dame Richnêr die mit ihr reist und bei ihr in Berlin den Winter bleib die war rasendt Verlieb in Lisetten, denken sie sich dass, mündlich wolte ich Ihnen davon Erzählen sie vergingen vor Wunder, dieselbige Richner hat schon Eine solche avanture gehabt, und die unglückliche ist jetzt ganz imbéSil kurz glauben sie mich obgleich es unwahrscheinlich ist und undenkbahr

Pauline Wiesel über Pauline Ryhiner-Streckeisen in einem Brief an Rahel Levin Varnhagen, November 1817.

Zwei Jahrhunderte später stosse ich auf die Geschichte des Vorfahren, von dem es heisst, sein Geist sei bis heute nicht zur Ruhe gekommen und spuke noch immer nachts im Schloss Ebenrain herum. Von «kalten Anhauchungen» ist in Sissach die Rede, Luftzügen, von denen man nachts berührt werde in den Räumen. Auch im Ramsteinerhof soll es seit Johann Rudolfs Tod 1824 wiederholt zu «unheimlichen Berührungen» und Begegnungen mit seiner Erscheinung gekommen sein.

Wenn ich heute die Augen schliesse und hinhöre, geschieht das Folgende:

Erstes Kapitel

Die Turmuhr am Schwibbogen schlägt sieben, als der Handelsherr Ryhiner mit versteinerter Miene und verhülltem Blick auf seinem Vollblutrappen durch das Tor reitet, rechts dem alten Stadtgraben entlang. Man könnte an seiner etwas zu laschen Haltung im Sattel von weitem schon erkennen, an den nachgiebigen Bewegungen der Wirbelsäule, dass er ein gebrochener Mann ist.

Seine Diablesse braucht keine Hilfe, keinen Schenkeldruck des Reiters, sie kennt den Weg, die Strecke zum Ebenrain ist ihr vertraut. Nach Sissach braucht sie keine Stunde. Sie biegt in die Aeschenvorstadt ein, ihr Schritt zieht an, das Geklapper ihrer Hufe auf den Pflastersteinen widerhallt jetzt von den Häuserzeilen, sie schüttelt ungeduldig die Mähne und schnaubt mehrmals ab. Vor dem Sternen stehen die Herren Thurneysen und Wackernagel, sie grüssen den Reitersmann, heben ihre Hüte und verbeugen sich leicht in seine Richtung, schon von weitem, bevor er sie kreuzt. Es ist Zeit zum Abendessen, vielleicht würde er sie ja mit seiner Gegenwart beehren. Kein Gruss zurück. Ungerührt zieht er an ihnen vorbei, zum Aeschentor hinaus.

Über dem Elsass türmen sich gelbbraun die Gewitterwolken an diesem 28. Juli 1824, wie an den vergangenen Sommerabenden. Eine Drohkulisse wie auf einem Ölgemälde. Es liegt eine feuchte Schwere in der unbewegten Luft. Diablesse peitscht mit dem Schweif Bremsen von der Kruppe.

Draussen vor der Stadt geht's Richtung Süden auf St. Jakob zu. Auf der Kuppe, wo rechterhand die Strasse nach Münchenstein und Dornach führt, linkerhand zur Birs hinab, steht leuchtend weiss das neue Sommercasino, das im Frühjahr erst mit grossem Pomp eröffnet wurde. Von der weiten offenen Säulenhalle, die dem Gempen zugewandt auf die schöne Parkanlage geht, lockt zu dieser Stunde beherzte Blasmusik, das Bier, frisch gezapft und obergärig, direkt vom kühlen Fass, Ketten farbiger Papierlampions und Fahnen der eidgenössischen Kantone schwanken und flattern in der Luft. Gelächter von der Tanzbühne, die Bretter knarzen. Solcherlei Frohsinn und Ausgelassenheit dröhnt in Johann Rudolfs Schädel wie der Lärm von Schmiedehämmern in tiefer Gruft. Oder von den Walkhämmern der Baumwollfabrik am St. Albanteich.

Die Strasse führt hinab zum Siechenhaus, wo vor Zeiten die Schlacht zu St. Jakob ihr Ende nahm, als das elende Häuflein verbliebener Eidgenossen zusammengepfercht und von den Armagnaken niedergemetzelt wurde. Just hier im Garten des Siechenhauses, in welchem die Aussätzigen auf ihre Erlösung gewartet hatten. Die Gedanken kreisen um Sterben und Tod. Johann Rudolf befindet sich seit geraumer Zeit im Schattenreich.

Und der Tod ist die Pforte des Lebens, wie es heisst. Das kann beim besten Willen kein Mensch verstehen, selbst in dieser schwarzen Gestimmtheit nicht, in der er sich befindet. Heisst das, die Schlacht war für die heldenhaften Schweizer gewonnen, weil sie sich für das höhere Wesen ihres Volkes geopfert hatten? Sie sind dabei gestorben. So viel ist sicher. Und die Aussätzigen mit ihren Pestbeulen, haben sie das Leben wiedererlangt nach ihrem Tod? Ihr eigenes, in gesundem Körper? Oder eines im übertragenen Sinn vielleicht, im wolkigen Himmelreich?

So viel Tod und Nacht sind in Johann Rudolfs Gedanken, dass er kaum noch die staubige Strasse vor sich erkennen kann. Vielleicht sollte er sich im Wirtshaus am Zoll hinsetzen, auf einen Krug Schweizerblut und sich dazu eine frisch gefangene Nase aus dem St. Alban-Teich bestellen. Er könnte, aber wohl besser nicht in seiner Verfassung, er könnte den kleinen Umweg über den Landsitz Brüglingen nehmen, und mit Merian, seinem langjährigen Geschäftsfreund, die katastrophale Lage im Kolonialgeschäft besprechen. Aber wen kümmert's noch im Haus Merian? Vater Christoph ist heute nur mehr im Kreditgeschäft tätig, ein gebranntes Kind, wie er von sich sagt, will seine Hände nicht mehr dreckig machen. Und für Christoph Merian, den Jungen, ist dieses Thema ein rotes Tuch, er ist rabiat missionarisch, ein Evangelist. Pflichtgerecht gegenüber Gott und den Menschen. Vom Geschäft mit den Kolonien will er nichts mehr wissen. Kein Kunststück, bei dem Vermögen! Das Handelshaus Merian et frères hat seine Schäflein längst ins Trockene gebracht, das grosse Geld hat man während der Kontinentalsperre verdient, man umging sie mit eigenen Sklavenschiffen, in die man investierte. Und nahm dabei als Versicherer der Schiffe noch gutes Geld ein. Nein, nicht zu Merian. Es ginge nicht, nicht in seiner Verfassung.

Es fröstelt ihn trotz der abendlichen Hitze. Seit Johann Rudolf zurück ist aus den Tropen ist ihm kalt. Neun Jahre Eiseskälte in den heimischen Gefilden. Kalt wie ehedem in seiner Vaterstadt.

Er überquert die Birsbrücke. Danach wird üblicherweise bis zum Hardwald die erste Galoppstrecke absolviert. Diablesse, Englisches Vollblut, beginnt schon ungeduldig zu tänzeln, sie drängt darauf, endlich loszulegen. Johann Rudolf steht der Sinn nicht nach Jagdgalopp und wildem Flug, er nimmt sie an die Hand. Im Schritt lässt sich seine Lage noch einmal überdenken. Bis er im Ebenrain ankommt, muss alles noch einmal gut überlegt und die Tatsachen gegeneinander abgewogen werden. Das ganze Leben in der Waagschale. Sich den Lauf der Ereignisse noch einmal vor Augen führen. Ob es ihm gelingen wird, die Geschichte noch einmal aufzurollen? Angefangen mit dem Ende, mit dem heutigen schwülen Juliabend. Ob es möglich ist, sich Schritt für Schritt zurück Klarheit zu verschaffen über das Scheitern? Über das Verlieren des letzten grossen Spiels, bei dem es erst im Nachhinein klar wurde, dass es dabei um Alles oder Nichts ging.

Bevor es zum Letzten kommt, wird er Hänsler, seinen alten Diener zum Beichtvater machen und ihm die ganze Wahrheit erzählen. Denn, obwohl er den Lakaien auf Distanz hält, wie es sich gehört, ihn abkanzelt und zurechtweist, wenn es sein muss, so entspricht das nicht Johann Rudolfs wahren Zuneigung und Verbundenheit mit dem Mann. Hänsler ist der einzige Mensch, dem er sein Geheimnis anvertrauen kann.

Kann er sich erinnern an die Weggabelungen der Vergangenheit, an all die Zufälligkeiten, die ihn im Leben zum einen Schritt in eine bestimmte Richtung bewegt haben? An die Entscheide, die er gefällt hat, und die zu immer weiteren verhängnisvollen Schritten führten, hierhin, dorthin, hierhin, wo er jetzt am Abgrund steht – hätte er es ahnen müssen?

In diesem gemächlichen Tempo wird man Stunden brauchen für den Weg, noch nicht einmal die Hälfte ist geschafft. Das regelmässige Klacken der Hufe im Schritt klingt wie müde Kastagnetten. Diablesse lässt den Reiter spüren, dass sie unterfordert ist. Sie torkelt, droht über jede Unebenheit auf dem Weg zu stolpern. Johann Rudolf kommt nicht darum herum, ihrem Drang nachzugeben und zwischendurch eine Galoppstrecke hinzulegen. Diablesse hebt den Kopf und bläht die Nüstern. Sie spannt die Muskeln und springt unverzögert an, in wiegenden, weichen Galopp. Pferd und Reiter geben sich der Bewegung hin, dem Klang und Rhythmus des Dreitakts, dem Wogen und Rollen der Bewegung, wach ist der Blick und weit der Atem. Der Luftzug gibt den nötigen Schwung, weiter und weiter zu fliegen. Die Ebene zu durchmessen und Raum zu greifen, die Felder zu queren, begleitet von Haselbüschen, die vorüberziehen, dann und wann, und verfolgt vom Falken auf seinem Flug. Das Poltern der Herzen und der Hufe auf dem Grund. Ausgelöscht ist die Schwere der Gedanken. So fühlt sich doch der Sinn des Lebens an. Dieses Leben, das er wohl oder übel, heute Nacht beenden wird.

Was ist der junge Christoph Merian doch für ein Leimsieder im Vergleich zu seinem Vater! Und erst seine Braut, das Grittli Burckhardt! Auch sie, wohlgepolstert mit Seidenband-Vermögen, der Teufel scheisst immer auf den grössten Haufen, ist gottergeben wie ihr Bräutigam und evangelisch überhitzt, ansonsten soll sie ja von sehr einfachem Gemüt sein, wie man hört. Ihr Glubschblick wie von einem Karpfen, er gibt ihr etwas ewig Höriges. Jetzt wird zu aller Freude geheiratet, zum Fest gibt es Kuchen und Tee, als Beigabe dazu eben das Landgut Brüglingen, man hält jetzt Einzug, mit Glanz und Glorie, die beiden sind noch grün hinter den Ohren, doch sie geben sich als gute Diener Gottes radikal wie die Reformatoren und wollen alles besser wissen. Pietistisch Berufene, mit sich im Reinen.

Der liebe Gott, wie wir ihn kennen, gut und recht. Aber plötzlich diese Gottesfurcht, – ob die im Himmel so auch eingefordert wird? Und auf einmal das beflissene Missionarentum in Basel. Es ist gross in Mode. Den armen Negerlein das Wort Gottes verkünden. Christus, der grosse Häuptling und Maria die Königsmutter. Die Sklaven auf der Plantage jedenfalls wissen mit der Vorstellung von Himmel, Hölle und Auferstehung herzlich wenig anzufangen. Nur mit dem Sakrament der Taufe können sie sich anfreunden. Als Gegenzauber, sozusagen. Schutz vor Hexerei.

Bald geht gar nichts mehr in den Kolonien. Es bedeutet den Untergang der Handelsfahrten in die neuen Länder, wenn das Verbot zur Einfuhr von Sklaven durchgesetzt wird. Sklaven darf man weiterhin halten, so viel man will, aber keine Einfuhr. Ist das jetzt aufgeklärt? Oder christlich? Ich bitte dich. Woher soll man die Pflücker jetzt nehmen? Sträflinge aus Europa sind nicht geeignet, das kennt man von den Engländern mit ihren Strafkolonien in Australien. Schicken Schwerverbrecher nach Tasmanien und siedeln sie dort an. Das Resultat: Sträflinge in der Überzahl, die sich zusammenrotten ..., treiben sich herum in Banden, plündern, brandschatzen und begehen am hellen Tage Verbrechen. Sicherheit und Ordnung ausser Kraft. Freiwillig geht da keiner mehr hin. *Engagés,* wie man sie von früher kannte, gibt es heute keine mehr. Damals gab es noch die auswanderungswilligen Europäer, die ihre Überfahrt mit einer mehrjährigen Arbeitsverpflichtung bezahlten. Nein, es geht bergab. Der Dreieckshandel hat keine Zukunft.

Die Schatten werden länger, durch das dunkle Gewölk über dem Elsass dringen die Strahlen der untergehenden Sonne. Ross und Reiter werden hingeworfen auf die Erde als ein riesenhaft bewegtes Schattenbild, auf das man zureitet im Dämmerlicht.

Ist die eigene Seele eine Art Schatten, der von einem übrig bleibt, wenn man stirbt? Sind wir die Geister, die einst nachts in den Häusern irrlichtern, bei Sturm und Wetter? Oder werden wir menschliche Seelen in unseren Nachgeborenen wiedergeboren? Die Schwarzen haben dafür ihre Ahnengeister, die die Lebenden beschützen und von denen sie besessen sind. Die Toten leben weiter, sie wachen über das Leben, sind alle Zeit gegenwärtig, wie unser allmächtiger Gott im Himmel. Was passiert mit mir? Dann?

Das helle Sonnenlicht ist aus dem Wald verschwunden, die warmen Farben weichen dem fahlen Grau und Blau der Nacht. Am Wegkreuz geht es geradeaus nach Pratteln, links zum Roten Haus am Rhein.

Wegkreuze sind mächtige Zeichen, *nkisi,* sie sind beseelt. Die Schwarzen sprechen ihnen grosse Bedeutung zu. Johann Rudolf ist weder abergläubisch, noch glaubt er an den lieben Gott der Christenheit, den Erlöser. Sonntags geht man zur Kirche, weil man zur Kirche gehen muss, wie das alle tun, seit immer, sonntags geht man ins Münster, er ist getauft und konfirmiert, hat kirchlich geheiratet, in der Holzkirche der Herrnhuter Brüdergemeinde in Paramaribo die Groenberg, das geliebte Paulinchen Streckeisen in der Kirche zu St. Margarethen. Aber ein Wegkreuz ist ein Wegkreuz. Gibt es jemals ein Zurück? Gibt es den Zeitsprung in die Zukunft, wenn er alles überstanden haben wird? Sein verwirktes

Leben, das Sterben? Wenn nur noch Schlafen ist, kein Fühlen mehr, nur das nackte Nichts? Was ist dann?

Johann Rudolf entscheidet sich für den Umweg, um Zeit zu gewinnen. Diablesse tänzelt auf der Stelle, buckelt, weicht seitwärts aus, Johann Rudolf haut mit der Peitsche auf ihre Kruppe ein und nimmt sie mit den Schenkeln in die Zange. Sie will *partout* nicht verstehen, dass sie links abbiegen soll, hinunter zum Rhein anstatt auf direktem Weg zum Ebenrain.

Als sei er seinen Lebensweg in Treibsand gegangen. Er hatte sich als junger Mann vom kalten Basel seiner Kindheit in eine völlig neue Welt begeben, vermeintlich in seine ureigene, er hatte sich von einem Ort zum anderen bewegt, tausende Meilen übers Meer, *hic sunt dracones,* wie es in den alten Atlanten heisst, hier wohnen die Drachen, angelockt vom Fremden, Unbekannten und vom Ruhm. Von Augenblick zu Augenblick, immer hatte er die Wahl gehabt, konnte sich entscheiden zwischen links oder rechts, geradeaus oder zurück. Die ersehnte Ferne rückte immer näher auf der Reise. Sobald er ankam, war sie verschwunden. Sein Surinam war eine Schimäre. Die Heimkehr nach Basel war ein Zurück in ein fremdes Land. Seine Heimat gab es in Wirklichkeit nicht mehr. Sie war ihm abhandengekommen.

Diablesse reckt den Hals und richtet die aufgestellten Ohren nach allen Seiten, sie geht wie auf Kohlen. Der Umweg passt ihr nicht, sie gehen zum Waldrand und über Felder zum Fluss hinab. Dort steht das Rote Haus. Über dem Rhein steigt der Mond auf. Die Grillen zirpen am Wegrand, zwischen der Scheune des Hofguts und dem nahen Wald schwirren im Dämmerlicht die Fledermäuse hin und her. Vom Fluss her weht durch bewegtes Schilf die kühle Brise und riecht nach Moor.

Von Kaiseraugst her kommt ein Reiter. Nur als Schemen erst sind im Dämmerlicht Pferd und Reiter zu erkennen. Diablesse wiehert, der ganze Pferdeleib erbebt dabei. Näherkommend, immer deutlicher, verwischt durch das Rauschen im Röhricht, hört man das Getrappel der Hufe auf dem Schotterweg, es ist der erste Reitersmann, dem sie begegnen. Herrenreiter oder Bauer auf dem Heimweg? Hutlos eine grosse Gestalt auf einem Rappen, immer grösser werdend, in einem Arm hält er ein Bündel, die Zügel in der freien Hand. Der Uferweg auf der Böschung ist nicht sehr breit, so dass man sich bald zu entscheiden hat, ob man weiterreiten und sich kreuzen kann, oder der eine stehen bleiben und der andere auf die steile Böschung ausweichen muss. Es wäre wohl an Johann Rudolf, den Weg zu verlassen, angesichts der eingeschränkten Beweglichkeit des anderen Reiters mit einem Bündel im Arm. Johann Rudolf entscheidet sich für den Uferpfad und reitet ihm entgegen, er hat ein geübtes Auge für solche Einschätzung, die Pferdeleiber würden sich auf dem Weg kreuzen, ohne den anderen zu bedrängen. Die Umrisse nehmen Gestalt an, auch der andere scheint nicht aus dem Weg zu gehen, macht keinerlei Anstalten, sein Pferd zu zügeln, schreitet beharrlich vorwärts. Johann Rudolf kann jetzt sein Gesicht erkennen. Im Arm trägt der Mann einen Balg. Eingewickelt in eine Decke liegt ein Knabe, Kopf und Füsse baumeln im Rhythmus der Bewegung. Es ist, als ob Johann Jakob sein Spiegelbild erblickte, die Züge sind ihm vertraut, er erkennt den Mann mit dem versteinerten Gesicht und dem hohlen Blick. Johann Rudolf durchfährt es wie ein Blitz, diese Gegebenheit, dieses Zusammentreffen, hat er exakt so schon einmal erlebt und dabei genau denselben Gedanken gehabt: Die Seele eines Menschen zeigt sich in seinem Blick. Befremdend ist das und doch vertraut, der Eindruck ist so stark, dass er an seinem Verstand zu zweifeln beginnt.

Vor einer Woche kam der Brief aus Paris. In den letzten Tagen hat er kaum Schlaf gefunden, Johann Rudolf ist übermüdet und aufgewühlt zugleich, befindet sich in einem Zustand wie auf der gegenüberliegenden Seite des Schlafes im Fieber, in einem Tagtraum, wenn die Konturen der Wirklichkeit verschwimmen. Eine Gedächtnistäuschung muss das sein, eine Erinnerungsverfälschung, denn bei bestem Willen könnte er nicht sagen, wann sich diese Gegebenheit schon einmal abgespielt haben soll. Dass das genau so schon einmal passiert sein soll, ist genau besehen sowieso unwahrscheinlich. Ein Trugbild seiner Wahrnehmung.

«Dackel-Kacker!», raunt der Fremde, als sich ihre Steigbügel im Moment des Vorbeiritts mit einem hellen, harten Klang touchieren.

«Wie bitte?», fragt Johann Rudolf entgeistert.

«Kakerlaken-Dackel, verdammter!», zischt ungerührt der andere.

«Was erlaubt Er sich?»

«Kanaken-Kraken-Granaten-Kacker, kranker, du!», schreit der Reiter, der sich schon entfernt.

«Ich hör wohl nicht recht!»

«Kanalratten-Knacker-Knote, krepiere!»

Aus der Ferne wird die Stimme immer lauter. «Knochenkocher-Kacker-du-Katzenkotzer-pfui-Kuckucksspucker-pfui!», der Reiter dreht den Kopf und spuckt auf den Boden.

Johann Rudolf bringt Diablesse zum Stehen, hebt sich aus dem Sattel: «Na warte, du! Elende Kanaille! Bleib stehen, wenn du ein Mann bist!»

Doch der reitet unbeirrt weiter. Feixt und lacht: «Lacken-Affen-Laken-Dackel-Trottel!»

Ein Hirngespinst, natürlich. Aber solch infame Beleidigungen kann man doch nicht unwidersprochen auf sich sitzen lassen.

«Kujon! Kretin! Ja, scher Er sich zum Teufel, Er feiger Kojote!», setzt sich zurück in den Sattel und gibt dem Pferd die Sporen.

Wenn es sich nicht so offensichtlich um eine Sinnestäuschung handeln würde, man müsste dem Lümmel eine Lektion erteilen. Wenn es sich um ein satisfaktionsfähiges Subjekt handelte, müsste man sich duellieren – ausser der Reiter würde auf Knien um Verzeihung bitten. Unverschämtheit, das.

Die Begegnung lässt Johann Rudolf keine Ruhe, er entscheidet sich, echauffiert wie er ist, gegen jede Vernunft dazu, dem Reiter in angemessener Distanz zu folgen. Der hat auf dem Uferweg bereits das Rote Haus erreicht, als Johann Rudolf kehrtmacht und ihn verfolgt. An der Umfassungsmauer reitet der Fremde nicht zum Tor, er biegt stattdessen hinab zum Rhein. Das Hofgut ist nicht sein Ziel. Im Zwielicht verschwindet er im Gebüsch zwischen Zingel und dem Strom.

Johann Rudolf erreicht die Hofmauer, reitet durch das Buschwerk zum Rheinbord. Doch da ist niemand. Kein Weg führt von dieser Stelle weiter. Ein Fels steht da. Frische

Hufspuren im sandigen Boden führen zur Brandung. Er kneift die Augen zusammen, um besser zu sehen. Im Dämmerlicht glaubt Johann Rudolf zu erkennen, dass weiter flussabwärts, wo zur Mitte hin die Wellen an Fahrt aufnehmen, grosse Blasen steigen, die sich an der Wasseroberfläche weithin verformen, hin zum anderen Ufer.

Ja, eine Sinnestäuschung. Ganz klar. Johann Rudolf ist überreizt, Opfer unerträglicher Gemütswallungen. Er streicht Diablesse über die Mähne und macht kehrt. Das letzte Stück über Liestal und Itingen müsste in einer halben Stunde zu machen sein. Das Hereinbrechen der Nacht ist kein Grund zur Besorgnis. Diablesse ist gewandt wie ein Indianer, wenn es darum geht, den Weg zu finden, selbst bei Nacht, ob durch Unterholz oder auf der Landstrasse, sie wittert die Richtung zum Ziel.

Die Würfel sind gefallen: Johann Rudolf hat sein Leben verspielt. Was soll da noch eine Duellforderung? *Rien ne va plus.* Er muss sein Leben beenden und zwar so schnell wie möglich. Das Ehrgefühl erfordert, sich zu entleiben.

Es ist stockfinstere Nacht, als er durch das nördliche Tor das Pförtnerhaus passiert und durch den Park zum Eingang reitet. Ein trübes Licht im Erdgeschoss des Herrenhauses. Hänsler erwartet ihn. Johann Rudolf reitet zu den Stallungen, steigt vom Sattel. Diablesse bekommt ein Stück Zucker, das gute Tier, er klopft sie zur Belohnung am Hals und überlässt sie dem Knecht.

Hänsler steht an der Haustür, verneigt sich.

«Willkommen mein Herr, ein später Ritt, ich darf von Handschuhen und Peitsche befreien.»

«Ach, Hänsler, wenn du wüsstest!»

Johann Rudolf setzt sich auf die Holzbank im Entrée und streckt die Beine.

«Den Stiefelkecht. Erleichterung, ich bitte darum.»

Hänsler zieht Johann Rudolf, ihm den Rücken zugewandt, den Stiefel vom Fuss, zuerst den rechten. Der linke will nicht recht, Hänsler zieht mit voller Körperkraft, Johann Rudolf tritt ihm in den Steiss, bis sich der Schaft plötzlich von der Wade löst. Hänsler, Stiefel in der Hand, verliert das Gleichgewicht, stolpert, rennt um sich aufzufangen durch die Halle und presst dabei heraus: «Ich bitte um Verzeihung, mein Herr!»

«Keine Ursache, mein Bester. Ich geh auf mein Zimmer. Mir ist kalt, ich fröstle. Ich möchte die Öfen eingeheizt, wie im Winter. Und danach den Gin.»

«Wie Sie wünschen. Auch im Salon, das Cheminée?»

«Ja, und alle Öfen. Wenn Er damit fertig ist und es in allen Rohren tüchtig lodert, erzähle ich Ihm eine Geschichte. Hänsler, mein Guter. Es ist Zeit.»

Die Neuenburger Pendüle auf dem Marmorsockel in der Halle schlägt zehn. Ein Luftzug wirft die Haustür ins Schloss. Der Ruf des Käuzleins im alten Eichbaum ist verstummt. Johann Rudolf schlüpft in die Hausschuhe und steigt die Treppen hoch. Das Schlafzimmer mit dem Alkovenbett geht nach Süden Richtung Zunzgen und über's Eck nach Osten, zum Ententeich, tagsüber der Weitblick über die Lindenallee zum Tor und geradewegs ins Unendliche. Man meint an manchen Tagen in der Ferne die Alpenkette zu erkennen. Jetzt löscht der Bursche im Hof die Laternen, hier stehen die Gesindehäuser, die Pferdestallungen und rechts davon der Lehenshof, der Berg und der Wald.

Johann Rudolf zieht den Rock aus, wirft ihn hinter die Alkoventür über den Herrendiener und setzt sich zwischen den Fenstern auf sein Kanapee. Im Osten, Richtung Sissach, wo früher der Galgen stand, und seinerzeit das Hochgericht des Sisgaus waltete, auf dem angrenzenden Glünggisbüehl, ist zu dieser Stunde nichts zu erkennen als die unendlich schwarze Nacht.

Der weisse Kachelofen, der moderne mit den mächtigen schwarzen Eisenrohren, wird rasch eine tropische Hitze ausbreiten. Zunder, Kleinholz, darauf Scheit um Scheit, wie in einer Frostnacht im tiefsten Winter. Er füllt den Ofen mit dem ganzen Vorrat an Brennholz, der im Kupfertrog bereitsteht.

«Hänsler! Bring mehr Brennholz. Und den Gin!», ruft er in den Flur.

Wo ist die Pistole geblieben? In der Schublade des Sekretärs ist sie nicht mehr. Hat Hänsler sie womöglich zu den Jagdwaffen gesperrt, damit das Gesinde sie nicht entdeckt?

«Hänsler!», er zögert. «Nein, lass sein. Bring Er mir erst den Gin und das Brennholz. Dann erzähl ich ihm die Geschichte.»

Im Spiegel über der Waschschüssel blickt Johann Rudolf ins versteinerte Gesicht des anderen, drüben im Jenseits. Im Flackerlicht des Kerzenleuchters schauen ihn verquollene, schwarz umrandete Augen an. Gefangen im Bild sieht er hinab in nie geschaute Abgründe, stürzt im Sog der dunklen Tiefen hinab, hinab durch Kaskaden von kalten Schächten, bis er sich zwingt nicht mehr hinzusehen. Unerträglich bei der ganzen Angelegenheit, dass er Pauline nicht mehr in die Augen sehen kann. Er meidete die letzten Tage ihren Blick, wich jeder Begegnung aus, nur keine offenen Räume, zog alle Türen hinter sich zu. Dabei ist im Ramsteinerhof noch alles so wie zuvor, Pauline und er, die Eheleute Ryhiner, Heinrich und Benedikt, die Kinder unter einem Dach, alles könnte sein wie immer. Paulinchen und die Kinder schlafen jetzt selig.

Der Brief aus Paris ist sein Todesurteil. Es gibt jetzt keinen Ausweg mehr. Ein schlechtes Gewissen musste er bis anhin nicht haben. Es gab keinen Grund, sich schuldig zu fühlen, solange keiner das Spiel entdeckt hatte. Jetzt ist die Partie verloren, er ist der König auf dem Brett, vom Gegner schachmatt gesetzt, aus heiterhellem Himmel.

Sein Blick schweift der Wand entlang zu den Ahnenporträts. Auf dem einen Bild die Kohlenrisse Johann Rudolfs mit Familie. In der Mitte auf dem Sessel thront er selbst, umrahmt von Pauline mit Heinrich und Benedikt an der Hand, im Hintergrund die Profile seiner Schwestern Margaretha und Elisabeth. Bruder Johann Jakob, der als Zweijähriger starb, fehlt hier naturgemäss, Vater Johann Rudolf, als Apotheker mit Äskulabstab, und Mutter Margaretha Maria sind tiefer unten auf dem Bild in einer neuen Reihe dargestellt, flankiert von Onkeln und Tanten Ryhiner, auch sie zurückversetzt und im Profil. Weiter unten noch, zuunterst, als kleines Arrangement in der Landschaft, Grosspapa Emanuel Ryhiner und Grossmama Margreth und die Grosseltern Faesch, beide Paare nebeneinander auf einer Gartenbank unter dem alten Lindenbaum. Sie lächeln in der Abendsonne, die sie milde bescheint. Auf der Ahnentafel sind keine dunkelhäutigen Kinder.

Hänsler klopft an der offenen Tür, tritt ein und serviert den Wachholderschnaps. Vorsichtig hebt er das bis zum

Rand gefüllte Glas vom Serviertablett und stellt es auf den Tisch vor das Kanapee.

«Gin, Hänsler, ja? Nicht etwa Genever, wie letztes Mal.»

«Nein, mein Herr, London Dry Gin, Finsbury.»

«Finsbury. Richtig. Da fällt mir ein, die Kassette mit der Forsyth-Pistole ist doch im Jagdzimmer bei den anderen Waffen, nicht wahr?»

«Wie angeordnet, mein Herr. Ich habe sie dort eingeschlossen.»

«Gut so. Ich komm darauf zurück. Jetzt geh und bring Er noch etwas Brennholz. Dann wisch Er den Staub von den Reitstiefeln, bürste sie und gebe ihnen einen perfekten Glanz.»

«Sehr wohl. Zuerst das Brennholz.»

Hänsler nimmt den leeren Kupfereimer und will sich auf den Weg machen.

«Überhaupt soll alles glänzen, Silber, Klinken, Jagdgewehre! Ich will, dass alles funkelt. Wenn der Tag anbricht, soll hier alles blitzblank sauber sein und strahlen. Und lass die Tür offen. Ja, jetzt mach Er sich auf, es gibt zu tun.»

«Sehr wohl.»

«Und hör Er die Geschichte, die ich Ihm zu erzählen habe.»

Zweites Kapitel

Ein Bild der Idylle, das alte Basel an den Gestaden des Rheins. Auf dem Hügel neben dem Münster stehen die herrschaftlichen Häuser der ehrbaren Familien mit ihren fallenden Gärten bis hinab zum Fluss. Der Rheinsprung und die Martinskirche, die Universität. Seit Jahrhunderten steht hier die Brücke und überquert den reissenden Strom, dient als Achse zwischen den Deutschen Ländern und Frankreich, verbindet den grösseren Stadtteil am linken Ufer mit dem minderen Basel zu seiner rechten Seite, ist Puls und Ader. Ein beliebtes Motiv für Zeichner, Maler, Kupferstecher. Als Schattenriss heben sich dann nachts (die Kupferstecher sind hier selbst nachts noch an der Arbeit), wenn am Grund der Ansicht die schwarzen Wogen rauschen, scharf die Konturen der Häuserzeile vom Himmel ab. Heimelig schimmert da und dort ein warmes Lichtlein in den Fenstern, dahinter sitzen in ihren Stuben bei Kerzenschein die Bürgerfamilien artig beisammen. Es wird musiziert, die Kinder in christlicher Gottesverehrung unterwiesen, gebetet und dann und wann wird manierlich ein bescheidenes Fest gefeiert. Aus den Schornsteinen quillt weiss der Rauch von all den behaglichen häuslichen Feuerherden, in den Vorstädten steigt, weit derber, aus den Fabrikschloten da und dort Qualm in dunklen Schwaden in die Luft. Tugendhaftigkeit und Häuslichkeit stehen hoch im Kurs in dieser Zeit, Genügsamkeit hinterm Zaun des eigenen Gärtchens, hier blüht rühmlich die Beförderung des Guten, und entsprechend wohlgerecht sind die Aufmunterungen zum Gemeinnützigen. Was sich ziemt, was schicklich ist, ist streng geregelt und gilt für alle Schichten. So gehört sich insbesondere nicht, nach aussen vorzuzeigen, wie wohlbetucht man in diesen Kreisen ist. Nach der langen Zeit der Kriege in Europa sind weite Teile der Bevölkerung verarmt und leiden Hunger. Das Glück in den eigenen vier Wänden, alles Einfache, Menschenfreundliche hat dadurch in den vergangenen Jahren besondere Bedeutung bekommen, wirkt in alle Bereiche des Lebens hinein, in die Ausstattung der Räume, wo das Schlichte, Unscheinbare und Zweckdienliche zum ersten Grundsatz erhoben wird.

In der Eingangshalle des Ramsteinerhofes an der Rittergasse steht in der vorweihnächtlichen Fronfastenzeit eine mit roten Seidenmäschli und Äpfeln geschmückte stattliche Tanne. Auf der Kommode, von hinten von einer Kerze beleuchtet, steht ein Nachbau des Hauses vom Ausmass einer grossen Puppenstube und wirft sein waberndes Schattenbild an die Wand. Pauline hat das Modell des Ramsteinerhofes beim Künstler Bachofen in Auftrag gegeben. Er malte das Haus auf Leinwand und zog es als ein dreiseitiges Klappbild auf hölzerne Bretter auf. Das Haus hat vierundzwanzig Fensterlein, die über die zwei Stockwerke der zum Rhein gewandten Seiten nach Westen und nach Norden gehen, jedes ist mit der feinen Stichsäge ausgeschnitten, so dass durch die Leinwand wie beim wirklichen steinernen Wohngebäude im Dunkeln von innen erhellt die Fenster leuchten.

Es ist die Zeit der Visiten. Je näher Weihnachten und das Neujahrsfest rücken, umso häufiger werden die Hausbesuche im Ramsteinerhof, die Besuche bei den Eltern, Grosseltern, Onkeln, Tanten. Als Gastgeber hat man fast täglich Verwandte, Bekannte und Nachbarn zu Besuch. Die Gäste werden in der Visitenstube empfangen, man serviert Hypokras, übersüssten Gewürzwein, den die Mägde aller Bürgerhäuser des Münsterhügels in ihren weissen Schürzen sozusagen im Kontermarsch durch die Gassen rennend, immer von Neuem beim Weinhändler Meyer an der Streitgasse besorgen. Es ist die Zeit der immer gleichen frommen Wünsche, die man gegenseitig auszusprechen aufgefordert ist, mit festlich aufgesetzter guter Laune. Auf ein gutes Neues, auf die Gesundheit, auf die lieben Kinderlein, auf gute Geschäfte, auf gute Besserung und, nicht zu vergessen, auf die armen Negerlein in den Missionen, und hat dabei einen weiteren klebrigen Schluck des dickflüssigen Getränks zu nehmen. Harzig fühlt sich die Zunge an, es haftet stechend der Geschmack nach gekochter Gewürznelken an der Schleimhaut, es zieht der Duft der Läckerliproduktion, von Zimt und Nägeli, von kandierten Zitronenschnitzen, gekochten Mandeln, Kirsch und Honig von der Küche her durch die Häuser, so dass alle, Herrschaft und Gesinde, davon imprägniert sind (Kleidung, Haut und Haar) und das Odeur ihnen, den auf solche Weise Mesmerisierten in der Adventszeit jenen vorweihnächtlich fromm-verklärten Blick verleiht.

An einem bestimmten Punkt, wenn die gesellschaftlichen Verpflichtungen sich derart verdichten, dass man sie beim besten Willen nicht alle einzuhalten vermag, wenn die familiären Verbindlichkeiten sich überhäufen und man gleichzeitig doch allen nachzukommen hat, an eben einem solchen Sonntagabend, am 23. Dezember des Jahres 1821, als im Ramsteinerhof nach der Teevisite der Passavants, kaum sind sie aus dem Haus, noch das Gastmahl mit der Burckhardt-Sippe samt Vettern und Schwagern ansteht, wird es Johann Rudolf zu viel. Er stiehlt sich davon, verdrückt sich auf französische Art, wie man sagt. Johann Rudolf hat in den vergangenen Jahren einen Hang zur Melancholie entwickelt, derer er nicht mehr Herr ist, und die sich immer öfter manifestiert, es überkommt ihn dann so stark, dass er alleine sein muss.

Pauline ist dabei die Mägde anzuweisen wie mit Damasttuch, Delfter Fayence und Silberbesteck die Tafel zu decken ist, als Johann Rudolf in der Remise Reitstiefel, Rock und Gerte greift und, ohne den Stallburschen aus der Wohnung zu läuten, es ist dessen freier Sonntag, Diablesse kurzerhand selbst aufsattelt und zäumt. Er führt sie an der Hand zum Tor, erst auf der Gasse steigt er auf. Ein kurzer Blick nach allen Seiten, ob jemand ihn beobachtet, und er gibt ihr die Sporen. Im starken Schritt durch die Gassen der Stadt, durchs Aeschentor hinaus auf's freie Land, im Jagdgalopp dann hinaus zum Ebenrain, in sein Refugium.

In einer knappen Stunde ist er da, Diablesse ist ein gutes Pferd. Er lässt im Jagdzimmer das Kamin einfeuern, im Schlafzimmer den Ofen. Aus dem Schnapsschrank nimmt er eine Flasche Genever, einen Kristallbecher und füllt ihn bis zum Rand. Riecht daran, angewidert. Fusel, übertüncht mit Wachholder und Kümmelgeschmack. Er hasst Genever. Er leert das Glas in einem Zug. Es schüttelt ihn. Dafür ist er endlich befreit vom Nachgeschmack des Gewürzweins in seinem Hals. Und gleich ein weiteres Glas Genever.

Betrinken will er sich heute Abend nicht, der melancholische Zustand ist ihm schon genug des Ungemachs. Er will einfach seine Ruhe. Er weist Hänsler an, eine Kanne starken Kaffees aufzubrühen und setzt sich vor den Kamin. Streckt die Hände zum Feuer, wärmt sie, dann holt er aus der Truhe eine Flasche Armagnac und ein bauchiges Glas. Zum Kaffee wird das ganz gut passen. Er rückt den Ohrensessel heran und schlüpft aus den Hausschuhen. Streckt die kalten Füsse zu den Flammen, die Socken dampfen.

Hänsler serviert ihm den Kaffee mit Sahnekrüglein und Zuckerstock, von dem sich Johann Rudolf ein gutes Stück abbricht und in den Schwenker mit dem Branntwein tunkt, bevor er es in die Tasse gibt.

«Kennt Er das, Hänsler? *Un canard,* wie der Franzose sagt. Zucker, in Schnaps getaucht, ein Gedicht. Er darf es nur ja nicht dem Dackel sagen. Meinem alten Entenjäger. Wo ist der Wolfi?»

«Eingesperrt im Reduit. Sonst streunt er überall im Haus herum», antwortet Hänsler.

«Soll er doch. Sein Haus, wenn ich nicht da bin! Und wenn ich da bin, erst recht. Lass Er ihn raus.»

«Sehr wohl.»

Mit wedelndem Schwanz kommt Wolfi, der Dackelhund, hereingetrippelt. Stellt sich vor dem Sessel seines Meisters auf die Hinterbeine und setzt sich wie ein Tanzbär auf den Hintern. Stellt die Ohren, hält das Köpflein schräg und jault.

«Macht's Männlein! Brav! Pass auf, mein Grosser: Jetzt noch tanzen, rundherum!»

Wolfi hebt sich auf die Hinterbeine, dreht sich um die eigene Achse, die Schnauze hoch in die Luft gerichtet und schnappt winselnd nach dem Zuckerstück, das Johann Rudolf ihm vor die Nase hält.

«So ist brav! Schau, *Canärchen,* zur Belohnung.» Er tunkt das Stücklein Zucker in den Branntwein und gibt es Wolfi.

Ist er nicht selbst ein Tanzbär, der sich artig im Kreis dreht, sich nach dem Willen anderer zu richten? Wird Johann Rudolf nicht am Gängelband der Basler Gesellschaft herumgeführt? Seit er zurück ist aus den Tropen hat ihn etwas getrieben, er wollte sich als Vorbild seiner Sippe hervortun und dabei das Idealbild eines Biedermanns abgeben.

«Soll ich ein Nachtmahl richten lassen, Herr Ryhiner?», fragt Hänsler «... und bitte um Verständnis, ich war nicht avisiert.»

«Danke, Hänsler, nicht nötig. Ist von unserer Hirschwurst noch etwas übrig? Oder hat Wolfi sie schon verspeist?»

«Es sind noch sechzehn Paar in der Speisekammer.»

«Dann werden wir uns selber zu helfen wissen, oder was meinst du, Wolfi? Er kann dann gehen. Gute Nacht, Hänsler.»

Wolfi legt sich zu ihm ans Feuer. Mensch und Hund, wachend vor der Lohe, ein Urbild, wie es für die rechte Ordnung dieser Welt steht! Und wenn es sich dabei um Biedermann und Dackel handelt. Einerlei. Johann Rudolf schenkt sich Branntwein nach und schaut in die Flammen. Ein Glücksgefühl stellt sich ein, wie immer, wenn er aus seinem Leben abgehauen ist. Wenn er der Knechtschaft der Obliegenheiten entkommen ist und sich für eine Weile unerkannt den Wonnen der Freiheit hingeben kann. Das ist jetzt nicht anders als damals in der Schulzeit, als er Mathematik und Lateinstunden schwänzte, um mit den bösen Buben ganze Nachmittage lang um Geld Tarock zu spielen, oder wenn er sich vor den schriftlichen Prüfungen drückte und stattdessen im Rhein schwamm. Die süssesten Stunden des Wohlbehagens waren jene, als man sich unentdeckt dem geheimen Tun hingeben konnte, jeden Gedanken an spätere Strafen verwerfend, während andernorts die Pflichten erfüllt werden mussten. Da stand die Zeit still, eine gesetzlose Enklave war entstanden, ein sicherer Ort wie vorgeburtlich im Mutterkuchen, eine Art prekäre Insel der reinen Glückseligkeit.

Die Teevisite der Passavants hat Johann Rudolf noch durchgestanden, mit durchgedrücktem Kreuz. Auf gute Geschäfte im neuen Jahr! Da gab es kein Entrinnen. Emmanuel ist sein Schwager, ist zugleich sein Handelspartner, Passavant & Ryhiner, Kolonialhandel und Creditgeschäfte. Auch Vater Passavant, der alte Bankier, machte seine Aufwartung. Dann wäre das Nachtmahl mit den Burckhardts angestanden, seine Schwester Margaretha mitsamt ihrem Ratsherrn war eingeladen, dazu alle Vettern und Cousinen, die man durchs Jahr hindurch wenn immer möglich mied. Sie hatten etwas ach so Wohlanständiges, das sie vor sich hertrugen wie eine Trophäe, diese Burckhardts. Wirkten affektiert, beflissen in vorgespielter Gehemmtheit, waren besserwisserisch, stets darauf bedacht, ihre Mitmenschen zu belehren. Dazu hatten sie üblen Mundgeruch. Allein die Vorstellung davon hatte ihn schwindeln gemacht, wenn er sich's überlegte, welche Artigkeiten auszutauschen geboten gewesen wären und die gute Miene, die man dazu hätte aufsetzen müssen. Nicht, dass es sein Lebensmotto gewesen wäre, einfach abzuhauen, nach mir die Sintflut. Aber manchmal geschah es, dass er aus seinem Leben verschwand.

Das nette Getue hätte er nicht ausgehalten. Andere Dinge beschäftigen ihn. Seit dem Ende der Kriege ist der Handel mit den Kolonien eingebrochen. Es sind die Engländer, die jetzt überall das Sagen haben. Ihre Waren überfluten den europäischen Markt. In ihren Fabriken und mit ihren technischen Erfindungen produzieren sie immer neue Handelsgüter für den Kontinent. Passavant & Ryhiner braucht neue Geschäftsfelder, wenn das Haus in Zukunft gute Erträge erwirtschaften will. Creditwesen ist das Eine, aber Johann Rudolfs Ambition ist es nach wie vor, mit den Kolonien Geschäfte zu machen. Trotz allem und entgegen der Entwicklung zur Abschaffung der Sklaverei. Auch wenn es sein Partner bislang zu riskant fand, sich in diesem Gebiet zu engagieren.

Irgendwann muss Johann Rudolf eingeschlafen sein. Er fröstelt, als er aufwacht. Das Feuer ist ausgegangen, die Glut erloschen, Wolfi liegt eingerollt auf seinem Schoss und schläft. Die Kerzen sind abgebrannt. In der Flasche mit dem Branntwein ist nur noch ein kleiner Rest. Es ist still im Haus. Nur Wolfis tiefes Atmen.

«Ho, Kamarad! Tagwache!»

Wolfi springt vom Sessel. Johann Rudolf steht auf, geht auf zwei taub gewordenen Beinen, wankt zum Kaminsims. Dort hat er zuletzt seine Tasse abgestellt. Der Kaffee ist ausgetrunken, am Boden der Tasse ein brauner Klumpen, eingedickt aus Zucker, Sahne, Armagnac und starkem Kaffee, mit dem Löffel trennt er ihn vom Porzellan und schiebt ihn in den Mund. Schlaftrunken hängt er seinen ungeordneten Gedanken nach, er ist in den traurigen Tropen, in seinem Traum von eben, den abgedrängten Gefühlen gegenüber Belle in seiner Brust, seiner schwarzen Geliebten vor so langer Zeit, Harrys Mutter im fernen Surinam, ihre weichen Lippen und die Tränen in ihren dunklen Augen, das Geräusch des Schlagens von Zuckerrohr, vermischt mit seinem Widerhall aus dem nahen Wald, das Geschrei der Vögel und das Regenrauschen in den grossen Blättern.

Wie er den süssen Klumpen mit der Zunge genüsslich in seinem Mund wendet und lustvoll daran saugt, wie er den Saft der eingekochten traurigen Tropen trinkt (so jedenfalls kommt es ihm vor), erscheint mit einem Mal die ganze verdrängte Welt in seinem Gedächtnis und erfüllt ihn mit der Erinnerung an Aromen, Wohlgerüche, Farben und Geräusche, die er seit all den Jahren seiner Rückkehr in die Heimat so vermisst. Der Nachgeschmack ist etwas bitter, aber angenehm. Wie ein Blitz durchfährt ihn der Gedanke: *Les Larmes Tropiques!,* so wird er die Bonbons nennen, die er ganz genau nach eben diesem Rezept herstellen lassen wird. Zuckerbäcker Rudolf Schlegel am Fischmarkt wird er damit beauftragen, bei dem er fast täglich seinen Kaffee trinkt. Schlegel ist in der Stadt so etwas wie der ungekrönte König seines Fachs, liefert an die besten Häuser, ist weiterum bekannt für seine süssen Kreationen.

Vor Tagesanbruch schon reitet er los, zurück in die Stadt. Nicht in die Rittergasse jedoch um bei Pauline Abbitte zu leisten für seine gestrige Flucht, er reitet nach der Vorstadt weiter durch den Aeschenschwibbogen hinunter Richtung Rathaus durch die Freie Strasse, vorbei am Bürgerspital, wo schon frühmorgens die Pfründer auf der Strasse herumlungern, vorbei am Kaufhaus, die Krämer machen eben ihre Läden auf, sie ziehen ihre Hüte, hinunter zum Kornmarkt, wo das Geschrei der Marktweiber, der Lumpensammler und Verkünder schon von Weitem zu hören ist. – Kraaaut und Rüüüben! – Brunnenkresse, kaufet Brunnenkresse! – Kesselflicken Scheeren Messer Schlyffen! – «Anggeweggli-Butterweggli, heiss! – Zitroneeen! Orangscheeen! – Frische Geissekäääs!

Es tost und wuselt, es ist kein Durchkommen mit einem Pferd, er weicht über die Gasse aus, reitet hinab zum Fischmarkt, wo das Caffeehaus des Zuckerbäckers steht. An der Hausfassade bindet er Diablesse am Eisenring fest und betritt die Schankstube.

Der Meister höchstpersönlich empfängt ihn an der Tür, ein elegant gekleideter Mann in modischen Stiefeletten, eng taillierter Weste, Pantalons und Seidenkrawatte am Vatermörderkragen. Höfliche Verbeugung, er weist ihm einen freien Tisch.

«Meister Schlegel, ich möchte Sie um eine geschäftliche Unterredung bitten, wenn Sie erlauben. Können wir uns irgendwo ungestört unterhalten?»

Schlegels blaue Augen blitzen auf, ein freundliches Lächeln im soignierten Antlitz.

«Mit grösstem Vergnügen, darf ich Sie in mein Kontor bitten?»

Im ersten Stock befinden sich Schlegels private Räume. Beeindruckend, der Mann ist belesen wie ein Gelehrter, seine Bibliothek überquillt von Büchern und Druckwerken, englische, französische, italienische, holländische.

«Ja, das ist mein kleines Privat-Universum, wenn Sie so wollen. Womit kann ich dienen, mein Herr?»

Johann Rudolf erläutert seinen Plan von der Herstellung der *Larmes Tropiques.* Schlegel ist auf Anhieb begeistert von der Idee, von seinem Vorhaben, das er eigentlich, was für ein Zufall, ohnehin so ähnlich selbst auch gehabt habe. Er sei daran, die Mechanisierung seiner Produktion voranzutreiben, besonders von haltbaren Erzeugnissen, vornehmlich von Süssigkeiten, die sich für den Vertrieb im Ausland eigneten. Was die Zubereitung von Läckerli und Rahmtäfeli anbelange, so sei er zweifelsfrei der Beste, aber leider nicht der Einzige, es gebe die Konkurrenz, die mit ihm um den grösstmöglichen Absatz kämpfe. *Larmes Tropiques,* das sei einzigartig, poetisch und könne die Menschen weltweit ansprechen, Damen und Herren, Alte und Junge, Kaffee sei nach wie vor überall gross in Mode. In Paris, in London, in Wien, Berlin und Amsterdam. Alle Schichten der Bevölkerung wollen Kaffee trinken. Und es wehe ein Hauch von Exotik, wenn etwas aus den Tropen käme. Das fördere den Verkauf. Zudem seien solch kleine Mengen Koffein vom medizinischen Standpunkt aus völlig unbedenklich, selbst für Herzkranke, die ja eigentlich auf Kaffee verzichten müssten. Auch Kinder könnten diese Bonbons problemlos lutschen, auch wenn sie noch keinen Kaffee trinken.

«All das klingt vielversprechend. Eine einzigartige Geschäftsidee! Wenn für die Entwicklung der Maschinen zur Herstellung der Zuckerwaren Kredite vorhanden sind, dann liegt dem Projekt nichts mehr im Weg», sagt Schlegel. «Man kann sofort mit dem Bau beginnen, die Pläne sind fertig und harren nur noch der Ausführung. Bei der Schokoladeproduktion geschieht ähnliches. Es sind jetzt überall in Europa Fabriken im Bau, man experimentiert in Holland mit der Pressung und Zermahlung von Kakao zu Pulver.

Schokolade ist sehr begehrt, aber viel zu teuer. Hier wartet man besser die Entwicklung ab. Mit den *Larmes Tropiques* hingegen kann man sofort loslegen!»

«Sie sind mir ein Schneller, Schlegel! Das habe ich so nicht erwartet, eine solche unmittelbare Begeisterung für die Idee», sagt Johann Rudolf. «Aber ich möchte nicht nur Kredite zur Verfügung stellen, ich will auch produzieren. Mit dem Handelshaus Passavant & Ryhiner will ich als Unternehmer aktiv teilnehmen, mit meinen weltweiten Verbindungen kann ich viel zur Geschäftsentwicklung beitragen.»

Schlegel reibt sich die Hände.

«Sie sind der Initiant, Herr Ryhiner, Sie bestimmen die Marschrichtung.»

«Auf der Verpackung steht *Les Larmes Tropiques* und Markenzeichen ist das Familienwappen Ryhiner, Berg mit Mondschein und Stern, auf rotem Schild.»

«Grandios, Herr Ryhiner, grandios!»

Johann Rudolf sucht Schlegels Enthusiasmus etwas zu bremsen: «Über Anteile am Gewinn und Höhe der Credite müssten wir zu einem späteren Zeitpunkt reden, wenn der Aufwand in Zahlen fassbar geworden ist.»

«Sechstausend Gulden, grosso modo. Credite Ihrerseits, Produktion meinerseits, Gewinnanteile *fifty-fifty*», schiesst es aus Schlegel hervor, der sich vor ungeduldiger Erwartung kaum mehr auf seinem Stuhl halten kann. Er scheint gleich aufstehen und Johann Rudolf die Hand zum Einschlag hinstrecken zu wollen.

«Na, na, na. Das klingt zwar alles ja recht vernünftig, doch sollten wir im Vorfeld die Details noch etwas genauer elaborieren, wie mir scheint», sagt Johann Rudolf.

«Wie Sie wünschen, Partner, wie Sie wünschen!»

«Aber, so weit sind wir doch gar noch nicht!», Johann Rudolf gibt sich amüsiert, klopft sich auf die Schenkel und schüttelt den Kopf.

Schlegel schnellt aus dem Stuhl und greift ein Buch von der Ablage im Bücherregal.

«Da, ich lese gerade über neueste Erfindungen der Ingenieurskunst in England. Ein gewisser Bryan Donkin, der mit seiner Rotationsmaschine bereits das Druckwesen revolutioniert hat, entwickelt neu ein Verfahren, mit dem man aus Zinn Dosen herstellen kann. In Dosen können sich Lebensmittel beliebig lang konservieren lassen! Die ideale Verpackung für unsere Zuckerwaren! Herstellen, dann eindosen, lagern, verkaufen, versenden, anbieten, alles in der Dose! In jedem Caffeehaus, in jedem Haus, auf jedem Tisch: *Les Larmes Tropiques,* Berg mit Mondschein und Stern auf rotem Schild. Weltweit. Und Sie Herr Ryhiner, der Erfinder!»

«Aber Sie sind doch der Confiseur, der sie herstellt», wendet Johann Rudolf ein.

Schlegel klappt das Buch zu und legt es ihm auf die Knie.

«Es findet gerade eine Revolution statt. Grossgewerbe, *industry,* wie der Engländer sagt. Es braucht Erfindergeist, Kapital und Weitblick, Herr Ryhiner, Sie haben all das. Ein Pionier des Fabrikzeitalters!»

«Das sind hochfliegende Gedanken!»

«Hochfliegend ja, hochtrabend nein.»

Johann Rudolf verschränkt die Arme, abwartende Haltung, lehnt sich zurück.

«Was könnte dabei meine Rolle sein, ausser der Creditvergabe?»

«Als Unternehmer müssen Sie nach England reisen, diesen Byan Donkin aufsuchen, ihm auf den Zahn fühlen und ihm den Speck durch die Nase ziehen. Er soll eine Dose herstellen, die unseren Anforderungen und dem speziellen Zweck des weltweiten Vertriebs dienlich ist. Und er soll einen Preis für eine hohe Stückzahl berechnen.»

«Ich werde mit meinem Geschäftspartner darüber sprechen.»

Schlegel streicht sich mit der Hand über den kurzgeschnittenen weissen Haarputz.

«Davon würde ich dringend abraten. Sprechen Sie mit ihm, wenn Sie einen exakten Plan haben. Dann kriegen Sie, was Sie wollen.»

Es geht auf Mittag zu, als Johann Rudolf im Ramsteinerhof eintrifft. Der Stallbursche blickt vielsagend und nickt mit dem Kopf, verzieht das Gesicht, etwa so, als bemühe er sich, ihm trotz Redeverbot sein tiefes Mitgefühl auszusprechen. Er übernimmt das Pferd und führt es zu den Stallungen. Johann Rudolf betritt das Haus. Im Entrée zieht er die Stiefel aus, als Marthele, die Stubenmagd, die Treppen heruntergerannt kommt.

«Mein Herr, mein Herr, es ist so, dass ich dem gnädigen Herrn von seiner Frau Gemahlin, ich soll ihm also ausrichten, nur grad das und nichts anderes, dass sie also heute Morgen die Reisekoffer hat packen lassen, für den kleinen Heinerle und für die Madam, und dass sie verreist ist nach Paris, nach Paris über die Festtage, mit der Trinette als Kindermagd für den Heinerle, die ist auch mitgereist.»

«Danke, Marthele, meine Schuld, ich weiss. Und es tut mir so leid.»

Marthele errötet, knickst und schleicht schweigend die Treppen hoch, zuckt mit den Schultern.

«So leid! Ich bin ein Büffel.»

Johann Rudolf zieht sich in den Kontor zurück, schliesst die Tür hinter sich und setzt einen Brief auf. An Pauline, seine geliebte Pauline, ein Versuch, in Worte zu fassen, wie sehr er sie liebe, wie sehr es ihm leidtue, sie erneut so vor den Kopf zu stossen mit seiner feigen Flucht, sie blosszustellen vor allen, auf die niederträchtigste Art, sie einfach stehen zu lassen im Regen, ohne Warnung, ohne eine Erklärung, aus heiterem Himmel zu verschwinden aus dem gemeinsamen Leben, er könne sich beim besten Willen nicht erklären, was ihn getrieben habe. Er verfluche sich und schäme sich in den Abgrund, in den jähen, dunklen, er sei sich bewusst, wie sehr sie sich von ihm verstossen fühlen müsse, wobei es in Wahrheit ganz anders sei als es scheine, im Gegenteil, sein innigstes Streben sei es, sie, seine Herzallerliebste auf Händen zu tragen und sich ihr mit seinem ganzen Wesen hinzugeben, in der gemeinsamen, gegenseitigen, gottgegebenen Liebe Erfüllung zu finden, er fühle sich deshalb jetzt so unwürdig, lechze im Innersten nach ihrer, Paulines, so fürsorglichen Zärtlichkeit, nach ihrer unendlichen Grosszügigkeit, sie sei das vollkommenste Wesen, dass ihm je begegnet sei, und er hoffe auf diesem Wege sie noch einmal um Verzeihung bitten zu dürfen, in tiefster Demut, sein abermaliges Verschwinden von gestern sei ihm ein blinder Fleck, der ihm nicht erklärlich sei, vor welchem er selbst erstarre in elendester Verzweiflung und in unaussprechlicher Scham. Er hoffe, sie nach ihrer Rückkehr aus Paris wieder in die Arme schliessen zu können und auch den lieben kleinen Heinrich. Er selbst werde sich morgen in einer wichtigen geschäftlichen Angelegenheit auf den Weg nach London machen und verspreche, so bald als möglich von sich hören zu lassen.

Im Coupé mit der Post lässt es sich heutzutage recht unbeschwerlich reisen. Nach London braucht man keine zehn Tage. Johann Rudolf hat sich vorgenommen, auf der Fahrt sein Englisch aufzubessern. Auf Schlegels Empfehlung hin liest er *Frankenstein*, einen kuriosen Roman eines englischen Autors, der es angesichts des verstörenden Inhalts offenbar vorzog anonym zu bleiben. In literarischen Kreisen macht er gerade die Runde und ist gross in Mode.

Bei der Lektüre auf der ersten Etappe nach Strassburg versteht er vom Inhalt nur in groben Zügen, dass es sich um einen verschachtelten Briefroman handelt, in welchem der Polarforscher Walton im Packeis des Nordmeers einen Wissenschaftler namens Viktor Frankenstein auf seinem Schiff aufnimmt und die unglaubliche Lebensgeschichte des Todgeweihten niederschreibt. Walton hatte beobachtet, wie dieser im Schlitten einem riesenhaften Ungetüm in menschlicher Gestalt hinterhergehetzt war, bis er entkräftet zusammenbrach.

Auf dem Weg nach Metz erfährt Johann Rudolf, wenn er es richtig verstanden hat, die Familiengeschichte des jungen Frankenstein, der in Genf in bester Familie aufwächst ist und mit Siebzehn auszieht, um an der berühmten Universität Ingoldstadt Naturwissenschaften zu studieren. Und jetzt kommt der verstörende Teil, der junge Forscher experimentiert bald mit menschlichen Leichenteilen, die er zusammennäht, um daraus ein neues Wesen zu erschaffen. Er entwickelt eine Methode, es zum Leben zu erwecken. Der Roman soll einen schaudern machen, offensichtlich. Hier beginnt der Alptraum, von dem Moment an, als Frankenstein das Wunder vollbringt und sein Geschöpf, lebendig geworden, sich zu regen beginnt. Fasziniert von der Gestalt, erschrickt sein Erzeuger vor deren furchterregenden Hässlichkeit und will sie gleich wieder zerstören. Um Gottes Willen. Das ist ja abartig. Johann Rudolf ist entsetzt.

Entlang der Maas, kurz vor Charleville und dem Ardennerwald, dem sagenumwobenen, gebirgigen, beginnt es in Strömen zu regnen. Der Himmel verdunkelt sich schon am frühen Nachmittag und es regnet und regnet, so stark, dass man sich sorgt im tiefen Morast stecken zu bleiben. Und tatsächlich, das Gespann verlangsamt die Fahrt und die Kutsche bleibt stehen. Johann Rudolf sieht nach draussen, die Grenze zwischen Landstrasse und Acker ist kaum mehr zu erkennen, der Kutscher flucht, steigt vom Bock, legt Sacktuch um Sacktuch auf die Fahrbahn und schaufelt groben Sand unter die Räder. Er besteigt den Bock und schreit seine Lunge aus dem Leib, drischt mit der Peitsche auf die Pferde ein. Es gibt einen Ruck, die Kalesche taumelt, so dass die Köpfe der Passagiere sich am Dachhimmel stossen. Gellende Schreie ertönen aus dem offenen Abteil. In seinem separaten Coupé fingert Johann Rudolf seinen Flachmann aus dem Rock und nimmt einen kräftigen Schluck Genever, während sich die anderen Passagiere schweigend bekreuzigen.

Anderntags fegt in der Kutsche ein eisiger Wind durch die Ritzen, die Wintersonne ist über dem Horizont erschienen, sie streift flach über die Felder und lässt die Fahrbahn trocknen, so dass man auf dem Weg nach Charleroi flott vorankommt. Viktor Frankenstein ist entsetzt aus dem Labor geflüchtet, das Monster, derweil, entweicht. Vermutlich liegt es an seinen mangelnden Sprachkenntnissen, Johann Rudolf nickt immer häufiger über der Lektüre ein. Draussen, wenn man durchs Kutschenfenster schaut, häufen sich die Boten der neuen Zeit, Bergwerke erscheinen, *industry,* Fabrikgebäude. Schlote dampfen in den Himmel, der Qualm vermischt sich mit den fliehenden Wolken.

In Genf wird Viktors kleiner Bruder ermordet, der Täter ist das Monster. Viktor reist an, verfolgt seine Kreatur in wilder Jagd durchs Hochgebirge und trifft dabei, entgegen aller Erwartung auf ein sanftes Wesen, das nur das Gute zu wollen scheint. Das zartfühlende Ungeheuer ist der menschlichen Sprache mächtig, es hat sich inzwischen selbst das Lesen beigebracht, sich gebildet. Es beteuert, dass der Tod des Kindes bloss ein Unfall war und fleht den Meister um Vergebung, das Böse in ihm erscheine nur, weil die Menschen ihn so abscheulich fänden. Frankenstein solle ihm eine Frau erschaffen, die genauso hässlich ist wie er selbst, damit er nicht mehr so einsam sei auf dieser Welt. Es mangle ihm an Liebe. Das Geschöpf verspricht, mit einem Ebenbild aus Viktors Hand dereinst aus der menschlichen Zivilisation in die unendlichen Weiten der Steppe zu verschwinden und dort bis ans Lebensende zu bleiben.

Der Autor versteht es gut, menschliche Abgründe zu beschreiben, findet Johann Rudolf. Und diese rauhen Leidenschaften! Man hat unterdessen bereits Lille hinter sich gelassen und ist auf dem Weg nach Calais. Auch wenn er nicht jedes Wort versteht, die Geschichte ist in klaren Sätzen geschrieben, in einfacher Sprache, aber verworren wie im Fieber kommt es ihm vor, wie von einem Geisteskranken unter einer Überdosis Laudanum. Fesselnd, nicht zu bestreiten. Auf der schottischen Insel Orkney arbeitet Frankenstein an der Erschaffung des Weibes für seine Kreatur, als ihn plötzlich Zweifel überfallen und er vor den Augen des Unholds, der ihm heimlich gefolgt war, das fast fertige Werk vernichtet. Da kann Rache nicht ausbleiben.

Das Gepäck wird vom Relais de la Poste direkt zum Hafen gebracht, auf's Schiff. Von Calais aus setzt man über nach Dover. Johann Rudolf fährt mit der *Rob Roy,* einem modernen Raddampfer, einem Wunderwerk der Technik. Man ist mit ihr vom Wetter unabhängig, man benötigt für die Überfahrt präzis und verlässlich nur noch 2 Stunden und 45 Minuten. Die Lektüre kommt nicht voran, zu vieles gibt es da zu sehen, das stampfende Schaufeln der Räder in den Wellen, die Dampfmaschine unter Deck. Auch wenn die See nicht rau ist (man überholt bei dem schwachen Wind ein Segelschiff nach dem anderen), es schaukelt auf Deck doch weit mehr noch als in der Kutsche. Kreischend verfolgen die Möwen im Gleitflug das Boot und schweben über dem Achterdeck in der Luft, ohne Anstrengung, kein Flügelschlag ist nötig sie anzutreiben, wie Papierdrachen wundersam getragen, stehen sie über den Köpfen der Passagiere in der Luft und äugen frech nach Futterhäppchen.

Während das französische Festland verzwergt, ist bald schon Dover in Sicht. Ein Fernrohr wird unter den Passagieren herumgereicht, beim Anblick der schroffen Klippen aus weisser Kreide und dem *Dover Castle* als Krone auf ihrem Haupt entfahren den offenen Mündern der Reisenden leise «Ahs!» und «Ohs».

In der Hafenschenke *The First and Last.* Warten auf die Nachtpost nach London. Johann isst einen Fish Pie mit Sauerampfer und stärkt sich mit ein Paar Guiness die Nerven für die Lektüre. In rasendem Zorn nämlich erwürgt das unheimliche Geschöpf jetzt aus Rache Frankensteins besten Freund Henri, verschwindet daraufhin und ist wie vom Erdboden verschluckt. Erst zurück in Genf, als Viktor seine langjährige Braut Elisabeth ehelicht, erscheint der Unhold in der Hochzeitsnacht wieder und erwürgt die Angetraute. Viktors Vater, gezeichnet durch all das Unheil, stirbt an gebrochenem Herzen. Jetzt bricht Viktor auf, sein Geschöpf zu jagen, um es zur Strecke zu bringen, koste es was es wolle, und es ein für alle Mal zu vernichten. Er verfolgt seine Spur bis in die Eiswüste der Arktis, wo er geschwächt in den Armen Kapitän Waltons stirbt. Der Schluss ist Johann Rudolf dann doch zu weit hergeholt, trotz der vielen Biere, die er getrunken hat, das reumütige Monster nimmt auf dem festgefahrenen, verlassenen Boot seinen toten Schöpfer unter Tränen in die Arme und gelobt, sich selbst auf dem Scheiterhaufen zu verbrennen.

Nachtpost hin oder her, zu erholsamem Schlaf kommt man in der Kutsche nach London nicht. Johann Rudolf dämmert vor sich hin in halbwachem Traum, zu unruhig ist die Reise auf der Landstrasse im rappelnden Kasten von Meilenstein zu Meilenstein. Achtundachzig an der Zahl, der Geist zählt unweigerlich mit im fahlen Schein der Laterne. Das unaufhörliche Getrappel und die rüttelnde, schüttelnde, wiegende Bewegung erzählen Geschichten von geisterhaften Erscheinungen in den vorbeihuschenden winterlichen Büschen und von baumlangen schattenhaften Wesen, die am Wegrand in den Wäldern verschwinden. Die wahre

Geschichte von Jan Harry zum Beispiel, dem Söhnlein aus dem Lande Surinam, mit seinen mittlerweile vierzehn Jahren, bei Tante Faesch in London, bald wird er sich wohl fragen, wie sein Leben in Zukunft aussehen wird und vielleicht auch, woher er wirklich kommt. Nicht auszudenken, was geschähe, sollte er eines Tages Wind von seiner Herkunft bekommen und nach Basel reisen, seinen Vater zu suchen. Der Junge muss einen Beruf erlernen. Johann Rudolf muss sich dringend darum kümmern.

Pferdewechsel. *The White Horse Inn.* Sitzenbleiben. Es ist erst Mitternacht, erst Halbzeit. Johann Rudolf träumt von einem Bett, einem bequemen, breiten, ruhigen Bett mit dicken, weichen Kissen in einem schönen, geheizten Zimmer, das ihn hoffentlich im *Traveller's Club* erwartet. Pall Mall, St. James's, nicht schlecht, diese Adresse. Dank V., der Mitglied in diesem Herrenclub der Reisenden und Diplomaten ist, geniesst Johann Rudolf ein unbegrenztes Gastrecht, der Pfau hatte ihn schon vor Jahren bei Lord Castlereagh, dem Gründer, freundlich empfohlen. Ein Bad richten lassen bei der Ankunft, ein heisses Bad. «*Giddy-up! Giddy-up!*», der Kutscher treibt die Pferde an.

Noch ein oder zwei Etappen bis London. Sollte er Jan Harry bei Tante Faesch besuchen? Schlafende Hunde wecken? Besser liesse er nichts von sich hören. Ein geeigneter Betrieb würde sich in dieser riesengrossen Stadt für den Bub finden lassen. Jan Harry ist im richtigen Alter. Sobald Johann Rudolf einen Meister für ihn findet, wird er es Tante Faesch per Brief wissen lassen. Besser vorbeugen und alles richtigmachen, nicht leichtsinnig handeln wie Viktor Frankenstein. Obwohl, Johann Rudolf hat das Sinnbild in der Geschichte schon richtig verstanden, es ist nur ein Sinnbild, nicht die Wirklichkeit, die verstossene Kreatur rächt sich an seinem Schöpfer. Das würde ihm nicht passieren. Er selbst hat ja vorgesorgt, und er tut immer das Nötige, eben damit es nicht zum Schlimmsten kommt. Mit diesem Gedanken schläft er endlich ein.

London, *Charing Cross*. Poststation, es herrscht noch immer dunkle Nacht, nur am östlichen Wolkenhimmel über der Stadt kündigt ein gelblich-grauer Streifen den Tag an. Und wie viele Menschen bevölkern da schon den weiten Platz! Fuhrwerke rollen, Hunde bellen, Hufe klappern um das Reiterdenkmal. Welch eine Pracht: Entlang der breiten Strassen leuchten Gaslaternen wie lange Ketten heller Glühwürmchen, das Versprechen auf einen gloriosen Tag nach einer lebendigen, betriebsamen Nacht, der Tag hat hier vierundzwanzig Stunden, so etwas gibt es nur in dieser Weltstadt! London, die Wiege des Fortschritts, hier gilt es mitzuhalten beim Aufbruch in die Zukunft und dabei zu sein, wenn Grosses entsteht!

Johann Rudolf nimmt eine Lohnkutsche, fährt vorbei an all den Prachtbauten, den Bankhäusern, den vielen Kunsthandwerkern, Silberschmieden, Geigenbauern, Hutmachern, Buchbindern, Tapisseuren, Juwelieren, Sattlern, Graveuren, Uhrmachern, die mit ihren Firmenschildern und den Auslagen in den Fenstern auf ihre Gewerbe aufmerksam machen. Es beschert ihm ein Hochgefühl, hier zu sein. Er wird so lange hierbleiben, bis all seine Geschäfte erledigt sind. Dafür braucht es eine angemessene Zeit. Die wird er sich nehmen. Das wird er Pauline in einem Eilbrief gleich mitteilen.

Vor dem Eingang des Hauses 49, Pall Mall steht eine Lohn-kalesche, die eben mit Reisegepäck beladen wird. Aufgeregt dirigiert ein auffällig gekleideter Herr in extravagant grün-schwarz kariertem und hellviolett gefüttertem zweiteiligen Mantel mit wehendem Cape und Zylinder den Kutscher. Mit hochrotem Kopf und wild gestikulierend herrscht er ihn an, beim Aufpacken gefälligst mehr Sorgsamkeit walten zu lassen. Johann Rudolf steigt aus seiner Kutsche, lässt sein Gepäck hereintragen und kreuzt dabei den exaltierten Herrn. Er kann es kaum fassen: Es ist V., der Pfau, hier in London, und ohne dass sie sich verabredet hätten, mehr als 500 Meilen vom heimatlichen Basel entfernt, unter einer Million Menschen, die hier leben, trifft er ausgerechnet auf den Pfau!

«Das gibt's ja gar nicht!», stossen beide hervor und heben die Arme zum Himmel.

«Das muss gefeiert werden, gerade noch ein wenig Zeit, bevor ich zum Hafen fahren muss!», sagt der Pfau und entledigt sich mit schwungvoller Geste seines Umhangs, zieht den Hut vom Kopf und begleitet Johann Rudolf zum Empfang.

«*This gentleman is my best friend, please treat Mr. Ryhiner like a king!*», gebietet der Pfau in feierlichem Ton und schwellt die Brust. Der Rezeptionist konsultiert seine Bücher. Er runzelt die Stirn, verzieht das Gesicht.

«Kein Zimmer mehr frei diesen Monat, nichts zu machen.»

Drei Nächte kann Johann Rudolf im Haus logieren, das Zimmer des Pfaus benutzen, sein Schiff sticht früher in See als geplant, er hat länger gebucht, immerhin. Dem Rezeptionisten gibt er den Auftrag am späteren Morgen ein heisses Bad richten zu lassen. Inzwischen setzen sie sich auf ein Glas Gin in die schweren Polstersessel des Schankraums mit seinen hohen, in dunklem Holz getäfelten Wänden und den Kristallleuchtern.

«Ich bin auf dem Sprung nach Amerika. Der Wind ist günstig. Wir setzen die Segel schon heute Nachmittag. Und was führt dich hierher?»

«Geschäfte, Geschäfte, Geschäfte. Was sonst?»

Sie heben die Gläser.

«Auf uns! Auf die Geschäfte! Und auf Amerika!»

«Nächstes Jahr ist Surinam auf dem Plan, das Land ist dir ja nicht ganz unbekannt, nicht wahr, mein Freund!»

Nie hat Johann Rudolf ein Schnaps besser gemundet als dieser Gin. Sein Hochgefühl, hier in London seinen Freund getroffen zu haben, mag dazu beitragen, jedenfalls göttlich, dieses Getränk. Nie wieder Genever!

«*Finsbury London Dry Gin,* vierfach destilliert im Kupferkessel und nur mild aromatisiert mit etwas Wachholder, man kann in der Nase Zitrusnoten riechen. Ein Gedicht, wenn du mich fragst. Du solltest dein Geschäftsfeld erweitern und Gin importieren. Wenn ich zurück in Basel bin, werde ich dein bester Kunde.»

«Abgemacht, Freundschaft verpflichtet!», flachst er, etwas übermütig.

Gleich nach dem Bad geht es mit der Droschke über die Themse nach *Bermondsey.* Was für ein Gegensatz, alles aschgrau, staubig und schmutzig, windschiefe Behausungen, morsche Wände, kaputte Scheiben, verlumpte, zahnlose Menschen ohne Schuhe, die einen mit grossen Augen anstarren, wenn man in der Kutsche an ihnen vorbeifährt. Hafenanlagen und Fabriken. Unrat und Dreck. Ratten huschen über die Fahrbahn und verschwinden durch die Ritzen der

Bretterwände in den Häusern. *Bryan Donkin & Co. Engineers,* Fabrikschuppen an Fabrikschuppen auf dem Gelände, backsteinerne Schlote, rumpelnder Krach, stechende, russgeschwängerte Luft und beissender, metallener Gestank. Mister Donkin, ein eleganter, drahtiger Grandseigneur, kantiges Kinn, ein Mann der Tat. Höflich und blitzgescheit, man ahnt es, wenn man hinter den dicken Brillengläsern auf seinen forschenden Blick mit den schnellen Äuglein trifft. – Womit kann ich dienen, hochinteressant, Ihr Vorhaben, Herr Ryhiner, Zuckerwaren für den weltweiten Vertrieb, hochinteressant, alles möglich, alles machbar, Konserven von Kakao, Konservern von Kokosbutter, Milch und exotischen Früchten, Kaffeeprodukte, Konfekt und Bonbons, alles bleibt frisch, alles kann haltbar gemacht und transportiert werden in Blechdosen nach Mass, gefaltet, gelötet, luftdicht nach Wunsch. Ich mache Ihnen ein Angebot per Post, bringen Sie zu Papier was Sie wünschen. Blechstärke, Höhe, Breite, Tiefe. Und die vorgesehene Stückzahl, wir sind für Sie da, bin stets zu Diensten, wo ich helfen kann, hochinteressant. Ich baue auch Brücken und Strassen, Tunnel, Kanäle, ich fertige Schreibfedern aus Stahl, entwickle Rechenmaschinen für komplexe mathematische Vorgänge und Papiermaschinen für den Rotationsdruck, es hat mich wirklich sehr gefreut, auf bald.

Drei Tage später sitzt Johann Rudolf bereits wieder im *Eagle,* der Eilpost nach Dover. Dichter Nebel. Es nieselt. Er friert, starrt hinaus ins unendliche Grau, das alles verschluckt, die Hecken, die Höfe, die Häuser, die Hügel, die Wälder. Alles erledigt, in drei Tagen. Danach nirgendwo ein anständiges Zimmer frei, ja, gut, in der Herberge der Poststation hätte es vielleicht eines gegeben, aber was sind die *Coaching Inns* doch für Viehställe im Vergleich zum edlen Club House. Gerade Viehställe natürlich nicht, bestimmt ganz ordentliche Unterkünfte für die Reisenden, aber will man da wohnen?

Dover, die Überfahrt. Noch immer der Nebel. Kein Mensch mehr interessiert sich für den Anblick der französischen Küste bei der Einfahrt in den Hafen von Calais, bei englischem Tee sitzt man am Ofen und wartet schweigend auf die Ankunft.

Relais de la Diligence. Eintopfgericht, schwarze Sosse, braunes Bier. Nieselregen. Warten auf die *malle-poste* St. Omer-Lille. Eine Verrücktheit, diese Reise. An seinem zweiten Londoner Tag die *Finsbury Distilling Company, Middlesex* im Norden der Stadt. Auch hier, sobald man die Prachtviertel verlassen hatte, schlossen die Viertel der irischen Einwanderer an, häuften sich die finstern Mienen der schmutzigen Kinder am Wegrand, und man musste auf der Hut sein, nicht ausgeraubt zu werden. Das Gespräch mit Mr. Bishop von der Schnapsfabrik mit den riesigen kupfernen Brennhäfen an der *Ropemaker Street* war ein voller Erfolg, sofort wurde man handelseinig, und ein Vertrag zum Vertrieb seines Gins in der Schweiz, im Elsass und in Baden wurde unterzeichnet.

Im Galopp geht's durch Frankreichs Norden, vier schnaubende Zugpferde preschen mit der Kutsche durch die eintönige Landschaft. Weiterhin dicker Nebel, der Kasten schwankt derart hin und her und auf und ab, dass den Reisenden schlecht wird und ihnen die *Carbonade,* das geschmorte Rindfleisch mit der süssen Biersosse, die ganze schwere Kost vom Posthotel in Calais, samt den *Pommes-Frites* hochkommt.

Luxemburg liegt auf halber Strecke nach Basel, das Kreuz beginnt zu schmerzen vom ewigen Sitzen in dieser rumpelnden Kiste, ein Hexenschuss droht, Johann Rudolf schwindelt der Kopf. Zähne zusammenbeissen und den Rest der Reise durchstehen, weiter mit Sauerkraut, Speck und Bier in Metz und Sauerkraut mit Wurst und Bier in Strassburg. Mit Kopfweh, Rückenschmerzen nach Hause. Ob Pauline schon wieder zurück ist mit Heinrich? Sitzen im dunklen Coupé. Endlos, diese Fahrt, was tut man sich an, wenn man heutzutage, husch-husch mal die Kontinente wechselt. Unglaublich, aber Johann Rudolf trifft früher in Basel ein als ein Brief, den er für Pauline in London aufgegeben hätte – vorausgesetzt, er wäre länger geblieben. Der Pfau indessen ist in See gestochen nach den Kolonien, in die traurigen Tropen. Frei ist er, wie ein Vogel, auf dem Weg in südliche Gefilde. Hat im *Traveller's Club* kurz einen Vortrag über seine Forschungen bei den Indianern gehalten und ist dann entschwunden, keinem Menschen verpflichtet als nur sich selbst. Für Jan Harry ist gesorgt. Er wird ab Frühjahr als Lehrbub bei *Forsyth & Co., Gun Manufacturers and Trade Gunmakers,* eintreten und den Beruf des Büchsenmachers erlernen. Den dritten Londoner Tag hatte Johann Rudolf genutzt eine Pistole zu erstehen, er hatte dazu das Geschäft von *Forsyth & Co.* am *Picadilly No. 10* aufgesucht, auch die Werkstätte am *Leicester Square,* liess sich schliesslich von einer modernen Perkussionswaffe mit hochpräzisem Zündschloss überzeugen, einer Eigenentwicklung, die Mr. Forsyth hatte patentieren lassen. Er hatte dabei die Gelegenheit genutzt dem

Direktor seinen Schützling Jan Harry zur Ausbildung zu empfehlen.

Die Heimkehr an die Rittergasse ist nicht die Heimkehr eines Helden. Die Flucht nach vorn, die er mit der überstürzten Reise antrat, war ein Fehlschlag.

Passavant verwirft die Hände, er formuliert es möglichst anständig, aber ohne Umschweife, Johann Rudolfs Zuckerbäckerabenteuer hält er für eine Narrheit, nicht einmal der näheren Prüfung wert, eine Idee, die er schnell vergessen solle, als sein Geschäftspartner jedenfalls wolle er davon nichts mehr hören. Von der gemeinsam beschlossenen Strategie des Creditgeschäfts weiche man nicht ab, Johann Rudolfs Übermut wirke auf ihn – er bitte im Vornhinein für seine Wortwahl um Verzeihung, aber als sein Schwager schulde er ihm Ehrlichkeit – sein Übermut wirke verzweifelt und unseriös, a, solle man seine Geschäftsfelder nicht mit den eigenen Liebhabereien erweitern und b, als Unternehmer solle man sich keinesfalls in Gebiete vorwagen, von denen man nichts verstehe. Erster Fehlschlag.

Paulines Umarmung bei seiner Rückkehr fühlt sich fremd an, erkaltet. Er findet kein Leuchten in ihren Augen, den Blick wendet sie nicht gerade ab, sie meidet nicht den Kontakt, sie setzt sich seinen Augen sogar aus, aber er ist erloschen, verschleiert. Bleiernes Schweigen droht sich nach der Begrüssung schon wieder breit zu machen im Haus. Nur das Rascheln ihres Kleids. Sie bittet ihn noch am ersten Tag ihr ins Schlafzimmer zu folgen und eröffnet dort in aller Sachlichkeit, erneut guter Hoffnung zu sein, sie freue sich

mit ihm, aber bitte ihn gleichzeitig, ihren Zustand zu be-
rücksichtigen und sie künftig in Ruhe zu lassen. Fehlschlag
Nummer zwei.

Ausgerechnet am traditionellen Zunftessen am Aschermittwoch, dem Höhepunkt des Zunftjahres, wenn sich die Brüder der Schlüsselzunft zum grossen Festessen versammeln,
wenn sich, zur grossen Ausnahme, entgegen der gewohnten
Gesittetheit, die Basler Herren für einmal ganz ausgelassen
geben, wenn jeder nach der ersten Flasche Wein die zweite
mit dem Tischnachbarn teilt, die dritte und vierte mit dem
ganzen Tisch, wenn dann der noch bessere Wein ausge-
schenkt wird, die Stimmung richtig hochgeht und nach dem
dritten Hauptgang die Spanferkel mit Zitrone und Peter-
silie aufgetragen werden, die Trinksprüche ausgebracht,
die Studentenlieder angestimmt, wenn die Tambouren ihr
Ständlein bringen und der Saal im Dunst des Tabakrauchs
kocht, ausgerechnet dann zieht sich Johann Rudolf innerlich zurück in die Schwermut, in seine Sehnsucht nach hal-
lender, duftender Stille der tropischen Nächte, nach dem
goldenen Zeitalter, dem verlorenen Paradies in den fernen
Tropen. Rousseau mag recht gehabt haben, der Idealzu-
stand des menschlichen Seins ist das natürliche Leben vor
dem Einbruch der Zivilisation. Johann Rudolf kommt
angesichts der grölenden Menge ins Grübeln. Ist da nicht
doch gleichzeitig die stete Höherentwicklung weg vom
rohen Urzustand hinauf zur Zivilisation? Ein Zunftbruder
hält sich an der Wand fest und erbricht sich auf den Fussboden. Wie edel ist in Wirklichkeit der Wilde? Frankensteins Kreatur ist dafür doppeltes Sinnbild, ist romantische
Fantasie des edlen Wilden und eine Metapher menschlicher
Schuld an der Entstehung des Bösen.

Johann Rudolf steht auf, verlässt das Haus zum Schlüssel ohne sich von seinen Zunftbrüdern zu verabschieden, geht hinab zum Rheinbord unter die Brücke und starrt in den dunklen Strom. Die Zeiten, sagt der Philosoph in seinem Kopf, sind laufend im Umbruch, während er sich erleichtert, der Strahl ergiesst sich in den kalten, reissenden Fluss, entschwindet nordwärts, im Mondschein. Es gilt, mit Anstand in der eigenen Wirklichkeit zu leben und in Würde zu gehen, wenn die Zeit dafür gekommen ist. Ehrbarer Bürger seiner Vaterstadt Basel, ein angesehener Kaufmann mit ordentlichen Büchern und positiver Bilanz, christlicher Familienvater und liebender Gatte seiner Ehefrau, aber die Zeiten sind nicht mehr was sie einmal waren, sie haben sich geändert, soweit seine heutige Bilanz nach dem vielen Wein.

Die Wildsau ist zur Plage geworden im nahen Umland. Die Wildsau hat sich verbreitet wie die Pest. Wühlt in bebautem Feld, zerfrisst alle Pflanzung, zerstört die Kulturen. Aber der Landmann ist nur gegen Hagel machtlos. Dem wachsamen Jäger obliegt es, die Sau in den Wäldern zum Verschwinden zu bringen, sie auszurotten, die Sauen, die aus dem Elsass und aus dem Badischen eingewandert sind. Es ist Johann Rudolfs erste Pflicht und Schuldigkeit als Jäger, die weitere Ausbreitung der Wildsau zu bekämpfen. Den Winter verbringt er mit der Flinte im Wald ob Sissach, mit Hänsler, dem Diener und Wolfi, dem Dachshund. Sautod um Sautod wird geblasen. Nach dem Zerwirken, nachdem man die edlen Stücke bei der Dorfbevölkerung verteilt hat, bleiben mehr als ein stattlicher Zentner nach Schweizer Mass für Gulasch, Pasteten, für Suppen und Wurst. Pfarrer Burckhardt nimmt die Spende für Sissachs Armenküche dankend entgegen.

Die Geburt des zweiten lockigen, blonden Knaben Benedikt Rudolf am 22. Mai erfüllt den Vater mit Stolz, bei der stimmungsvollen Haustaufe im Ramsteinerhof mit allen Verwandten zehn Tage später ist er der geistreiche Festredner, ist er der gute Gastgeber, bringt Trinksprüche auf seine geliebte Gattin und die glückliche Familie aus, bald schon soll ein drittes Kind folgen, verkündet er, ein Mädchen, so Gott will, denn Pauline wünsche sich so sehr, ein Töchterchen zur Welt zu bringen.

Vergessen scheint Paulines Zurückhaltung und die quälende, innere Entfernung. Bis zum Bettag im Herbst, wie es Sitte ist, zieht auch Pauline samt Mägden und dem Nachwuchs mit ihren schwärmerischen Büchern auf den Ebenrain. Sie erfreut sich des ruhigen Lebens auf dem Land. Doch wenn die Tage in diesem Jahr 1823 kürzer werden, zieht es sie zurück in die Stadt, während Johann Rudolf dableibt und nach Ende der Schonzeit bis tief in den Winter hinein auf Jagd geht.

Wenn er zur weihnächtlichen Festtagszeit zu den Empfängen im Ramsteinerhof zurück in der Stadt ist, dann, um der geliebten Pauline zur Seite zu stehen. Und nicht aus eigener Neigung oder Laune. Er wird diesmal seiner Verantwortung nicht aus dem Weg gehen. Er ist ganz der gute Gatte und Ehemann.

Doch dann fällt er wieder in ein Loch, wie aus dem Nichts heraus, in ein tiefes Loch. Die Melancholie ergreift ihn erneut. Dunkle Tage, lange Nächte, in trüber Stimmung, grübelnd, mit kreisenden Gedanken, verbringt er fast den gesamten Winter in seinem Ohrensessel, den Dackel auf seinem Schoss, vor dem Kamin im Ebenrain. Gleich nach den Feiertagen, die er über sich hat ergehen lassen, wie ein Gespenst muss er auf die anderen gewirkt haben, kehrt er wieder aufs Landgut zurück. Wenn er sich durchringt, Pauline in Basel zu besuchen, bemüht er sich nach Kräften, sich nichts von seiner Gestimmtheit anmerken zu lassen, er umgarnt sie mit besonderer Aufmerksamkeit, herzt und liebkost sie. Charmieren und ihr den Hof machen, auch wenn er sich dazu einen Ruck geben muss, und er dabei wohl unweigerlich etwas gestelzt wirkt.

Im Frühsommer 24 folgt der Untergang, es kommt zum Schlimmsten. Fiasko und Vernichtung in einem Brief aus Paris.

Drittes Kapitel

Es ist nicht die Eifersucht, die ihn treibt, wenn er neuerdings Paulines Lektüre, die im Haus verstreut herumliegt, *en passant* an jenen Stellen öffnet, in welchen das Buchzeichen steckt, um darin ein paar Zeilen zu lesen. Es ist, um besser zu verstehen, was sie bewegt. Denn seit ihrer Rückkehr aus Berlin, wo sie mit Tante Wiesel den ganzen letzten Winter verbracht hat, mit dem kleinen Heinrich und der Kindermagd im Schlepptau, scheint sie wie befangen, geradezu schreckhaft, wenn er ihre Nähe sucht und ihr Fragen stellt, nach ihrem Befinden oder ob er ihr einen Wunsch erfüllen könnte. Wenn er die Bücher anfänglich ausschliesslich dann öffnete, wenn sie sich nicht im Raum befand und er sie nicht hinter der Tür vermutete, so schlägt Johann Rudolf ihre Romane jetzt immer öfter auch in ihrem Beisein auf und liest leichthin daraus vor. Aus einem Gedichtband spricht er langsam, mit fragendem Unterton die Verse

In die heitre freie Bläue
In die unbegränzte Weite
Will ich wandeln, will ich wallen
Nichts soll meine Schritte fesseln.

Leichte Bande sind mir Ketten
Und die Heimat wird zum Kerker.
Darum fort und fort ins Weite
Aus dem engen dumpfen Leben.

Pauline errötet und wendet den Blick nicht von ihrer Stickarbeit, um die Wallung zu verbergen, die ihr eine Träne in die Augen treibt.

«Ist das Empfindsamkeit oder schon Revolte?», fragt Johann Rudolf so beiläufig wie möglich, um seine Verunsicherung zu überspielen.

«Wie die Bienen will ich schwärmen. Ja, schön, nicht wahr?», haucht Pauline, ohne aufzublicken. «Das Gedicht ist von Karoline Günderrode. Mich in Traubenglut berauschen / In der Lilie Weiss mich kühlen / Ruhen in der Nacht der Büsche.»

«Schön. Ja.», sagt jetzt auch Johann Rudolf leise und schliesst das Buch.

Er ist auf dem Gebiet der Literatur nicht sehr trittsicher, Pauline dagegen geradezu ein Büchernarr, sie verschlingt Lyrisches und Romane wie eine Süchtige und lässt sich leicht entführen in die Welt der erdichteten Wirklichkeit, wie sie selbst von sich sagt.

«Auch im Berliner Kreis? Hast Du Bekanntschaft mit der Dame gemacht?», fragt Johann Rudolf.

«Nein, vor mehr als zehn Jahren schon hat sie sich das Leben genommen. Einen Dolch ins Herz gerammt aus Verzweiflung. Und ist in den Rhein.»

«Oh!» sagt Johann Rudolf in die Stille des Raumes.

«Ja. Oh! Oder wohl eher: Ach!», sagt Pauline.

«Ja. Ach! Keine Frage. Liebeskummer?»

«Liebe und Tod waren ihre Themen. Sklaverei und Freiheit.»

«Sklaverei?», fragt Johann Rudolf vorsichtig.

«Sklavenheit, ja. Sklavenheit, in die wir Frauen geboren werden.»

«Komm, komm, komm. Jetzt komm aber!», mahnt Johann Rudolf zur Vernunft.

«Denken, und frei wie ein Mann. Dichten, frei wie ein Mann. Lieben, frei wie ein Mann.»

«Und ausserdem, was darf's denn noch sein?» (War da ein höhnischer Unterton in seiner Frage, oder bildete sie sich das nur ein?)

«Reisen, und frei wie ein Mann. Lachen, frei wie ein Mann. Trinken, frei wie ein Mann. Und herrschen, frei wie ein Mann», fährt Pauline fort.

«Die Arme. Ist wohl an den Naturgesetzen zerbrochen, wenn ich recht verstehe.»

«Vom Mottenfrass der Häuslichkeit, hinaus in die unbegrenzte Weite!»

«Aber zerbrochen daran.»

«An der Sehnsucht. Ich reise in der Phantasie. Du in der Wirklichkeit.»

Pauline starrt weiter vor sich hin, vermeidet seinen Blick.

«Frauen sind unsere Göttinnen, vergiss das nicht, sie gebären unsere Kinder», sagt er.

Der Auslösehebel des Läutwerks der Standuhr wird angestossen, das mechanische Schwungrad dreht vor dem Schlag jetzt hörbar seine Runden.

«Dem Manne dienen, und ständig diese lebensgefährlichen Geburten», antwortet Pauline.

Die Pendüle schlägt elf.

«Ich liebe dich», sagt Pauline dann. «Gib mir deine Hand.» Sie legt die Stickarbeit beiseite und schaut ihn an, eine Träne im Augenwinkel.

«Ich liebe dich», sagt Johann Rudolf und lächelt zurück, nimmt ihre Hände und küsst sie sanft. Er schaut ihr in die Augen. Es ist, als ob er in ihrem Blick die Wahrheit gespiegelt fände, die er suchte. Kristallklar sieht er darin Bilder, als ob er fühlen könnte, was die Menschen empfinden, die ihm da begegnen, nimmt er an ihrem Schicksal Anteil. Nicht Pauline mit ihren Büchern, Johann Rudolf ist es, der auf die Reise geht, kraft seiner Einbildung. Sie halten schweigend inne, während nur die Standuhr leise weiter tickt.

In einem Berliner Salon erscheint beim Tee eine Dame, die nicht erwünscht ist, wie die Gäste hinter vorgehaltener Hand munkeln. Weil es sich bei ihr um jenes ungehobelte, und wie man unschwer erkennen könne, grobschlächtige, untersetzte Kreatürchen von niederer Herkunft handle, um Christiane, die, wie man wisse, nur dank einer von ihr aufgenötigten Heirat und auf wiederholte, höfliche Bitte ihres Angetrauten, des hochgeschätzten Geheimrats und Dichterfürsten, sie doch gnädigst einmal einzuladen, aufzunehmen in den erlauchten Kreis der Berliner Gesellschaft, hier einmarschieren kann. Und die jetzt ungelenk mit ihrem Fächer drauflowedelt, so dass ihr die viel zu dick aufgetragene Puderschicht nur so von den Wangen stiebt. Das Mensch wagt sich zu echauffieren, eine Ungeheuerlichkeit angesichts der gezielten Spitzen, die hier gegen sie abgefeuert werden, auch scheint es in diesem Salon zum guten Ton zu gehören, sich spottend über einen weiteren Protégé seiner Durchlaucht Johann Wolfgang auszulassen, über des Dichters Freund und Berater in Kunstangelegenheiten, den Hofrat Heinrich Meyer, der hier verächtlich *Kunschtmeyer* genannt wird oder schlimmer noch *Der edle Einfältige*, über dessen Malerei man herzieht und sich über die unbeholfene Ausdrucksweise des bedächtigen Schweizer Zeichenlehrers mokiert. Bis dieser Christiane der Kragen platzt und sie der Dichterin Bettina Brentano, die mit ihrer Spitzzüngigkeit die Wortführerin ist, empört die Brille von der Nase reisst und zu Boden wirft. Jene lässt sich dies naturgemäss nicht bieten und pfeffert zurück: *«Christiane, Sie sind eine wahnsinnige Blutwurst!»*

Jene Brentano trifft Pauline im Winter 1817 auf Vermittlung von Tante Wiesel in einem literarischen Berliner Salon. Sie wird ihr von der Gastgeberin Lisette Nees als Bettine von Arnim vorgestellt, Gattin des Dichters Achim von Arnim. Die jungen Damen philosophieren über dieses und jenes Thema und entwickeln rasch eine Vertrautheit, sind doch ihre Interessen die gleichen, aus aktuellem Grund, Pauline auf Reise mit dem kleinen Heinrich und der Kindermagd, Bettine, nach einem Freimund, einem Siegmund und einem Friedmund (hinreissend, diese lyrischen Voramen, wie Pauline findet) eben kürzlich erst wieder niedergekommen mit einem kleinen Kühnemund Waldemar. Von der eingegrenzten Freiheit der Frauen ist im Salon die Rede, von dem mit lebensgefährlichen Geburten ausgefüllten Leben. Bettine fragt in die Runde: Die Todesnähe von uns Frauen, ist die naturgegeben, ist sie göttlich, ist sie Schicksal oder freier Wille? Man kommt auf die Günderrode zu sprechen, auf ihre Befreiung im Tod. Auf die Schönheit ihrer Erscheinung auch und auf das Wesen ihrer drei Seelen, die sie innerlich gespalten hätten, so Lisettes These. Die eine ihre moderne weibliche, die andere ihre antike männliche und die dritte, die Synthese der beiden, die rein menschliche. Auf ihre weichen Gesichtszüge schliesslich, mit den blauen Augen, den langen Wimpern und dem braunen Haar, auf ihren hohen Wuchs und die fliessende Gestalt mit dem aufrechten, wandelnden Gang und auf ihr Lachen, das ein sanftes, gedämpftes Girren gewesen sei, in dem sich ihre

Lust und Heiterkeit sehr vernehmlich ausgesprochen hätten, obwohl sie sonst eher schüchtern gewesen sei, zurückhaltend. Auf ihr unnachahmliches Lachen, das nun in der Erinnerung als ein ewiges Licht weiterlebt, kommt man zu sprechen.

Pauline fühlt sich herzlich aufgenommen im Kreis der wortgewandten Damen, versucht sich selbst in feingeistiger Konversation und empfindet dabei ein Wohlwollen und eine unterstützende Zuneigung, die ihr bisher nicht zuteil wurden, wenn sie sich in Gesellschaft zu äussern wagte. Lisette im Besonderen nimmt Anteil an Paulines Gedanken, stellt Fragen, entwickelt Hypothesen und lässt sie selbst Schlüsse ziehen, wenn es beispielsweise um die Fragen geht, ob mit der Heirat die Frau dem Manne wirklich untertan sein, ihren freien Willen opfern und nach den Gesetzen der Gesellschaft die Entfaltung des eigenen Geistes unterdrücken müsse.

Lisette lädt Pauline ein bei ihr zu wohnen, als Tante Wiesel zurück in die Schweiz reist. Sie öffnet ihr die Bibliothek des Hauses zum Studium, führt sie an die Schriften der romantischen Literatur heran, insbesondere der Jenaer August Wilhelm Schlegel, Ludwig Tieck, Novalis. Pauline liest die Werke von Bettines Schwägerin Sophie, Sophie, die das Schicksal so mancher Frauen teilt, sie starb im Kindbett.

Bei Tee verbringen Lisette und Pauline ganze Nachmittage im philosophischen Austausch, und manchmal werden es auch lange Abende bei süssem Portwein. Schwärmerei und Leidenschaft schliesse Vernunft nicht aus, findet Lisette. Das Fliessende, Werdende der Gedankenströme ist das Thema, stete Bewegung müsse die Starrheit philosophischer Theorien ablösen, und die versteinerten Denksysteme der Religionen gehörten aufgeweicht. Gott sei die reine Natur, sei Poesie. Der Mensch sei nach seinem Ebenbild geschaffen, daher werde er als Dichter geboren. Bettine, erzählt ihr Lisette, propagiere eine *Schwebe-Religion,* die sie gemeinsam mit der verstorbenen Freundin Karoline gegründet habe und deren Priesterin sie sei.

Pauline fasst Feuer, sie fühlt nie gekannte Erregung in sich aufkeimen, es ist wie eine Offenbarung, plötzlich eröffnet sich in aller Klarheit eine neue Welt der freien Gedanken, eine Weitsicht stellt sich ein, es ist ein Gefühl wie vor Jahren in ihrer Kindheit, als sie davon träumte Ballonfahrerin zu werden, in einem Luftschiff hochzusteigen, lautlos über die Dächer der Häuser hinweg zu gleiten, segelnd über die Münstertürme, unter sich die Spitzen von St. Georg und St. Martin, fliegend die Stadt zu verlassen, dem Flusslauf des Rheins entlang, ins Elsass und hinaus ins Badische. Eine Tür nach der anderen öffnet sich im philosophischen Gespräch der Schwestern im Geiste, hinein in neue Sphären, in welchen alles möglich scheint, was bislang undenkbar war.

Die Liebe sei genauso nach der Natur beschaffen und ein Ausdruck der freien Kunst, erklärt Lisette, während sie Paulines Haarsträhne arrangiert, sie sei durch kein noch so starkes System zu bändigen oder gar zu unterdrücken, sie zeige sich mit klopfendem Herzen und wallendem Blut, wo immer sie neu und wie von selbst entstehe, in Freiheit und niemals da, wo sie eingezwängt werde in feste Bahnen durch Lehre oder Regel. Lisette schaut Pauline schweigend in die Augen und fährt unter dem scharlachroten Musselin des Kleides mit der Hand über ihre Schenkel, küsst sie auf den Mund.

Johann Rudolf drückt lächelnd, um damit sein wohlwollendes Einverständnis zu zeigen, sanft Paulines Hände und nickt vielsagend mit dem Kopf. Er schweigt. Sie wird wohl wie er selbst ein kleines Geheimnis hüten, vielleicht gar einen nicht ganz unwesentlichen Teil der eigenen Geschichte vor ihm verbergen, wohlan! Sein Gesicht zu verlieren, wenn die verheimlichte Wahrheit ans Licht kommt, ist die Beklemmnis, von der Johann Rudolf immer öfter gepeinigt wird. Die Schande des Ehrverlustes droht. Weder die Strafe noch die Schuld fürchtet er dabei am meisten, es ist die verlorene Mannesehre. Aber er muss sich keine Sorgen machen, es gibt keinerlei Anzeichen, dass seine tropische Ehe mit der Groenberg hier entdeckt werden sollte. Auch nicht die Existenz seiner schwarzen Kinder. Der Ozean ist weit und der Himmel hoch. Die Zeit ist vergangen und vergessen die Welt, die einmal die neue war. Die zwei Jahre, die seit seiner Rückkehr nach Basel vergangen sind, haben Johann Rudolf gezeigt: Hier ist er ein anderer, als er drüben einst gewesen ist. Aber dennoch, es gilt auf der Hut zu sein, sich abzusichern, Vorkehrungen zu treffen, damit man nicht erkannt wird. Sich tarnen und die eigene Spur verwischen.

Als Pauline sich ins Schlafzimmer zurückzieht, einen Lyrikband in der Hand, und er sie zur Nacht auf die Stirn küsst, träum süss, mein Engel, setzt sich Johann Rudolf ins Kontor, schliesst die Tür hinter sich und schreibt einen weiteren Brief an die Groenberg. Morgen früh wird er ihn Peter Christian Steinbrunn von der Evangelischen Missionsgesellschaft vertraulich übergeben. Der Missionar wird in den nächsten Tagen nach Afrika aufbrechen. Steinbrunn fährt auf Erkundungsreise zu den Dahomeys an die Sklavenküste und kann den Brief von dort per Schiff nach Surinam versenden.

Uidàh, Königreich Dahomey, an der Afrikanischen Westküste, den 19. November 1817

Geliebte Teufelin am anderen Ende der Welt!

Wenn Du diese Zeilen liest, bin ich aller Voraussicht nach auf der Reise durch die Ostsee, oder möglicherweise, bei günstigem Wind, bereits in der Nordsee in Richtung St. Petersburg. Denn seit dem letzten Brief haben sich meine geschäftlichen Unternehmungen verlagert, ich habe in Russland neue Associés gefunden, die die französischen Investoren ersetzen werden, die abgesprungen sind. Es hat sich leider meine Befürchtung inzwischen bestätigt, dass die Franzosen, die sich nach dem tragischen Freitod meines Freundes Christophe Bourcard in Nantes anerboten haben, bei meiner Unternehmung finanzielle Mittel einzusetzen, kalte Füsse bekommen haben und plötzlich nicht mehr an die guten Gewinne aus dem atlantischen Dreieckshandel glauben wollen. Windige Gesellen, diese Franzosen. Seit Napoleon besiegt ist, rennen sie wie die geköpften Hühner durch die Welt.

So bin ich nun gezwungen, meine versprochene Rückkehr zu Dir, meiner angetrauten Teufelin im geliebten Paramaribo, zu Jakobli und der kleinen Elise Claris ein weiteres Mal um mindestens ein Jahr zu verschieben. Dabei kann ich es kaum erwarten, mein braunhäutiges Prinzesschen wiederzusehen. Es wird das Kindlein in der Zwischenzeit bestimmt schon zu einem munteren Wildfang herangewachsen sein und Dir

zu seiner Erziehung einiges an paedagogischem Ge-
schick abverlangen. Sieht sie Dir ähnlich?

Dies also die eine schlechte Nachricht, die ich mit
Wehmut überbringe, zu meinem eigenen, grössten
Verdruss. Ich kann Dir zum Trost jedoch versichern,
dass ich – hier die gute Nachricht – auf bestem Wege
bin und Aussicht habe, ein weiteres, sehr einträgliches
Geschäftsfeld aufzutun. Hier in Uidàh an der Sklaven-
küste gedeiht die prächtige Ölpalme besonders gut, und
auch die Kokospalme sieht man überall. Als Rohstoff-
lieferanten werden sie in Plantagen angebaut wie unser
Kaffee und der Zucker. Der Handel mit ihrem Fett
blüht. Die Erkundung vor Ort war ja der Zweck mei-
ner Reise dahin, und auch, um dabei die nötigen Kon-
takte herzustellen für die Zukunft. Ich musste leider
selbst einsehen, dass es immer schwieriger wird, auf
dem Markt hier im Hafen genügend gute Sklaven ein-
zukaufen. Nachdem die eigene, von Europa mitge-
brachte Fracht gelöscht und verkauft ist, muss man, um
das Schiff neu zu beladen, oft Wochen auf Nachschub
warten, die Händler haben grösste Mühe, bei den
Stammeskönigen die benötigte Ware in genügender
Menge aufzutreiben.

Die Liquidation meiner Basler Besitzungen geht zügig
voran, mein Hab und Gut ist verkauft, und so bin ich
jetzt ein freier Vogel und daselbst auch gar nicht mehr
befindlich. In Nantes wird unser Schiff jetzt für die
Handelsfahrten ausgestattet, ich habe die Reederei be-
auftragt, mit der Arbeit zu beginnen, ohne das ver-

bindliche Vertragswerk zur finanziellen Beteiligung
der Russen abzuwarten.

Im Königreich Dahomey gibt es im Schutzheer eine
Kuriosität, die wohl einmalig ist auf der Welt und von
der ich Dir berichten muss: Adanozan. Der König
unterhält eine berüchtigte und weitherum gefürchtete
Kampftruppe von wilden Amazonen, von unberühr-
baren Jungfrauen, N'Nonmiton genannt, was so viel
heisst wie «unsere Mütter». Sie sind mit Musketen
und Macheten bewaffnet und bekannt für ihren uner-
bittlichen Kampfgeist und auch dafür, ihre Gegner,
wenn immer nötig, ohne Gnade zu enthaupten. Sie
sind vom Volk der Fon, welches für die Beschaffung
von Sklaven im Land seit jeher das Alleinrecht be-
sitzt. Ihre Religion, Wodun, kennt daher viele böse
Geister, die bei den Menschen Rache nehmen für ihr
erlittenes Schicksal. Die Totengeister heissen
«Nzume» oder «Zombi» und sind die Wiedergän-
ger ihrer scheinbar Verstorbenen, den Verschwunde-
nen, die man gefangen und verschleppt hat und wel-
chen man dadurch die Seele raubt.

Johann hält die Feder in der Schwebe, der bernsteinfarbige
Branntwein reflektiert den Kerzenschein, an den scharfen
Kanten des feingeschliffenen Kristallbechers bricht das
warme Licht und gibt dem Kontor etwas Tropisches, Flir-
rendes, der goldene Schein im dunklen Raum erinnert
Johann Rudolf an die langen Nächte auf der Veranda beim
Konzert der Grillen, der Frösche und der tausend geheimen
Stimmen aus dem Urwald. Er legt die Feder neben das Tin-

tenfass. Warum nur schreibt er ihr von diesen wilden Amazonen? Johann Rudolf lehnt sich im Stuhl zurück und liest. Es war bisher in seinen Briefen nie die Rede von den kulturellen Besonderheiten bestimmter Völker, seine Zeilen klingen wie der Bericht eines Forschungsreisenden, Steinbrunn, der Missionar, hatte ihm von ihnen erzählt. Wenn er selbst davon schriebe, würde die Groenberg vermutlich Verdacht schöpfen und auf den Gedanken kommen, er gäbe nur vor, sich auf Reisen zu befinden, also weg damit, weg mit diesem Absatz, schon schabt er mit der Klinge das Geschriebene vorsichtig weg, schabt und schabt, bis das Papier so dünn ist, dass das Licht hindurchschimmert. Eine neue Schicht naheliegenderer Gedanken darüber, beispielsweise davon, wie er nachgerade genug gesehen habe vom ewigen Wasser, bis hin zum Horizont und weiter, vom immerwährenden Auf und Ab des Schiffes in den Wellen, wie er das satthabe, und dass man Gott dem Allmächtigen jedes Mal danken müsse, wenn man nach tausenden von Seemeilen wohlbehalten am Zielhafen ankomme und wieder feste Erde unter die Füsse bekomme. Er seufzt. Dass diese neu geschriebenen Zeilen mit aller Wahrscheinlichkeit kaum mehr zu entziffern sein würden, weil die Tinte auf dem beschädigten Briefbogen Flecken erzeugen und das Geschriebene verunstalten würde, die Schriftzeichen wolkenartig verformten, das darf nicht sein. Also weg mit dem Brief, Johann zerknüllt den Bogen und will ihn brennend in den Ofen werfen, wirft ihn jedoch, bereits entfacht, zu Boden und tritt mit dem Stiefel darauf. Der erste Teil war gut. Den wird er genauso noch einmal niederschreiben. Setzt sich hin zur Abschrift. Und noch ein Gläschen Armagnac dazu getrunken.

«Geliebte Teufelin am anderen Ende der Welt!» Das sitzt. «Wenn Du diese Zeilen liest ...» Die Fleissarbeit der Reinschrift beim Kopieren seines Briefes, er hat dabei ein Gefühl wie als Pennäler bei Strafaufgaben. Hundertmal den Satz: «Ich soll nicht perludieren.» («Was heisst perludieren, Herr Hornstein, bitte?» «Das wird Dich lehren, was das bedeutet, perludieren!») Johann Rudolf schreibt und schreibt, es wird Mitternacht längst vorbei sein. Je länger die Gedanken dabei kreisen, desto klarer sein Entschluss: Dies wird sein letzter Brief an die Groenberg gewesen sein, jedes Mal dieser Aufwand, sich eine Geschichte aus den Fingern zu saugen und dabei immer an die Gefahr zu denken, bei ihr schlafende Hunde zu wecken. Möglicherweise hat sie sich ja längst damit abgefunden, dass sich Johann Rudolf für immer abgesetzt hat. Sein Ton müsste schroffer sein insgesamt, nicht so anbiedernd. Anstelle des Absatzes über die Amazonen also folgendes:

«Zu meinem Leidwesen muss ich an dieser Stelle auf ein heikles Thema zu sprechen kommen. Mir ist hinterbracht worden (bitte frag mich nicht nach dem Informanten, ich verfüge über mehrere Gewährsmänner), dass es Dir gefalle, auf der Farm und in den Pflanzungen Deine Befugnisse zu überschreiten, Dir Freiheiten herauszunehmen, die Dir nicht zustehen. Wie Du weisst, ist Pieter de Hoy Generalbevollmächtigter und der Mann meines Vertrauens. Er hat als einziger die volle Verfügungsgewalt betreffend Leitung und Verwaltung des Gutsbetriebes an meiner statt die entsprechende Weisungspflicht. Es geht nicht an, dass Du Dich in seine Angelegenheiten einmischst oder den Anordnungen gar widersetzest. Ich muss Dich diesbezüglich

in aller Klarheit in die Schranken weisen. Du hast im Haus lediglich ein Wohnrecht, und ich möchte Dir raten, es nicht zu verwirken.»

Anderntags gibt er Steinbrunn den um Monate vordatierten Brief auf die Reise nach Afrika mit. Inzwischen ist auch geflissentlich alles aus seinem Sinn gelöscht, Johann Rudolf ist befreit von sinnloser Kümmernis und Gewissensnot. Wie jedem Menschen gibt ihm seine innere Stimme ein Selbstbild, dem er zur Ehre gereichen will. Was sie als ehrlich oder unehrlich empfindet, taxiert sie laufend neu, sie kennt kein Vorher und kennt kein Nachher. Johann Rudolfs Gewissen ist beständig rein, nur jetzt und jetzt und wieder jetzt.

Die Stubenfliegen, drei oder vier an der Zahl, im Rundflug um den Leuchter, im Zwielicht der Abendstunde bei geöffneten Fenstern zum Rhein hin, man hört ihn leise rauschen, der traute Blick hin zum anderen Ufer mit den schmucken, schmalen Häusern, in dieser beinahe feststofflichen Stille des holzgetäfelten Raumes mit den beiden menschlichen Gestalten, die darin stehen, einander halb zugewandt in einer Distanz, die vermuten lässt, dass körperliche Nähe nicht gesucht wird, mit ihrem Blick zum Tüllinger in der Ferne. Der ruckartige Richtungswechsel der Insekten an der Decke taktet den nervösen Atem der unbeweglich stehenden, schweigenden Eheleute. Handelt es sich beim stummen Geschwader im häuslichen Luftraum um den Lüster herum um den Schwarmtanz der Fliegen oder wohl doch eher um einen Patrouillenflug von Kontrahenten? Die beiden werden nicht dahinterkommen. Sie seufzt leise den bitteren Odem einer sterbenden Katze, er brummt ächzend den letzten Hauch des Wolfs:

«… weil du nie die ganze Wahrheit sagst», sagt sie.

«Kennst du sie denn?», fragt er.

«Nein, ich bin nicht Gott, aber ich weiss, dass du immer ausweichst, wenn ich dich was frage», sagt sie.

«Nichts, gar nichts ist los mit mir», sagt er.

Und sie: «Ach ja? Warum stehst du dann den ganzen Tag herum und machst ein Gesicht?»

Darauf er: «Ich mache kein Gesicht, ich mache mir Sorgen um dich»

«Um mich?», fragt sie. «Warum fragst du mich denn nicht, was ich habe, anstatt herumzustehen im Flur und ins Kontor zu verschwinden, sobald du mich siehst?»

«Ich verschwinde nicht im Kontor, weil ich dich sehe, sondern weil ich zu tun habe, darum!», sagt er.

«Wichtige Geschäfte …», sagt sie.

Die Stimmen, nun *accelerando, agitato con passione, ma mezza voce*, eine unterdrückte Kampflitanei auf den Stockzähnen, sich zunehmend überlagernd, einander verfolgend, jagend.

«Ja, wichtige Geschäfte.»

«Tagsüber belauerst du mich und stellst mir nach wie ein Hirtenhund seinem verlorenen Schaf, und dann, die Nacht hindurch, kommen die wichtigen Geschäfte, und du kippst dabei eine Flasche Armagnac bis der Morgen graut.»

«Die Welt des Handels ist kein Honiglecken, glaub mir.»

«Ich halte es nicht mehr aus, deine Stimmung die ganze Zeit, du vergiftest alles!»

«Vergiften, so, so! Aha, verstehe! Nur zu, sprich dich aus, sag endlich, wo der Schuh drückt. Ich muss anscheinend ein

Monster sein, und ja, diejenige mit dem Gesicht bist du, mit Verlaub, von früh bis spät, mit deinem vorwurfsvollen Blick, du, die du auf dem Absatz kehrtmachst, wenn du mich siehst, und mit einem Buch hinter einer Tür verschwindest.» – «Ich ersticke noch in diesem Haus, mit deinem Blick im Nacken, lauerst mir auf und schweigst ein Loch in den Teppich, wenn ich frage, was dir über die Leber gekrochen ist. Oder verkriechst dich in dein Kontor.» Derweil läuft eine Maus über die Armlehne der Recamière zur Linken, bleibt stehen, reckt neugierig den Hals, stellt die Ohren und zittert witternd mit den Schnurrhaaren, stellt sich auf die Hinterläufe und erkundet mit ihren schwarzen Knopfaugen den Raum, vorwitzig die Nase in der Luft.

«Da! Maus!», schreit sie und zeigt auf die Maus.

«Wo, Maus?»

«Da, da, da!»

«Oh! Warte!»

«Tu doch was!»

«Ganz ruhig, ich hol den Feuerhaken und schlag sie tot.»

«Nein, nicht!», schreit sie, «schau doch, wie sie uns anschaut! Todesmutig»

«Die Maus, die bringt die Pest!», stürzt hin zum Kamin, stolpert über den Teppichrand und stösst dabei mit dem Knie an den schmiedeeisernen Ständer mit dem Schürhaken, der Feuerzange, der Aschenschaufel, dem Besen und dem Blasebalg, so dass das ganze Kaminbesteck mit grossem Getöse scheppernd zu Boden kracht. Die Maus, unterdessen, entweicht und verschwindet, husch, durch eine Ritze in der Täfelung.

«Morgen früh werden hier die Fallen ausgelegt, ein Dutzend auf jedem Stock»

Und sie sagt: «War die süss!»

«Süss ja, aber Ungeziefer!», sagt er und schaut ihr, schwer atmend, mit den erweiterten Pupillen eines Jagdhundes auf der Schweissspur, in die Augen, nimmt sie in die Arme.

Sie sagt: «Du fühlst doch selbst, wie dick die Luft im Haus hier ist, zwischen dir und mir, ich bin so einsam.»

Und er haucht «Pauline ...»

Sotto voce jetzt auch sie: «Ich wusste nicht, was Einsamkeit bedeutet, bis ich deine Frau geworden bin.»

Darauf er, *largo lacrimoso:* «Gott, das ist ja furchtbar.»

«So einsam, du glaubst es nicht.»

«Du hast das Kind, du hast einen liebenden Ehemann, du hast deine Familie, Vater, Mutter hier im Haus, was willst du mehr?»

Und sie, *morendo,* ...: «So einsam!»

Der lautlose Staffelflug der Stubenfliegen unter dem Lüster und die beiden Silhouetten, unbeweglich im Abendlicht. Das Flussrauschen durch die weit geöffneten Fenster. Als Ehemann seiner Auserwählten nicht zu genügen, davor hat sich Johann Rudolf stets gefürchtet. Er wird der eigenen Setzung, durch die Heirat in seiner Heimatstadt der gute Bürger und geliebte Familienvater zu werden, offensichtlich nicht gerecht. Pauline ist unglücklich.

«Ich werde auf den Ebenrain ziehen, wenn du willst», sagt er. «Ich möchte, dass du glücklich bist.»

Pauline schaut ihn an und sagt: «Danke, dass du gehst, ich werde dich immer lieben, wie versprochen.»

Viertes Kapitel

Die Kriege und die Seuchen, die mit ihnen einhergingen, brachten Tod und Verheerung über die Länder, Angst und Schrecken. Es ist das Jahr ohne Sommer, 1816, das Jahr der Hungersnot. Die Himmel verdunkeln sich, auf den langen Winter folgt kein Frühling und auch kein Sommer, giftig schwarzer Dunst aus Asche umhüllt die Welt. Frostige Nächte im Hochsommer, Eis und Schnee, dazu Gewitter und Hagel und Wind. Die Erne bleibt aus.

In Cologny, über den stürmischen Ufern des Genfersees, findet sich in einem Landhaus eine Runde von jungen, freigeistigen Dichtern aus England zusammen, die sich am flackernden Kaminfeuer und bei Kerzenschein die Zeit mit der Lektüre von deutschen Schauerromanen und Gruselgeschichten vertreibt. Bei Branntwein und Mohnsaft, die ihre Sinne vernebeln, bei wollüstigem Treiben mit wechselnden Partnern und in geistiger Erregung, steigern sich die Freunde in langen Nächten in einen Taumel von Gänsehaut und kaltem Schauder. Sie fantasieren von der Erschaffung künstlichen Lebens durch galvanische Elektrizität, von der Versuchung durch das Böse, von Dämonen und Wiedergängern, als der Gastgeber, selbst ein gefeierter romantischer Lyriker, einen Wettstreit der Dichter vorschlägt, jeder und jede Anwesende solle eine Geschichte im Stil der *German Horror Stories* schreiben, die Untoten sollen in den Schriftwerken zum Leben erweckt werden und der Menschheit Verderben bringen. Die beste Geschichte würde das Rennen machen.

Mary, mit ihren neunzehn Jahren die jüngste unter ihnen, und nach zwei erlittenen Totgeburten selbst geprägt von der Erschaffung des Lebens durch den Menschen, verzieht sich in ihr Zimmer und schreibt in wenigen Tagen ihre Geschichte nieder. Sie nennt sie *Frankenstein oder Der neue Prometheus.*

Trotz der Prophezeiung des Weltendes, das aufgrund der Berechnungen eines Bologneser Astronomen präzise auf den Donnerstag den 18. Juli angekündigt ist und die Menschen weltweit in Furcht und Grauen erstarren lässt, so dass es manche vorgezogen, den Termin gar nicht erst abzuwarten, und sich in vorauseilendem Erfüllungswahn gleich selbst richteten, treffen sich Johann Rudolf und sein Jugendfreund V. der Pfau am Abend just jenes 18. Juli mit der Besitzerin des Schlosses Ebenrain in Sissach. Sie glauben nicht an diese apokalyptische Prophetie. Sie besichtigen das Landgut, weil es zum Verkauf steht.

Bis zum heutigen Tag gab es anhaltende Niederschläge, Überschwemmungen, Hagelstürme und Gewitter und ewig wie böse Orakel in den tiefhängenden Wolken kreischende schwarze Krähenschwärme über den morastigen Feldern. Nun aber, am Tag des Weltenendes scheint ausnahmsweise die Sonne und das prächtige Herrenhaus erstrahlt in bestem Licht, der Himmel leuchtet majestätisch in tiefem Rotorange, wechselnd mit Schichten von glühendem Goldgelb, mit der Amsel, die auf dem rot schimmernden Ziegeldach zu singen beginnt, hat das Bild jetzt tatsächlich etwas Apokalyptisches.

Der Pfau geht gemessenen Schrittes voran, die Hände auf dem Rücken verschränkt, sein Kopf wippt bei jedem Schritt nach vorne, bei jedem Tritt schaut er links, schaut er rechts, abwechselnd nach oben, unten und wieder hoch, späht herum mit seinen braunen, runden Äuglein, schreitet die Gartenanlage ab, mustert mit Kennerblick Hof und Stallung, zieht flink die Galoschen aus und paradiert mit seinen spitzen schwarzen Schühchen durch die Räume. Nach der Inspizierung des Kellergewölbes, er stakst gerade die Stufen zum Dachgestühl hoch, bleibt er plötzlich stehen und kommt zum Schluss:

«Wenn du's nicht kaufst, so kauf ich's noch heute, zu diesem guten Preis, mein Lieber.»

Unverständlich ist Johann Rudolf diese Wendung, denn er selbst ist der mögliche Käufer, der Pfau nur Vermittler. Keine zehn Kilometer entfernt, bei Bubendorf, wohnt er, der Pfau, wenn er nicht gerade auf Forschungsreise durch die Weltmeere segelt, auf Schloss Wildenstein, der Sommerresidenz der Familie V., steht also mit der Witwe Bachofen in nachbarlicher Beziehung, Schlossgut zu Schlossgut, getrennt nur durch ein paar Hügel. Der Pfau hatte erfahren, dass die Witwe Bachofen das Gut zu verkaufen beabsichtigt und ihn gedrängt, das Anwesen anzusehen.

«Dir spinnt's wohl? Willst mich fuchsen, du mit deinem Wildenstein?»

«Zinnen, Türme, Ritterburg, grässlich der Kasten, viel zu unkommod, dazu nur als Gast von meines Herrn Vaters Gnaden. Das hier, dagegen, schau dir nur diese Räume an, diese Eleganz, diese Ausgewogenheit, dieser ganze Stil!»

Johann Rudolf unterbricht: «... ich will mich endlich niederlassen, bin heimgekehrt in meine Heimat, mir fehlt ein angemessener Familiensitz. Du dagegen bleibst ein Reisender ...»

Der Pfau stichelt: «... hast dich inzwischen doch ganz kummlig eingenistet, bist im Ramsteinerhof ja jetzt der Hausherr.»

«Das glaubst nur du, bis dahin müssten sich noch ein paar Streckeisen krümmen, wie du weisst. Und die sind hart.»

«Kopf oder Zahl? Lass uns knobeln!», meint der Pfau.

«Ich hab die besseren Argumente, mein Freund», sagt Johann Rudolf. «Ich bin verheiratet, meine Frau bekommt ein Kind, ich bin sesshaft, ich führe mit meinem Schwager Passavant ein Handelshaus in Basel und der Architekt vom Ebenrain ist Samuel Werenfels, der meinen Vettern Ryhiner bereits ein Landhaus vor den Toren der Stadt erbaut hat, das finde ich heimelig.»

«Ich bin beeindruckt, Herr Biedermann, dass du das heimelig findest, ausgerechnet du! heimelig! Zum Schiessen komisch ist das, wenn du mich fragst. Aber was soll's, magst recht haben, ein Fremder werd ich ewig bleiben, hierzulande wird's mir nie heimelig werden, mit euch Spiessbürgern, die ihr alle seid!»

Er macht auf dem Absatz kehrt, tritt vor Witwe Bachofen und sagt pikiert: «Ich denke, wir sind uns einig, Herr Ryhiner nimmt das Angebot mit Handkuss an!»

Der Handwechsel kommt rasch zustande, im Augustmonat, wenn für gewöhnlich Erntezeit ist, erfolgt der Einzug. Dieses Jahr nimmt der Schrecken seinen Fortgang, es regnet ohne Unterlass, die Felder versinken unter Wasser, Äcker sind wie Teich und Tümpel, Seen überlaufen, der Rhein tritt über alle Ufer, reissende Bäche schwemmen Geröll und Schutt und ganze Bäume mit sich zu Tal. Die Menschen leiden Hunger. Der ganze Weizen, alles angebaute Korn, Kartoffeln, Gemüse und Obst – die Ernte bleibt diesen Sommer aus. Die Fuhrknechte fluchen beim Einzug, alles wird durchnässt, Möbel, Körbe, Lederkoffer.

Burckhardt-Linder, Sissachs Pfarrer, richtet eine Suppenküche für die Armen ein. Er tritt beim neuen Herrn vom Ebenrain an und bittet um eine milde Gabe. Mit Hut und Mantel steht er triefend vor dem Eingang im Regen und sieht dabei mit seiner flehenden Geste, den ausgebreiteten Armen, ein wenig aus wie ein Rabenschreck. Als Einsitzgeld für den neuen Bürger verlangt er zudem, zur dringend nötigen Aufstockung des Armenseckels, eine Gebühr von fünf Pfund, die, wenn immer möglich, jährlich zu entrichten sei. Johann Rudolf rundet die verlangte Summe grosszügig auf, spendet hundert Pfund und verspricht, wenn weitere Not zu lindern nötig sei, auch in Zukunft zu Sissachs Wohlfahrt beizutragen. Die Grossherzigkeit des neuen Gemeindemitglieds ist erkannt, jetzt legt Burckhardt-Linder nach, Hände zum Gebet gefaltet, den Blick zum Himmel gerichtet, so dass ihm von der randvollen Krempe ein Bächlein in den Kragen fliesst, er legt ihm nahe, einen gewissen Hänsler in Stellung zu nehmen, Hänsler sei ein guter Mann, ehemaliger Rössliwirt, durch Blitzeinschlag sei ihm das Haus abgebrannt, die Frau im Feuer umgekommen, es sei ihm nichts geblieben als lauter Schulden, er sei kinderlos und wohl gezwungen auszuwandern, wenn er hier kein neues Auskommen finde. Hänsler sei ein Wirt gewesen, der den Armen bis zu seinem eigenen fatalen Schicksalsschlag für ein paar Rappen und notfalls auch für Gotteslohn die Rumford'sche Suppe ausgegeben habe, er habe täglich verstampfte Knochen, Erbsen und Graupe eingekocht, aus lauter Nächstenliebe.

«Er kann sich bei mir melden, jener Hänsler», sagt Johann Rudolf, er könne ihm vielleicht tatsächlich eine Stellung bieten, wenn er denn Manieren habe.

«Dafür lege ich meine Hand ins Feuer, Hänsler hat als Junge bei der Herrschaft gedient, bei Hoffmanns.»

Burckhardt-Linder hält den Kopf schräg, so dass ihm durch die Krängung jenseits des Kenterwinkels der Rest des gesammelten Regenwassers über die Schulter rinnt, während er sein mildestes Lächeln aufsetzt, durch die Nase schnaubt und Johann Rudolf an beiden Händen fasst, um sie herzhaft zu schütteln.

Bei der Taufe des blondgelockten Knaben Heinrich August im folgenden Herbstmonat, die gleichzeitig mit der Einweihung des neuen Ryhinerschen Landsitzes im Ebenrain gefeiert wird, ist Burckhardt-Linder der segnende Pfarrer und Hänsler, eingekleidet in neuer Livree, serviert den Gästen Champagner, während Trinette, die junge Kindermagd aus dem Elsass, mit dem zeternden Täufling alle Hände voll zu tun hat, als das Kindlein beim Empfang mit blaurot angelaufenem Kopf beinahe seine kleine Lunge aus dem Leib schreit.

Heinrich Augustlein gedeiht prächtig, auch Pauline erholt sich rasch vom Kindbett. Die beiden sind wohlauf. Doch entgegen Johann Rudolfs Absicht, das Anwesen auch winters zu bewohnen, enscheidet Pauline, nach dem Bettag, sobald die Tage kürzer werden, den Wohnsitz wieder in die Stadt zu verlegen, sie wird mit ihrer Equipage bald zurück nach Basel fahren. Dort, im oberen Stock des Ramsteinerhofes, bei Vater und Mutter, hält Paulines geliebte Tante

Wiesel Hof, sie ist diesen Herbst zu Besuch, die lustige Weltenbummlerin aus Berlin. Hier auf dem Lande, bei dem trüben Wetter, verfällt Pauline leicht in melancholische Stimmung und zieht sich jeweils schon frühabends in ihre Gemächer zurück, zur Lektüre ihrer empfindungsvollen Bücher.

An einem Abend, es herrscht schon früh Stille im grossen Herrenhaus, klopft Johann Rudolf leise an Paulines Zimmertür, tritt ein und lässt sich neben ihr am Bettrand nieder. Sie liegt im Bett und liest traumversunken in einem Buch, das ihr Tante Wiesel überlassen hat, der heimlichen Abschrift eines unveröffentlichten Gedichtes von Lord Byron. Sie rückt den Kerzenleuchter auf dem Nachttisch näher, so dass ihr Gesicht mit dem blonden, langen Haar im dunklen Raum wie aus sich selbst zu leuchten scheint, wie eine Maske, greift nach seiner Hand und spricht dann flüsternd das Gedicht *Darkness:*

I had a dream, which was not all a dream,
The bright sun was extinguish'd, and the stars
Did wander darkling in the eternal space.

Kein Mond, die Erde schwang im Äther, blind / und eisig sich verfinsternd – soweit kann Johann Rudolf folgen, er ist der englischen Sprache nicht wirklich mächtig, er kann Latein, das unnütz ist, und ja, Französisch. Das *Pidgin* und das *Dutch* der Niederländer, aber die sind hier keine Hilfe. Pauline gegenüber tut er so, als verstünde er jedes Wort. Es ist die Rede von Menschen, die im Stich gelassen werden, ohne Leidenschaften, mit gefrorenen Herzen, von Aufruhr und Kriegen, zerstörten Städten, verbrannter Erde, von Vulkanen, erloschenem Licht, von Tod und Verzweiflung, Wahn, dem Leichentuch vergangener Welt, so viel versteht er.

«*All earth was but one thought – and that was death.* Hörst du überhaupt zu?»

«Ja. Die ganze Welt nur ein Gedanke – Tod.»

«Genau. Horch, wie schön!»

Byron malt das Bild der Apokalypse. Es herrscht Hunger, Menschen fressen andere Menschen auf, Magere von Mageren verschlungen. Ein Hund leckt seinem toten Herrn die Hand, die ihm das Streicheln schuldig bleibt, dann legt sich der Hund selbst zum Sterben nieder. Lauter Abscheulichkeiten, eine geballte Ladung Folter und Schrecknis. Alles stirbt bis auf zwei, die überleben in einer toten Riesenstadt, zwei Feinde, die sich treffen und vor Abscheu sterben, als sie den anderen erblicken. Das ist des Grauens denn doch zu viel, wie Johann Rudolf findet. Er seufzt. Pauline unterbricht den Vortrag kurz.

«Warte, es ist nicht mehr lang, gleich ist es zu Ende: *Seasonless, herbless, treeless, manless, lifeless / A lump of death – a chaos of hard clay. / The rivers, lakes and ocean all stood still / ...*»

«Was heisst nochmal *clay?*», fragt Johann Rudolf.

«Lehm», sagt Pauline.

Schiffe verrotten auf See, Masten fallen, die Wellen, tot auch sie, die Gezeiten liegen schon im Grab, ausgehaucht der Mond, ihre alte Geliebte, die Luft steht still, die Wolken, verschwunden im All. Nur noch Finsternis.

Pauline legt die Schrift auf die Bettdecke, sagt: «Wenn das nicht grandios ist ...!»

«Ja. Hinreissend», sagt Johann Rudolf, «klingt wie die Prophezeiung vom Untergang der Welt am 18. Juli.»

Darauf sie: «Diese Sprache! Wunderbar!»

«... er ist aber nicht eingetreten, zum Glück!»

«... so beredt, wortgewaltig!»

«Ja, schön, wirklich, sehr schön», sagt er.

«Gute Nacht, mein Lieber!», sagt sie.

Johann Rudolf erhebt sich und küsst ihre Hand.

«Ich liebe Dich.»

Fünftes Kapitel

Auffrischender Wind aus Westen bläht die Segel so stark
von hinten, dass sie stolz weit nach vorn von den Masten
abstehen. Es ist die Zeit der Springfluten bei Vollmond,
man kommt flott voran. Das Schiff flieht lautlos über's
Meer, zurück nach Europa. Die Nacht ist klar, die weissen Tücher, wie helle Wolken am Himmel, strahlen das
silberne Licht vom Mond zurück auf's Deck und auf die
tintenblauen Wellen, wo sein leuchtender Schatten dem
Schiff vorauseilt.

Vor der Küste Guayanas zieht Johann Rudolf noch einmal
die Duftschwaden der Blüten und Bäume des tropischen
Waldes durch die Nase, um sein Gedächtnis damit zu im-
prägnieren. Er verlässt das Land, um nie mehr dahin zurückzukehren, hat sich entschlossen, seinem Leben eine
neue Wendung zu geben, eine Wendung, die ihn in die Heimat zurückführt, dorthin, von wo er vor Jahren aufbrach,
ein anderer zu werden. Eine Setzung wie damals, alle Leinen
gekappt. Ein Gefühl von Befreiung, eine Leichtigkeit trägt
ihn, dass er tanzen möchte. Aus vollem Hals singt er an der
Reling das *Halleluja* aus Händels Messias-Oratorium hinaus in die Nacht:

*«Dem König der Könige, dem Herrn der Herren, Halle-
luia!»*

Kreuz Herz, Pik Karo, neue Karten, neues Spiel, vergessen das vorherige. Diese Überfahrt ist wie eine heilige
Waschung für seine Seele. Tränen der Rührung, Tränen der

Freude im nächtlichen Wind. Johann Rudolf hat sich davongemacht und wähnt sich glücklich entronnen den Fesseln seiner Bestimmung. Er dankt dafür Kairos, seinem persönlichen Schutzgott, für den günstigen Augenblick.

Nur leichtes Gepäck, damit die Groenberg keinen Verdacht schöpft. Der Grund der Reise, den er angab, Jan Harry nach London zu bringen und daraufhin Besitz und Geschäft in Basel aufzulösen, seine Zelte endgültig abzubrechen, um in den Tropen für immer sesshaft zu werden, diente dabei der Tarnung. Überstanden ist die Sorge, Groenberg könnte seine Pläne im letzten Moment vor der Abreise noch durchkreuzen.

Jan Harry schläft selig, sanft gewogen in der Hängematte der Kajüte und träumt von einer riesengrossen Stadt voller Menschen, Maschinen und mächtiger Gebäude, während Johann Rudolf vom Achterdeck aus zuschaut, wie das Festland mit dem Umriss der Küste im Dunkel der Nacht allmählich versinkt. Das Tauwerk ächzt, die Planken knacken, mit einer Flasche Genever in der Hand schaut er in die schäumende Kielspur der Bark. Die Gelegenheit des Neuanfangs wird er packen, unberührt das ausgegebene Kartenspiel hat er wieder alle Trümpfe in der Hand. Sein Bruder Jakob, der nicht gelebt hat, der verstorbene Bruder, den er nie gekannt hat, weil er starb, als Johann Rudolf zur Welt kam, erscheint im Strudel der Heckwelle. Jenes Bild des grossen Bruders, der mit ihm aufwächst, immer der grosse Bruder geblieben ist und der ihn seit der Kindheit durch das Leben begleitet hat, in seinen Träumen, ihm schickt er mit der halbvollen Flasche Genever, die er verkorkt und in weitem Bogen in die rauschende See wirft, eine Flaschenpost hinterher,

«Zum Gruss!»

Und er leiert dazu wie in der Singstunde des Gymnasiums das Lied, das er schon als Zehnjähriger immer seinem Bruder widmete, wenn sie es bei Lehrer Rickenbach im Kanon zu singen hatten, die Melodie zu *Bruder Jakob* in Latein:

Quare dormis, o Iacobe,
Etiam nunc, etiam nunc?
||: Resonant campanae :||
Din din dan, din din dan.

Johann Rudolf hat von der anderen Welt, die er jetzt verlässt, genug gesehen, jetzt kann er ruhig für Jakob in die Rolle schlüpfen, die jenem zugedacht war, jene des braven Sohnes und guten Vaters seiner Heimatstadt, um sich damit als Handelsmann und Bürger ehrenvoll in die Reihe seiner Ahnen einzufügen.

Jan Harry geniesst die Schiffsreise in vollen Zügen, er strolcht zufrieden an Bord herum, klettert mit den Matrosen in die Takelage, stromert auf dem Unterdeck herum, auf dem Zwischendeck beim Vieh und den Hühnerställen, spielt mit dem Schiffskater Verstecken, freundet sich mit Koch und Smut an, bäckt mit ihnen in der Kombüse Mehlpudding und kocht Grütze. Die Kost auf dieser Reise, anders als vor Jahren auf der Hinfahrt, ist mitunter sogar schmackhaft, Salzfleisch und Stockfisch, Erbsen, Linsen werden aufbereitet mit Gewürzen, Honig, Marmeladen, es gibt Schlachtfleisch und hin und wieder frischen Fisch.

Die Überfahrt, so lange sie auch dauert und so eintönig sie einem vorkommt, mit dem ewigen Auf und Ab in den Wellen, dem immer gleichen graublauen Horizont, doch jenseits des nördlichen Wendekreises bei anhaltendem Westwind und mit günstiger Meeresströmung haben sie London in sechs Wochen erreicht.

Die Ankunft, aufwühlend, ein grosses Gefühl wie eine Erlösung, durch die Mündung der Themse, hinauf zu den Docks mit den Hafenanlagen und den unzähligen Schiffen und Piers, den Lagerhäusern, dem Gewimmel von Menschen und Tieren, Fuhrwerken und Fässern und Waren, Pfiffen und Rufen, im Lärm und im Stimmengewirr. Beim Verlassen des Schiffes über der Brücke, noch bevor man den Fuss auf Festland gesetzt hat, schreien aufgeregte Menschen vom Hafen her zu ihnen hoch:

«Napoleon ist geschlagen! Endgültig besiegt! Gefangen genommen und hat abgedankt, das Untier! Hurra! Hurra! Hurra!»

Mit der Lohnkutsche zur Stadt hinaus in zügigem Trab, ins ländliche Middlesex nach Hampstead im Norden. Tante Faesch wohnt in einem hübschen, kleinen, strohbedeckten Haus mit Rosengarten an der Strassenkreuzung, die Neuigkeit ist auch hier das alles beherrschende Thema. – General Wellington, ein Held! Europa, stell dir vor, befreit vom französischen Tyrannen! Mein lieber Neffe, lass dich umarmen! – Und wen haben wir denn da? Ist das mein kleiner schwarzer Prinz?

Eine heikle Mission, Jan Harry hier abzugeben. Sie kennt die Geschichte aus Johann Rudolfs Briefen, er hat ihr seine

Lage ausführlich dargelegt, ihr geschrieben, dass die Existenz dieses Jungen niemals, unter keinen Umständen, in Basel bekannt werden dürfe, und er den Wunsch hege, Jan Harry ihr, seiner lieben Tante, zur Erziehung zu überlassen.

Als erstes *teatime* mit schmackhaften *scones* und *shortbread,* die Tante, eine gepflegte ältere Dame mit rosa Bäckchen, schwarzer Spitzenhaube über weissem Haar, schwarzen Spitzenhandschuhen, die Tapeten im Wohnzimmer mit malvenfarbenen Schwertlilien, sie hat dafür das beste Verständnis. Sie selbst hat jegliche Verbindung zur Basler Verwandtschaft vor Jahrzehnten abgebrochen, ausser zu ihm, Johann Rudolf, ihrem Lieblingsneffen, sie hat sich in England niedergelassen, nachdem man sie aus den familiären Kreisen verbannt hat, man den Umgang mit ihr den Familienmitgliedern tatsächlich verboten hat. Als junges Mädchen hatte sie sich in einen Zauberkünstler verliebt und sich seiner Wandertruppe von Gauklern angeschlossen, tingelte mit ihnen durch die Lande.

Nur allzu gerne übernehme sie die Aufgabe den Jungen grosszuziehen, sie sei ja leider, wie er wisse, kinderlos geblieben. Schon morgen wolle sie mit dem Kleinen nach London in die Stadt fahren, die famose Ausstellung ihrer Freundin Marie Tussaud, der Wachskünstlerin, zu besuchen, wunderbar schreckliche Totenmasken von Hingerichteten, aufgespiesst von Lanzen, geheimnisvoll beleuchtet in flackerndem Kerzenschein, kalte Schauer würden einem über den Rücken laufen.

Kontrollen, nur eingeschränkter Reiseverkehr, Passierscheine, auf den Landstrassen durch die Schlachtgebiete überall Militär, die Truppen haben Vorrang. Bei Charleroi, wo kürzlich das Gemetzel stattfand, ist der Pulverrauch verdampft, aber auf einigen Hügeln glimmen noch die Ruinen der eroberten Weiler und einzelner Gehöfte. Beissender Gestank von Kadavern vermischt mit kaltem Rauch in der lauen, unbewegten Luft. Aus den Stümpfen versengter einzelner Bäume qualmt spärlich blauer Dunst wie aus weggeworfenen Zigarrenstummeln. Aufgedunsene Pferdeleichen liegen auf den Äckern, da und dort. Durch das Fenster der Kutsche ist von der glorreichen Kriegskunst der Feldherren, vom ruhmvollen Siegen nicht viel zu sehen, nur Tod und Verwüstung. Nicht geordnete Aufmärsche disziplinierter Truppen, wie man sich das gemeinhin vorstellt, befehligt von Generälen, Marschällen, Offizieren und Prinzen, voraus marschiert die Musik, dort die Blauweissroten mit ihren hohen schwarzen Hüten und dem weissen Federschmuck, den Felltornistern auf dem Rücken, theatralisch, mit Pomp und Fahnen, Trommeln und Trompeten, da die Roten mit ihren Bärenmützen und dem Gequietsche der Dudelsackpfeifen, hier die Schwarzen aus dem Hinterhalt, von jenseits des Hügels, mit gelackten Stiefeln in glänzender Formation, wie die Zinnsoldaten, aber mit scharfer Munition, die Gewehre im Anschlag, mit aufgesetztem Bajonett, die Geschütze geladen und ausgerichtet auf die Reihen des Feindes am gegenüberliegenden Hang, taktisch gestaffelt die Regimente, Divisionen, Bataillone, Brigaden, strategisch gegliedert die Infanteristen, dahinter Kavallerie, Husaren, die Ulanen mit ihren Lanzen, die Kürassiere, die Artillerie mit schweren Kanonen, gesegnet vom Klerus, von Königen ins Feld geschickt, die von ihren Vasallen und Hofschranzen beraten, unterstützt von ihren Herzögen und Grafen und Baronen, die auf ihren Gütern und in den Palästen Walzer tanzen, auf den Bällen, die jetzt gegeben werden, wenn der

Hofkapellmeister auf die Empore steigt und zur Schlacht aufspielt, wenn Kaiser und Kommandeure ihren Prachtschimmeln und Paraderappen die Sporen geben und im Galopp durch ihre Reihen preschen, hoch auf die Befehlshügel, *Attacke!* brüllen, das Töten aus sicherer Distanz dirigieren, Fernrohr am Auge, Portwein im Glas, das gegenseitige Abschlachten orchestrieren, linker Flügel, nein, rechter Flügel, und marsch und los, jetzt werfen wir, linke Flanke, die alte Garde hinein, das Schurkengesindel, ich erschiesse jeden, der beim Feind Gnade walten lässt, hurra, wir gewinnen die Schlacht, wir erweitern die Grenzen des Ruhmes, verewigen uns in Galauniform an den Wänden der Porträtgalerien Europas in Öl, 140 000 Soldaten, ein paar Zehntausend auf dem Feld der Ehre gefallen, verstümmelt, verwundet ein weiterer beträchtlicher Teil, der für seine Treue Medaillen verdient hat, zur Erinnerung an den denkwürdigen Tag.

Über die Dörfer und in die Städte kommt erst jetzt der Krieg, nach der Schlacht, mit den Seuchen und dem Hunger, und dem Hass, der geblieben ist, von allen auf die anderen, von Männern, die sich nie gekannt haben und sich hier erstmals begegnen, um sich gegenseitig abzuschlachten, von ihren Frauen, ihren Kindern, von Müttern und Vätern, die ihre Söhne verlieren. Marodierende Trüpplein verlumpter Soldaten, Bettler, zahllose Säufer, beinlose Krüppel auf kleinen hölzernen Karren, Ratten und streunende Hunde bevölkern das Land.

Johann Rudolf, allein im vorderen kleinen Abteil der Kutsche, vom ewigen Geratter in Halbschlaf geschaukelt, träumt, die Wange angelehnt an das kapitonierte Plüschpolster der

Wand, von Fräulein Gisèle de Montille, der jungen Dame, die im offenen Abteil, nur durch eine dünne Holzwand getrennt, Rücken an Rücken mit ihm sitzt und jetzt wohl wie er, ihre Wange sanft an die Seitenwand bettet und leise vor sich hin seufzt. Ihre Katzenäuglein mit dem smaragdgrünen Leuchten hinter dem schwarzen Tüll ihres Schleiers halb geschlossen, hat sie eben, so stellt er sich vor, mit einer sanften Bewegung ihrer Arme die Hände auf der Höhe des Rists übereinandergekreuzt, so geschmeidig und anmutig wie schwarze Katzen beim Dösen im Sonnenlicht hinterm Fenster. Zu seinem grossen Verdruss reist Mademoiselle Montille mit ihrer Tante, Madame Germaine de Montille, einem vierschrötigen Drachen mit Damenbart. Erdverbundener Landadel aus dem Burgund, wo die Matrone seit dem Tod ihres Gatten als Reservegeneral das Weingut der Familie leitet. Sie scheint dort nicht nur mit eiserner Hand die Geschicke des Betriebes zu lenken, sondern auch unerbittlich über die Erbfolge zu wachen.

Als beim Pferdewechsel auf der letzten Poststation die junge Dame Johann Rudolfs bewundernde Blicke, die er ihr während des Mittagsmahls von Tisch zu Tisch zuwirft, verstohlen erwidert und alsbald aufsteht, beim Vorbeigehen an seinem Stuhl wie zufällig ihr weisses *mouchoir* fallen lässt, ist es Madame de Montille, die sich erhebt und wie eine Fregatte mit geblähten Segeln anrauscht, sich mit ihren etlichen Schichten von Röcken bückt, sich des Taschentuchs behändigt, noch bevor Johann Rudolf dazu kommt, die Aufforderung zum Flirt anzunehmen. Der Drache fasst Gisèle am Ellbogen und entschuldigt sich bei Johann Rudolf für das ungebührliche Benehmen der kleinen Schlampe, wie sie Gisèle nennt. Sie hält sie fest im Griff und zwingt sie mit falschem Lächeln zu einem Knicks in die Knie. Johann Rudolf steht auf und stellt sich vor, keineswegs es sei an ihm, sich zu entschuldigen, er habe leider nicht sogleich bemerkt, dass der jungen Dame das Taschentuch zu Boden gefallen sei, sonst wäre er Madame zuvorgekommen. Ob sie ihm erlauben würde, sich für einen Augenblick zu den Damen zu gesellen? Wenn er verspreche, dem Flittchen keine schönen Augen zu machen, sei das gerne möglich, Mademoiselle sei leider, *pardon pour l'expression,* wie eine läufige Hündin seit ihrer Verlobung mit dem Nachbarn Bichot, den sie nun jedoch ums Verrecken nicht heiraten wolle. Aber es gebe nun mal nicht immer eine Wahl. Das Leben sei kein Winzerball, bei dem man sich jedem dahergelaufenen Tölpel an den Hals werfen könne. Napoleon, im Übrigen, sei an allem Schuld, den sollten sie, wenn's nach ihr ginge, am besten gleich am nächsten Laternenpfahl aufknüpfen, diese aufgeblähte kleine Giftkröte, seit dem verdammten *Code Civil* und dem Erbrecht, das er eingeführt habe, könne man nicht einmal mehr selbst bestimmen, wer seinen eigenen Besitz erbe, man sei gezwungen, unter Winzern zu heiraten, wenn man nicht all sein Rebland verlieren wolle. Mit diesem Schwachsinn gehe das Burgund zugrunde, *fini le vin, et merde pour la France!* Das seien klare Worte, in diesem Falle wolle er nicht länger stören, sagt Johann Rudolf und erhebt sich vom Tisch, gleich fahre die Post ja ohnehin wieder los, er wünsche gute Reise. Doch jetzt ist er es, der von Madame de Montille am Arm gepackt wird.

«Ist doch wahr», hebt sie an, «diese grössenwahnsinnigen Kriege, die er überall anzettelt, wer bezahlt dafür am Schluss die Rechnung? *C'est encore nous, les hommes de la terre, les vignerons!* Wir, die von der Scholle, wer denn sonst?»

Johann Rudolfs Wange reibt sich am Wandpolster hinter dem Kutschenfenster, während er sich erträumt, wie sich die Geschichte zwischen Gisèle und ihm entwickelt hätte, wenn die Tante nicht dazwischengefahren wäre.

Irgendwo im tiefen Ardennenwald, wo ein Kuckuck dem anderen nur selten begegnet, wacht er auf, als die Kutsche verlangsamt und schliesslich anhält. Ein Schuss fällt, die Pferde wiehern, laute Befehlsstimmen rufen durcheinander. Die Tür zum mittleren Fahrgastraum hinter seinem separaten Coupé wird geöffnet, Geschrei der Passagiere, Gerumpel,

«Geld oder Leben!», ruft einer.

«Los, her mit dem Zaster, wo hast du die Börse versteckt, Franzmann?»

Ein Überfall, Wegelagerer, Marodeure. Sie sprechen Deutsch, Johann Rudolf rast das Herz am Hals, nur jetzt nichts Falsches tun, richtig handeln. Er rührt sich nicht, noch sind die Banditen im anderen Abteil beschäftigt, Ruhe bewahren, er äugt vorsichtig zum Fenster hinaus, zwei Pferde im Anmarsch, tänzeln auf der Stelle, schnaubende Nüstern, zwei Offiziere, schwarze Uniform, wohl Braunschweiger, steigen vom Sattel, rufen:

«Soldaten!»

«Raus da, Ratte!», schreit eine raue Stimme.

Sie packen den einen, scheinbar von der Schwarzen Schar auch er, der wird geknebelt, packen den anderen Soldaten, der mit seinem Gewehr wohl den Kutscher bedrohte, führen die beiden ab, hinter die Karosse in den Wald.

«Feuer!»

Es knallen zwei Schüsse.

«*Bien fait, sales boches!*», tönt es aus dem Abteil.

«Zwei weniger von diesen Hunden», lobt Madame de Montille lautstark.

Die Offiziere machen kurzen Prozess in diesen Zeiten des Krieges, auch mit den eigenen Truppen, sie steigen aufs Pferd, «Marsch!», und weiter geht die Fahrt, die Berittenen zum Geleit, Richtung Luxemburg.

Nach 1284 Stunden reiner Reisezeit kommt er endlich an, durchs Johannstor in seine Heimatstadt, an einem Dienstag im August, Endstation Blumenplatz. Das Gepäck lässt er zur Herrenherberge bringen, ins *Drei Könige*. Auf dem Kornmarkt ist es still, es ist früher Morgen, ein paar Tauben fliegen auf und drehen ihre Runden über dem Rathaus, landen auf den Pflastersteinen, gehen gurrend und auf ihren Krallenfüssen stelzend auf die Suche nach Bröseln und Krümeln. Wo soll er hin als erstes, nach all den Jahren? Vielleicht hat am Fischmarkt Zuckerbäcker Schlegel schon geöffnet und schenkt ihm einen Kaffee aus? Johann Rudolf schlendert durch die leeren Gassen hin, doch Schlegel hat den Laden noch zu. Dann eben bei der Brücke die Treppen zum Rheinbord hinunter, sehen, ob der Strom noch immer seine Wassermassen wälzt. Jahraus, jahrein rauscht der Fluss und riecht nach Fisch, Eisen, Erde, etwas muffig. Johann Rudolf wäscht sich mit dem Flusswasser das Gesicht. Hockt sich nieder. Soll er wirklich zur Mutter ins Landhaus in den Schoren, vor der Stadt? Fremd kommt es ihm vor, wenn er mehrmals hintereinander, leise vor sich hersagt – Zum kleinen Surinam, zum kleinen Surinam. Es wird sich bei ihr alles nur um das eine Thema drehen wie schon in ihren letzten Briefen. Seine Schwestern sind versorgt, haben inzwischen gute Partien

gemacht, jetzt geht es darum, ihrem einzigen Sohn eine
nette Frau zu vermitteln, höchste Zeit mit deinen einund-
dreissig, und weisst du schon das neueste? Die zwei Bern-
noulli-Brüder haben die Christ-Zwillinge geheiratet, Vettern und Cousinen, Zwiefach-Zwieback, verstehst du, eine
Doppelhochzeit, ist doch wonnig, nicht wahr? Eine Zäs-
lin, eine Sarasin und eine von der Mühll sind im Moment
zu haben, das sind auch wirklich hübsche, und eine Werthemann, das Klärli, auch sie aus gutem Hause, nette Leute,
diese Werthemann, die komme aber wohl eher nicht infrage, weil sie im Aussehen leider ihrer Mutter nachschlage,
dem Mops. Es wird ihm gar nichts anderes übrigbleiben,
wenn er sie nicht beleidigen will, als guter Sohn zuallererst
bei seiner Mutter zu erscheinen. Er wird das Landhaus
vorerst als Stützpunkt gebrauchen, um auszuschwärmen
in sein neues Leben. Idyllisch, das ruhige Plätschern, wie
die leisen Wellen das Ufer lecken und dazu das friedliche
Klackern der vertäuten Weidlinge gegeneinander, als auf
einen Schlag, wie ein Gewitter aus heiterem Himmel, in
die beschauliche Stille hinein, vom minderen Basel her,
erst ein dumpfes Rumpeln hörbar wird, dann ein Marsch-
getrappel aufkommt, nun sieht er eine endlose Soldaten-
kolonne, in Reih und Glied. Österreichs Truppen kommen
über die Rheinbrücke! Die Stiefel poltern im Rhythmus,
rrap, rrap, rrap. Tausende kommen, Zehntausende! Grüner
Rock und weisse Hose, kommen und kommen am Käppelijoch vorbei, dröhnend über die sieben hölzernen Joche der
Brücke hinweg zum Rheintor hinein. Johann Rudolf wird
zuerst, entschliesst er sich, noch bevor er hinaus vor die Stadt
zur Mutter geht, den Pfau im Haus am Rheinsprung aufsuchen, ihn nach der neuesten Entwicklung der Dinge befragen. Was geht hier vor?

Beim Stadtpalais ist kaum ein Durchkommen, eine Betriebsamkeit wie in einem Bienenhaus, Knechte rennen mit Handkarren den Rheinsprung hinab, Lakaien eilen hinauf, das Gesinde hört man unterdrückt fluchen, derweil der Pfau im Morgenmantel die Anlieferung riesiger Blumensträusse und vielfarbiger Gebinde baumhoher Sträucher orchestriert.

«Die Rückkehr des verlorenen Sohnes, lass dich umarmen, mein lieber Freund!», begrüsst ihn der Pfau.

«Ich muss hier dringend weg, hier ist die Hölle los. Was ist dein Plan für heute? Wir treffen uns im Storchen auf eine Partie Billard, um drei!»

Das ist ganz in Johann Rudolfs Sinne, und davor wird er im Storchen zu Mittag speisen, wie früher, Kochwirt und Weinschenk sind die besten der Stadt.

Er bestellt Krebssuppe, Pastete, welsches Hühnlein an Portwein, Hasenbraten, Artischocken, weichen Rotschmierkäse aus dem Elsass und genehmigt sich zum Schluss eine süsse Charlotte, nach all den Jahren der exotischen Aromen und Gewürze eine Offenbarung, die eine Flasche Burgunder ist dazu nicht ausreichend, eine zweite muss her.

Um Drei rauscht der Pfau an, er sprudelt fast über in seinem Redeschwall, in alter Manier, die Neuigkeiten brechen nur so aus ihm heraus, die Queue beim Billardspiel benutzt er nur, um seinem Geplapper Nachdruck zu verleihen, wenn er damit in der Luft herumfuchtelt anstatt zu spielen. Ja, Krieg herrsche auch hier, sein Elternhaus am Rheinsprung sei aus diesem Anlass brechend voll, russische Gesandte mit ihrer Entourage, Grossfürst Nikolaus und Michael seien zu Gast. Er habe mit seinen Schwestern die Aufgabe, das

Haus für Soirées und Konzerte einzurichten, den Musiksaal für die russisch-orthodoxen Messen zu räumen, Grafen, Barone und hohe Offiziere mit ihren Damen seien zu füttern, zwei Generäle mit Generalinnen, nur mit der Hilfe von Traiteur Geymüller sei das zu bewältigen, die eigenen Köche seien überfordert. Im Wildschen Haus am Petersplatz sei der österreichische Kaiser eingezogen und überwache den Einzug der Truppen und ihre Sammlung für den bevorstehenden Sturm auf die Festung Hüningen.

Johann Rudolf kommt kaum zu Wort, sagt nur: «Hier ist inzwischen scheinbar Schluss und fertig mit Napoleon, nix mehr Republik und Volk und Gleichheit? Als ich wegfuhr in die Tropen blies hier noch ein anderer Wind.»

«Ja, das alte Recht ist jetzt der Fortschritt, die Aliierten, Zar und Kaiser, zusammen mit den Königen von Preussen und dem englischen Königreich weisen das grossmäulige Frankreich endlich in die Schranken.»

«Hoppla, das ging ja im Handumdrehen. Man staunt, wie schnell», sagt Johann Rudolf.

«Mit dem Dreieckshandel ist jetzt leider Schluss, musst du wissen, *tempi passati,* es wird eng für alle, man muss neue Handelsräume auftun. Traurig, himmeltraurig, den Christophe Bourcard hat's ja erwischt, er ist daran zugrunde gegangen, hat die neuen Zeiten nicht erkannt und hat sich das Leben genommen, wirst wohl davon gehört haben, selbst in Paramaribo.

Elf Tage dauert die Belagerung der Festung vor den Toren der Stadt, während derer Johann, der österreichische Erzherzog, vom Dach des Wildschen Hauses aus durch das Teleskop im Kamin die Kampfhandlungen der Truppen beobachtet, *Schauma mal!,* den Dauerbeschuss der Festung mit Gewehren, Mörsern und schweren Kanonen, *Bumsti!,* das Bombardement durch die Artillerie beider Seiten, *Bumsti, bumsti!,* deren fürchterliche Detonationen die Fensterscheiben erzittern lassen, *Bumm!,* kommentiert er laufend, bis Hüningen am 27. August eingenommen wird, und die Franzosen die Kapitulationsurkunde endlich unterschreiben.

Was für ein Fest kann jetzt gegeben werden auf dem Petersplatz zu Ehren der Befreier! Basels Regierung scheut keine Kosten, die Stadt wird dekoriert, die Brücke mit Fackeln und farbigen Laternen erleuchtet. Alles zu Österreichs Glorie, Feuerwerk und Glockengeläut, überall Fahnen, Österreichs zweiköpfiger Adler, rot weiss rot, und dazu das Schweizerkreuz, weiss in rot. Auf dem Petersplatz paradieren die Garden, herrliche Marschmusik erschallt durch alle Gassen, Trommeln und Pfeifen, vortreffliche Pferde, alle von gleicher Höhe und Farbe, die Kruppen gestriegelt, alles glänzt, Uniform und Rüstung, Schwert und Stiefel, der Platz ist gesäumt von stolzem Volk, von Ratsmitgliedern und Vertretern der Eidgenossenschaft, von Ehrengästen, von Honoratioren der Stadt und von Europas Adel nebst hohem Militär, naturgemäss. Und dahinein tritt am Petersplatz auf das Holzpodest, wo die Reden zum festlichen Akt gehalten werden, in unmittelbarer Nähe Johann Rudolfs, der mit den Honoratioren in ersten Reihe davor Platz genommen hat, ein weissgekleidetes Wesen von himmlischer Schönheit, welches zu diesem Zwecke, als es sich hochschwingt auf die Bretter und sich dabei kurz auf seiner Schulter abstützt, sich entschuldigend zu ihm zurückwendet und ihn anlächelt, strahlend, mit den allerliebsten Grübchen in ihren Wangen und einem Leuchten in den kastanienbraunen Augen, dass es ihn durchfährt wie ein heiliger Schauer. In der anderen Hand hält sie einen Lorbeerkranz, den sie Erzherzog Johann, dem Heerführer, mit einem tiefen Knicks zum Dank und für Österreichs Sieg überreicht.

An jenem Abend der langen Festnacht wird im Blauen Haus am Rheinsprung, im grossen Ballsaal mit dem Blick auf die erleuchtete Brücke, in Anwesenheit der beiden Vertreter der Zarenfamilie, der Grossfürsten Nikolaus und Michael, ein Galadiner gegeben. Kerzen flackern auf der festlichen Tafel, die Gäste, im Taumel des grossen Sieges, sind erhitzt vom Wein und fast schon etwas ermattet von all den Ruhmreden und den vielen Trinksprüchen der Oratoren, als jenes selbige junge Elfenwesen mit den blonden Haaren und dem leuchtenden, kastanienbraunen Blick erscheint und sich, als wär's Vorsehung, hinter Johann Rudolfs Stuhl an den Tisch stellt, sich mit der einen Hand auf seine Schulter stützt, um diesmal, nachdem es mit einem Glöckchen in der Hand um Aufmerksamkeit bittet, mit seidener Engelsstimme ein kleines Siegeslied zum Besten gibt. Johann Rudolf ist von den Gästen nicht der einzige, dem vor Rührung eine Träne in die Augen tritt.

Der Pfau erhebt sich, verneigt sich vor ihr zum Dank für den bewegenden Vortag und küsst ihr die Hand. Er fasst einen freien Stuhl, den er neben Johann Rudolf am Tisch platziert, winkt einen Lakaien heran, ihr ein Glas Champagner zu servieren und stellt ihm die junge Dame vor, Pauline Streckeisen.

Sechstes Kapitel

Wieder so ein prächtiger Tag. Johann Rudolf erwacht vom
lauten Gekrächze der Krähe, die sich vor seinem Fenster auf
dem Dach der Veranda niederlässt, eine zappelnde Schlange
im Schnabel. Sechs Uhr, Zeit für ein kühlendes Sturzbad
zur Erfrischung, dann das Frühstück in der Vorhalle, Toast
und Speck mit scharfem Rührei, Mango, Ananas und Grape-
fruit, gereicht von den beiden neuen Haussklavinnen, die
die Groenberg eingewiesen hat, der Boy wird ihm später
den Cigarro bringen. Anziehen, die weisse enge Hose, den
leichten hellblauen Gehrock, Klappkragen, Seidenplastron,
Zylinder, daraufhin ab zum Barbier, der morgendliche Spa-
ziergang entlang des Flusses unter den Tamarindenbäu-
men, die Sonne steigt am Himmel und wärmt die Luft, mit
ihr kommt die kühlende Seebrise auf, oh, zwei neue Schiffe
sind angekommen, *Royal Sovereign* und *Stad Amsterdam*. –
«Ahoy!»

Ein kurzer Austausch mit den beiden Kapitänen, Madei-
rafässer werden beim einen gelöscht, das andere wartet
auf die Weiterfahrt zur Insel Barbados, etwas weiter vorn
am Ufer ein paar Indianerboote an der Mohle, Männer
mit Lendenschürzen bieten ihre Waren feil, farbige Körbe,
irdene Töpfe, auch kleine Affen in ihren Käfigen, Singvögel, dann zum Gouvernementshaus, dem Platz vor der
Kirche und den Societätshausern, zum *Planter's Club,* zum
Kaffee und den neuesten Nachrichten, Gerüchten und Spe-
kulationen zur Lage der Kolonie und zu Geschäften – wo
soll in Zukunft der nötige Nachschub an Sklaven herkom-

men, wenn die Einfuhr aus Afrika nicht mehr möglich ist? Vielleicht, ja, man sollte es wagen, mit den Franzosen und auf eigene Initiative, auf eigene Verantwortung, wie denn sonst den Wohlstand Surinams erhalten? Wie die Vermehrung der Creolenneger befördern? Es wird Jahre dauern, bis der Nachwuchs die Felder wird bestellen können. Zur Stärkung ein Glas Genever.

Johann Rudolf ist nicht nur Teil der einflussreichen Gesellschaft in der Kolonie, er gibt mit der Groenberg hier den Ton an. Neben den offiziellen Bällen des Gouverneurs und dem Maskenball von Conte Contarini zur Karnevalszeit sind sie die einzigen, die zu Tanzveranstaltungen laden, Konzerte mit europäischen Künstlern veranstalten und regelmässig *diners* geben. Sie gelten hier zudem, weit abseits von Londons neuesten Modeerscheinungen und weitab der Metropolen dieser Welt, als *best dressed couple*, man spricht über das Raffinement, ihren Stil, sie setzen neue Massstäbe in Eleganz und gutem Geschmack.

Zurück nach Hause, es wartet die Arbeit im Kontor und das Mittagessen, dann die Anweisungen für den Abend, das Rezital der Sängerin. Der Tag wird drückend heiss, trotz der Meeresbrise, die noch immer anhält, doch selbst die Luftmassen vom Ozean her sind inzwischen aufgewärmt, es bläst ein steter warmer Wind zum Festland.

Auf dem Weg nach Hause, im blauen Schatten eines Tamarindenbaumes, bleibt er stehen und lässt sich vom Küstenwind die schweissfeuchte Gesichtshaut trocknen. Wie ein laues Fächeln, jetzt ist er angekommen in seinem neuen Leben, Johann Rudolf hat es geschafft, hier in den

Tropen hat er eine eigene Existenz aufgebaut, ist eine angesehene Persönlichkeit, Handelsherr und Pflanzer, die Setzung ist aufgegangen, sein eigener Bruder ist er selbst geworden.

Mit dem Goda-Vogel, einem begnadeten Sänger, der in der Dachrinne nistet, pfeift er im Duett ein Lied, als er sich daheim zur Veranda begibt. Dort sitzt die Groenberg im Schaukelstuhl, eine Flasche Genever in der einen Hand, einen erloschenen *papelito* zwischen den Fingern der anderen und schaut ihn aus glasigen Augen an, mit starrem Blick.

Johann Rudolf geht wortlos auf sie zu, nimmt ihr die Flasche aus der Hand und fasst sie am Arm:

«Du stinkst wie ein alter Säufer, die Ausdünstung und ein Mundgeruch wie ein Aasgeier.»

«Ich hab's nicht geschafft, bitte verzeih mir», sagt sie.

«Es gibt da nichts zu verzeihen oder zu verdammen, du bist krank, und du zerstörst dein Leben, weiter nichts. Mach, dass du hochkommst, schlaf deinen Rausch aus. Dann trink von der Bitterwurzel und kau ein paar Unzen Minze, bevor die Gäste kommen. Wehe, du bist heute Abend nicht bei Sinnen! Ich schlag dich tot.»

Johann Rudolf stützt die Wankende und führt sie die Treppen hoch in ihr Schlafzimmer.

Seit geraumer Zeit schon treten diese Exzesse bei ihr auf, Tage des Untergangs, wie sie sie nennt, sie trinkt Rum und Schnaps, schon am frühen Morgen, normalerweise heimlich, hier ein Glas, da ein Glas, aber dass sie sturzbetrunken dasitzt am Tag Ihrer Abendgesellschaft, damit hat sie die Grenze überschritten. Johann Rudolf wird das nicht hinnehmen.

36 Gäste, englischer Adel, darunter der Gouverneur, Earl of Bentinck, die Venezianer und, auf heikler Mission hier auf englischem Boden, der französische Gesandte Viktor Hugues, der auf seinem Weg zurück nach Frankreich ist und hier Halt macht. Die Anweisungen im Haus wird Johann Rudolf selber geben müssen, im Salon und im Esszimmer muss alles umgestellt werden fürs Konzert, die Fauteuils, die Esszimmerstühle und die Sofas zu Sitzreihen arrangiert, der Champagnerpunsch angerührt, das Gebäck begutachtet und verkostet werden und mit dem frischen Obst auf diverse Silberplatten verteilt, die Luft muss mit dem gebrannten Zucker und den trockenen Orangenblättern in den Schalen geräuchert werden, um die Moskitos zu vertreiben. Fackeln für die Nacht aufgestellt entlang der Wege im Park, am Hauseingang, die Hausdiener in Livree, die schwarzen Mädchen in weissen Spitzenschürzen und dem Häubchen auf dem Kopf, zeig nochmal, wie geht ein Knicks, und die Hände sauber waschen, sperrt nur ja die Hunde ein, bevor sie kommen.

Am Abend dann, kurz vor 18 Uhr, die ersten Gäste werden bald schon da sein, erscheint die Groenberg, tritt auf, vielmehr, die Treppe herunter, im hellblauen Hofkleid mit den weissen Seidenrüschen, die lange Schleppe in der einen Hand, wippend der gefederte Kopfschmuck mit dem Schleier über der hochgesteckten Frisur, streckt Johann Rudolf lächelnd den behandschuhten freien Arm hin, damit er ihn ergreife und sie galant die letzten Stufen hinab zum Parkett in die Halle geleite. Sie scheint erholt und frisch, wie ein Phoenix aus der Asche. Er dankt es ihr und küsst ihr die Hand, auch er ist neu gewandet im taillierten schwarzen Gehrock und spitzen Halbschuhen.

Eine knappe Stunde nur dauert der Stehempfang zur Begrüssung der Gäste, das sich Bekanntmachen unterein-
ander, mit anschliessender Übung in angewandter Konver-
sationskunst in verdichteter Form – Ach, Sie kennen die
Pariser Oper nicht? Und das *Teatro La Fenice* in Venedig
auch nicht? Das muss man gesehen haben, Sie sollten unbedingt einmal hin!, gefolgt von einer kurzen Rede des Gast-
gebers zur Ankündigung der Künstlerin, man nimmt Platz,
das Glas in der Hand.

Auftritt Maria Mercedes de la Puente, gefeierte junge
Sopranistin, ihr schimmerndes, weich fliessendes Seiden-
kleid crèmeweiss und rosé, weiss die Hermelin-Stola um
ihre nackten Schultern, ihr Pianist, Rodolfo Wagner, folgt
nach angemessenem zeitlichen Abstand, ein schlacksiger,
bebrillter Herr mit gebeugtem Rücken, ein Notenbündel
unterm Arm, der sich mit gequältem Lächeln und ohne
einen einzigen Blick ins Publikum zu werfen, schleunigst
ans Klavier setzt und die Noten aufschlägt. Es stehen von
Händel, Gluck und Mozart Opernarien für Sopran auf dem
Programm. Ihr Stimmorgan so samten, sie sei recht eigentlich ein «Seidensopran» zu nennen, vertrete eine eigene Gat-
tung, wie ein Pariser Kritiker einst in einem Artikel be-
merkte, ihr einzigartiges dunkles Timbre von gedecktem,
manchmal fast verschleierten Ton, himmlisch schwebend,
ja geradezu übersinnlich, könne sich jäh in glockenklare
Reinheit wandeln und auch äusserst kraftvoll klingen.
Maria Mercedes, sobald sie sich der vollen Aufmerksamkeit der Zuschauer versichert hat, alle Blicke auf ihre Erscheinung gerichtet weiss, entledigt sich vor dem ersten Takt
ihrer Stola, enthüllt den oberen, hauchdünnen, blassrosa-

farbenen Chiffonteil ihres Kleides, der in Wahrheit nur dem Zweck dient, ihre wohlgeformten Brüste gebührend zur Geltung kommen zu lassen, die bei jeder ihrer gekonnt gesetzten Bewegungen leicht nachwippen. Sie faltet ihre Hände, die Arme in lockerer Schwebe vor dem Busen und holt Luft, während sich ihr etwas zur Nase schielender Blick ganz nach innen richtet und die Mundwinkel nach unten senken.

Schon die ersten gemessenen Takte der Sarabande aus Händels Klagelied der Almirena, *Lascia ch'io pianga,* mit ihrem feierlichen, schweren Tanzrhythmus, lassen Johann Rudolfs Tränenkanäle anschwellen, so dass er immer wieder unwillkürlich zu einer Schluckbewegung gezwungen wird, um ihr Überquellen zu verhindern. So eine Stimme kann nur eine Göttin haben, denkt Johann Rudolf. Er sitzt in der ersten Reihe, neben der Groenberg auf dem kleinen roten Sofa, und zieht seine feuchte Hand zurück, die bis anhin auf ihrem Unterarm Stellung genommen hatte, um, wie gewohnt, den Gästen die Eintracht des Königspaars vor Augen zu führen.

Wenn er genau hinsieht, glaubt Johann Rudolf jedesmal, wenn sich beim Atemholen bei der Sängerin die Brust hebt, für einen schwindenden Augenblick blauviolett die Umrisse der Nippel durchschimmern zu sehen. Dabei weiten sich reflexhaft seine Augen und eine erste Träne quillt hervor.

Ruhe sanft, mein holdes Leben, die Zaide von Mozart, tief anrührende Zärtlichkeit der Melodie, der bittende, verzweifelte Ton, getragen von verführerischer, inniger Sanftheit, weich die Zischlaute, leicht gelispelt, mit der Zunge angestossen an ihre schönen, weissen Zähne:

Ihr thüthen Träume, wiegt ihn ein
und lathet theinen Wunsch am Ende
die wolluthtreichen Gegenstände
t'thur reifen Wirklichkeit gedeihn.

Es ist, als verliebte er sich mit jedem Takt noch mehr in ihren Namen, Maria Mercedes, Maria Mercedes, ..., in ihr verziertes Wesen, ihre Augen, die bei jedem gehaltenen Ton auf ihn gerichtet sind, als müsse er daraus Schlüsse zu ziehen wissen, auf sein Dasein, auf sein eigenes weitverzweigtes Seelenleben, mit seiner Sehnsucht nach ihrem Duft, dem tiefen Geheimnis ihrer Stimme.

Hingerissen von ihrem Talent und von seiner Gemütswallung überwältigt, bleibt Johann Rudolf nach ihrem Abgang von der Bühne wie gebannt auf dem Sofa sitzen, kann sich jetzt ungehemmt seinem Tränenfluss überlassen, um sich dann als letzter zu erheben und sich den Gästen anzuschliessen, die sich im Salon bei einem Glas Champagner in schäumenden Elogen überbieten, um die Darbietung zu würdigen. Johann Rudolf sagt nicht viel, findet kaum Worte, es ist ihm, als könne die eben gehörte Vollendung der Gesangskunst nur auf profane Art zerredet, die erlebte Sternstunde damit nur entweiht werden.

Die letzten Gäste sind verabschiedet, als die Groenberg sich ein Glas randvoll mit Rum einschenkt. Sie löst den Kopfschmuck von der hochgesteckten Frisur, zieht ihre Seidenhandschuhe aus, entledigt sich ihrer Ballschuhe, setzt sich aufs Sofa und bettet die Füsse auf das Polster.

«Du bist ein Scheusal, Johann Rudolf», hebt sie an. «Eine Schande ist es, wie du vor aller Augen schamlos mit der kleinen Schlampe poussiert hast, eine öffentliche Demütigung ist das, wohl als Strafe gemeint für mich, wo ich mir solche Mühe gegeben habe, mich meiner Gäste als würdig zu erweisen. Ich hab mich zusammengenommen, mich von meiner besten Seite gezeigt, während dir angesichts dieser Nutte wie einem alten Lüstling die Augen übergelaufen sind. Auf ihr Dekolleté hast du gestarrt, der Geifer ist dir nur so aus dem Maul gelaufen, ein Skandal ist das, eine Schmach für uns beide, erniedrigend! Wie hast du es nur wagen können, dich so zu benehmen, dich derart gehen zu lassen in deiner Geilheit?»

«Ich versteh kein Wort, sie hat eine zauberhafte Stimme, das ist alles», sagt er.

« ... und ihre Titten führt sie spazieren wie eine stierige Kuh, und du sabberst ihr lechzend hinterher.»

«Jetzt hört aber alles auf! Ich bitte dich!», sagt er.

«... und ich bin für dich Luft, du würdigst mich keines Blicks, den ganzen Abend lang, ein Abgrund, zum Glück gibt es noch Kavaliere mit Anstand, die mit mir geredet haben», sie leert das Glas in einem Zug, «Gute Nacht», und schlägt die Tür hinter sich zu.

Johann Rudolf entlässt die Haussklaven. Während der nächsten Stunden rückt er die Möbel zurecht, räumt die Stühle an ihre angestammten Plätze im Esszimmer und im Salon. Er nimmt sich dafür alle Zeit, trägt ein Sitzmöbel nach dem anderen, in verträumter Gemächlichkeit, bedachtsam und auf leisen Sohlen, durch die stillen Räume, allein mit sich und seinen Gedanken. Der Mondschein erhellt die Veranda und den Schaukelstuhl, in den er sich setzt. Steckt sich den letzten Cigarro des Tages an. Und horcht lange in die Nacht.

Anderntags zum Frühstück setzt sich die Groenberg schweigend an den Tisch zu Johann Rudolf, der seinen Tee schon getrunken hat und gerade einen Teller geräucherten Fisch mit Papayafrucht serviert bekommt,

«Good morning, Madam, cup of tea?», fragt die Missi und knickst.

Keine Antwort, die Groenberg starrt in die Ferne, wo über der Anrichte jedoch nur die Wanduhr tickt, schickt mit einer Wischbewegung das Mädchen weg.

«Verzeih mir, bitte, gestern Nacht, meine Worte, ich war nicht bei mir, ich bin nicht bei mir in letzter Zeit, ich will nicht mehr trinken, ich kann nicht mehr, ich bin am Ende, bitte, hilf mir, wenn du mich liebst, ich tu' alles, was du sagst, aber mach, dass ich es kann, ich glaube an uns, und ich will, dass es geht.»

Johann Rudolf isst seinen Fisch.

«Du warst wunderbar, gestern Abend, du warst die Schönste von allen, und danke, dass du es geschafft hast zum Konzert», sagt er.

Sie braucht Hilfe. Allein wird sie es nicht schaffen, denkt Johann Rudolf, aber sie scheint einsichtig, vielleicht ist sie wirklich zur Läuterung bereit. Er macht sich noch am Morgen nach dem Frühstück auf, den Indianer aufzusuchen, dem er vor Jahren im Urwald begegnet ist. Eine rechte Unternehmung dahin zu gelangen, aber dieser Indianer ist ein Schamane.

Auf der Militärstrasse, einen Tagesritt flussaufwärts, liegt die Judensavanne in einer Bucht, bevor das Land hügelig wird und der Wald so dicht, dass man die Reise nur noch auf dem Fluss fortsetzen kann, um tiefer ins Land einzudringen oder mit der Machete durch dichten Dschungel. Auf der Pflanzung *Scanzo,* einer Zuckerplantage am gegenüberliegenden Ufer, macht Johann Rudolf von seinem Gastrecht Gebrauch, wird freundlich empfangen, nächtigt recht komfortabel im Haus des Direktors, einem Engländer namens Jenkins, der persönlich nicht anwesend ist, aber offensichtlich die Grosszügigkeit besitzt, Gästen sein Haus zur Verfügung zu stellen.

Anderntags schlägt er sich mit einem Führer aus dem Indianerdorf, das in der Nähe am Fluss liegt, durch den Busch, in die Tiefe der endlosen Hügel, Richtung Westen, wo er die Siedlung der Arowacken vermutet.

«*Oh! Witch doctor, I know, I know!*», sagt der Indianer und schüttelt den Kopf, «*very magic.*»

Er hat von dem Schamanen gehört, weiss den Weg dorthin.

Gegen Abend kommen sie auf einer Lichtung an, die von Behausungen gesäumt ist, Johann Rudolf erkennt das Dorf auf Anhieb wieder, die Feuerstelle auf dem freigelegten, runden Platz in der Mitte, die Hütten darum herum, alle von gleicher Bauweise, gabelförmige Pfähle, senkrecht in den Boden getrieben, ein grosses Viereck bildend, darauf vier waagrechte Holzbalken und die schrägen Dielen als Dach, gedeckt von Schichten langer Palmblätter zum Schutz vor dem Regen. Das Dorf scheint verlassen, kein Mensch regt sich, bis auf einmal Stimmen zu hören sind. Sein Begleiter macht sich durch Rufe bemerkbar und geht auf eine der Hütten zu. Die Stimmen verstummen. Im Innern stehen zwei verängstigte ältere Weiber, nackt, bis auf eine baumwollene kurze Schärpe, die sie um ihre Taillen gebunden haben, sie haben wohl eben das Korbflechten unterbrochen. Sie schauen sie misstrauisch an. Zwei junge Indianerinnen von einer anderen Hütte stossen dazu, ihre Säuglinge im Arm. Und starren sie an, mit grossen Augen, stumm auch sie. Die Männer sind vermutlich auf der Jagd, schliesst Johann Rudolf aus ihren Gebärden und dem zögerlichen Wortwechsel, dem Übersetzer trauen die Weiber scheinbar nicht über den Weg, sie bleiben auf der Hut, tauschen Blicke, er fragt nach dem Schamanen, man benötige seine Hilfe. Die Frauen zeigen auf den Wald, jede in eine andere Richtung. Bodennebel erhebt sich aus den Tiefen des Tales vom Fluss her, hinauf in die Hügel, Johann Rudolf ist wie damals, sehend von Blindheit erfasst, umgeben von tausend unsichtbaren Augen, die ihn beschatten.

Da wird ein Reiter auf einem Schimmel in der Unschärfe des verschlungenen Geästs sichtbar, näher und näher in gelassenem Schritt kommt er. Der Mann steigt ruhig vom Pferd, lässt es bei der Feuerstelle stehen und schreitet schweigend auf sie zu, Johann Rudolf erkennt den Schamanen, hebt die Hand zum Gruss. Der Schamane bleibt stehen und erhebt seinerseits die Hand, streckt sie zum Zeichen an die versteckten Männer im Busch in die Höhe. Aus allen Richtungen erscheinen sie jetzt, einer nach dem anderen, Pfeil und Bogen noch im Anschlag, der Schamane nickt, dann verschwinden sie in den Hütten, bis auf ein paar Neugierige, die sich zu ihnen gesellen und auf den Übersetzer einreden, augenscheinlich möchten sie wissen, was den weissen Mann hierherbringt.

Er sei ihm bekannt, dieser weisse Mann, gibt der Schamane zu verstehen, indem er mit einem Kopfnicken auf ihn weist und mit der Hand einen grossen Halbkreis in die Luft zeichnet.

144

Johann Rudolf gibt in einfachen Worten seinem Wunsch Ausdruck, der Schamane möge ihn auf seiner Pflanzung besuchen, er benötige seine Hilfe, seine Frau sei krank.

Als er den Übersetzer bittet, ihm dem Weg dorthin zu beschreiben, winkt der Schamane ab, er werde ihn zu finden wissen. Er werde die Geister der Ahnen befragen und zu gegebener Zeit bei ihm erscheinen, im Lauf der nächsten beiden Monde, und ob er daran gedacht habe, ihm Rum mitzubringen?

Johann Rudolf kramt seinen silbernen Flachmann aus der Brusttasche, den er auf Reisen stets mit sich führt und lobt sich in Gedanken selbst dafür, ihn diesmal mit Rum gefüllt zu haben. Er öffnet den Deckel und überreicht ihm die Flasche. Der Schamane nimmt einen Schluck, verschliesst die Flasche, nickt und steckt sie ein. Er dreht sich um zu seinem Schimmel, nimmt ihm das Zaumzeug ab und gibt ihm einen Klaps auf die Hinterflanke. Das Pferd trottet davon.

Das sei das Zeichen zum Abschied, sagt der Führer und bedeutet Johann Rudolf, sich auf den Weg zu machen, zurück zum Fluss, bevor die Nacht hereinbreche.

Es ist ein langer Abstieg durch dichtes Buschwerk. Zügig und entschlossen schreitet der Führer voran, sie finden zurück auf den Pfad, zum guten Glück auf sicherer Spur, denn die Nacht senkt sich rasch in diesen Breitengraden überm Urwald.

Obwohl er erst zu vorgerückter Stunde wieder auf der Plantage *Scanzo* erscheint, wird Johann Rudolf von der Gouvernante genauso nett empfangen und bewirtet wie am Tag zuvor, Jenkins ist noch immer auf Reise. Eine Geste der Gastfreundschaft, die Johann Rudolf sehr zu schätzen weiss, *philoxenia,* wie es bei den alten Griechen heisst, Fremdenliebe, man gewährt dem Gast auf seiner Reise Zuflucht und Unterkunft, empfängt ihn mit offenen Armen, wäscht ihm die Füsse, salbt ihm das Haupt und bewirtet ihn aufs Beste. Das Recht erlischt nicht mit der Abwesenheit des Herrn, an seiner Stelle herrscht sein Geist im Haus. Ob er selbst diese Grosszügigkeit besitzt, jederzeit jedem Fremden, der bei ihm erscheint, Gastrecht zu gewähren, er ihn ohne Weiteres aufnehmen und bewirten würde, bezweifelt er. Johann Rudolf muss es sich schamvoll eingestehen, dabei beruht das Prinzip ja in seinem Grund immer auf Gegenseitigkeit.

Zurück auf Charlottenburg am nächsten Abend steht im Park ein Schimmel und grast. Der Schamane ist da, hat den nächsten Mond nicht abgewartet, die Ahnen werden ihm eingeflüstert haben die Sache sei dringlich. Die Groenberg, hinter verschlossener Tür des Schlafzimmers, würgt und hustet, erbricht sich, jammert elend, schluchzt und winselt, stöhnt auf und seufzt, erbricht sich wieder und wimmert, bis das Wehklagen nach und nach erstirbt und schliesslich nur noch ihre tiefen Atemzüge zu hören sind. Johann Rudolf steht hinter der Tür im Flur und lauscht.

Schritte sind zu hören. Die Tür wird aufgeschlossen, der Schamane steht breitbeinig vor ihm und rasselt mit einer Kette – er trägt heute seinen Federschmuck – und bedeutet Johann Rudolf, dass alles seinen rechten Lauf nehme und sie jetzt eingeschlafen sei. Er entzündet einen Kräuterwedel, mit dem er tanzend vor ihrer Tür ein Reinigungsritual vollführt. Mit verdrehten Augen, entrückt wie im

Rausch, grummelt irgendwelche Gebete, rhythmisch, er taumelt mit dem rauchenden, stinkenden Zauberkraut in der Hand den Gang hinab, weiter fächelnd durchs Haus, auf dem Schritt gefolgt von Johann Rudolf, der darüber wacht, dass der Schamane mit der fliegenden Glut des lodernden Besens nichts in Brand steckt, Bastmatten, Vorhänge, Wäschekörbe, das Haus ist aus Holz. Unten, durch die Verandatür endlich ins Freie gelangt, wirft der Indianer den glimmenden Stummel zu Boden und stampft mit den nackten Füssen darauf herum, während er schrecklich dazu jault wie ein Wolf. Die Hunde im Pferch stimmen ein in den Gesang, der Esel schreit, dann die Gänse, und auf der Koppel wiehern die Pferde.

«*Yes-yes!*», sagt der Schamane und setzt sich in den Schaukelstuhl.

«Rum?»

Er schaut Johann Rudolf an. Er zeigt dabei keinerlei Gefühlsregung, ganz im Gegensatz zu gerade eben, als er tanzte und sein Gesicht sich schauerlich verzog. Johann Rudolf bringt ihm eine Flasche Rum und ein Glas. Der Schamane öffnet sie und schenkt sich ein. Trinkt, schaut ihn an und sagt:

«Rum-Rum!»

Johann Rudolf bringt ihm eine zweite Flasche. Der Indianer nimmt sie entgegen und steckt die beiden Flaschen in einen Beutel, den er umgehängt auf der Brust trägt. Dann macht er sich davon, durch den Park zu seinem Schimmel, der da noch immer mitten auf dem Rasen steht und weidet, schwingt sich auf seinen Rücken und reitet davon.

Ein Mirakel, die Groenberg ist wie verwandelt. Nach dem Besuch des Schamanen bricht eine Zeit der Stärke an, des anhaltenden Gelingens, gute Zeiten, wie man sagt. Die Zweisamkeit ist voller Glück. Johann Rudolf kümmert sich erfolgreich um seine Geschäfte, der Handel blüht, die Groenberg erstrahlt, eine innere Zufriedenheit geht von ihr aus, sie hat ihre Leichtigkeit wiedererlangt, das Leben ist eine Lust. Keine Besäufnisse mehr. Ihre Aufgaben in Haus und Hof übernimmt sie mit Freuden, mit sicherem Gespür, wie zu Beginn ihrer Ehe, die Kinder werden von ihr umsorgt. Der kleine Jakob Rudolf ist ihr neuer Hahn im Korb, mit seinen vier Jahren hat sie mit ihm alle Hände voll zu tun, alles in allem sind es Glanzzeiten auch der kleinen Familie, man spielt Scharaden, Pfandspiele, man spielt Verstecken im Park. Jan Harry, der grössere von beiden, darf zu seinem Vater aufs Pferd, wenn er abends nach Hause kommt, er hebt ihn in den Sattel und reitet mit ihm einmal um den Park. Jakob ist dafür noch zu klein, wie der Papa meint. So findet allabendlich ein kleines Drama statt, ein lautes Gezeter und Geschrei hebt an, wenn Jakob, der ihn abgepasst hat, schon wieder nicht auf dem Pferd reiten darf.

Dann und wann, man kann nicht wissen wann genau, ob bei Vollmond oder wenn er leer ist, erscheint der Indianer. Die Groenberg scheint Gefallen zu finden an seinen Besuchen, sie nennt ihn ihren wilden Leibarzt und versorgt ihn jedes Mal mit Rum. Er kommt und geht, ganz wie er will, geht im Haus ein und aus, steigt die Treppe zu Groenbergs Zimmer hoch und schliesst sich mit ihr ein. Bis es dem Hausherrn eines Tages reicht, und er ihn, in aller Klarheit und mit einer Strenge, die, wie er denkt, auch für Arowacken lesbar ist, ein für alle Mal hinauskomplimentiert. Gastrecht hin oder her, das geht dann doch zu weit.

Dennoch scheint die Blütezeit anzuhalten, die Groenberg ist voller Tatendrang und trinkt nicht mehr, nur ab und zu ein Gläschen mit Johann Rudolf, zur Feier des Tages, etwa dann, wenn sie ihm eröffnet, erneut guter Hoffnung zu sein. Für Jan Harry nimmt sie sich eine Missi, die sie bei der Kinderpflege unterstützt.

Auch für den Fortschritt der Handelsgeschäfte mit Kaffee und Zucker zeigt sie reges Interesse, nimmt mit wachem Sinn und Sorge Anteil an der Entwicklung der Dinge auf den Plantagen. Sie befasst sich mit Fragen der Haltung von Sklaven, erörtert mit Johann Rudolf das Problem des Nachschubs. Wer soll in Zukunft die Felder bestellen, woher nimmt man die Pflücker? Die verheerende Politik der Engländer, dann die neuen Gesetze in den Vereinigten Staaten, die Sklaverei mit Piraterie gleichsetzen, worauf die Todesstrafe steht. Wohin soll das noch führen? Johann Rudolfs Vorstellung ist es, dass einst die Creolen selbst für Nachwuchs sorgen werden, man müsse sie nur gut behandeln, sie sollten gar belohnt werden. Wenn sie gute Arbeit leisteten, sollten sie auch irgendwann ihre Freiheit erlangen können. Hoffnung sei die stärkste Triebfeder, der Mensch brauche einen Anreiz für sein Tun.

Die Groenberg hat dafür nur Kopfschütteln übrig. Man könne ja bei den *Maroons* sehen, was dann geschehe. Die Buschneger hätten ihre Freiheit bekommen, obwohl sie ihren Herren entlaufen seien und zum Dank hätten sie Plantagen überfallen und andere Sklaven befreit, sodass es in den Kolonien zum Schutz der Grundbesitzer immer mehr Militär brauche. Solche Politik sei nichts als Augenwischerei.

Bis es soweit sei und die Creolen selbst für Nachschub sorgen, sei es ein weiter Weg, es bedürfe bis dahin noch einiger weiterer Transporte, räumt Johann Rudolf ein, auch wenn diese immer schwieriger durchzuführen seien und finanziell sowieso ein grosses Risiko darstellten. Aber er habe da seinen eigenen Plan. Mit den Franzosen sei nach wie vor zu rechnen, Napoleon habe die Gesetze wieder entsprechend angepasst.

«Mir schwebt vor», sagt er und schaut dabei in eine unbestimmte Ferne, «statt der herkömmlichen Sklaverei so ein Prinzip wie etwa bei den *Engagés* einzuführen, eine Knechtschaft auf Zeit, bei der keine Sklaven in Ketten mehr kommen, sondern kräftige Landarbeiter, die in den Kolonien angesiedelt werden.»

Darin allein sehe er die Zukunft. Menschlichkeit sei durchaus ein Geschäftsfeld, bis anhin einfach noch kein recht bewirtschaftetes. In Nantes habe er einen Partner, Christophe Bourcard, mit dem lasse sich so ein Projekt realisieren.

Einzig die Aussicht, als die grossen Erneuerer Surinams in die Geschichte einzugehen, als weitblickende Pioniere, die der Zukunft der Kolonie die Türen öffnen, kann die Groenberg von Johann Rudolfs Idee überzeugen. Die Zeiten haben sich geändert, das muss auch sie erkennen, und das Rad der Zeit lässt sich nicht zurückdrehen. Wenn als solche Vordenker ihre gesellschaftliche Bedeutung weiter steigt, dann ist sie willens, an der Seite ihres Mannes die Zügel an die Hand zu nehmen.

Sie hat grosse Pläne. Sie möchte die Pflanzungen umgehend erweitern, Rodungen vornehmen für weitere Kaffeebäume, am Fluss eine grössere Zuckermühle bauen. Und sie will sofort damit beginnen, schon morgen. Johann Rudolf muss ihren Ehrgeiz vorerst unbefriedigt lassen, weil erst Schattenbäume gepflanzt werden müssen, Bäume, die man zum Licht- und Windschutz hochwachsen lässt, da die Arabica-Kaffeepflanzen kein direktes Sonnenlicht vertragen. Auch müssen erst neue Reihen von Negerhäusern aufgestellt werden, jedes mit einem Gärtchen, damit sich die Pflücker gut ernähren können. Die Strassen müssen mit Kokos- und Ambarellabäumen bepflanzt werden. Und wie gesagt, es müssen weitere Sklaven her, so lange überhaupt noch welche angeboten werden. Sie werden immer teurer.

Auf dem Markt sind heute nur drei Stück zu haben, die als rechte Arbeitssklaven infrage kommen, geschätzte 30 bis 35 Jahre, nicht mehr die jüngsten, aber alle drei über 6 Fuss und ohne körperlichen Defekt, ordentlich präsentiert, die Körper geschoren und gesalbt, ziemlich muskulös, gut genährt, gesunde Zähne, klarer Blick. Peter, Justin und Woolie. Sie werden versteigert, die Preise werden hochgetrieben, sie schiessen durch die Decke, es ist grotesk, es gehen alle drei für über 2000 Pfund das Stück. Doch immerhin, man kriegt sie alle drei zugeschlagen und bringt sie heim nach Charlottenburg.

Was ist der gerechte Preis für einen guten Sklaven? Wer weiss das schon? Das alte Spiel von Angebot und Nachfrage, der freie Markt bestimmt den Wert. An den Küsten Afrikas wird sich wohl ein deutlicher Preiszerfall bemerkbar machen, wenn fast alle Länder die Einfuhr gesetzlich unterbinden. Die Händler werden auf ihrer Ware sitzen bleiben und in den Häfen ihre Daumen drehen. Da müssten sich, frei nach

Adam Riese, bei geschicktem Vorgehen wohl noch immer ganz gute Gewinne erzielen lassen.

Vorbei sind jedenfalls die Zeiten, als man die Sklaven von Stammesfürsten für ein paar Tausend Kaurimuscheln kaufte, heute geht alles nur mehr gegen gutes Geld oder im Tausch mit begehrter Ware aus Europa. Das macht den Handel mit den Kolonien ja noch immer so interessant. Aus Eigenfabrikation die bedruckten Seidenstoffe mit eigenen Schiffen nach Afrika, dort mit den Sklaven beladen, diese hier verkaufen und auf der Rückreise nach Europa exportiert man Zucker, Kaffee von den eigenen Plantagen in der neuen Welt. Das Modell war über all die Jahre so erfolgreich, es wäre Frevel, es zu verändern.

Sich Gedanken zu machen, woher die feilgebotene Ware, die man einkauft, stammt, sich die Umstände auszumalen, unter denen die Sklaven in den Besitz der Stammesfürsten und der Händler gekommen sind, verbietet sich von selbst. Es ist das Geschäft der Missionare, sich dieser Geschichten anzunehmen.

Er übergibt Peter, Justin und Woolie dem Captain. Sie werden in einem Haus mit zwei älteren, bewährten Sklaven untergebracht.

Anderntags, bereits um fünf in der Früh, bevor der Hahn kräht, holt ihn ein beharrlicher Weckruf der Groenberg aus den Träumen.

«*Morning roll call!*», schreit sie durch den Flur. Um sechs Uhr, kurz vor Tagesanbruch, ist für die Feldsklaven der Morgenappell des Captain im Park. Sie will ihren Mann heute beim Inspektionsritt durch die Plantagen begleiten. Voller Unternehmungslust wirbelt sie durchs Haus und gibt markige Orders an Missi und an die Boys in der Küche.

«Porridge, dalli dalli. Und meine Stute mit dem Damensattel, sechs Uhr fünfzig, verstanden?»

Nach Sonnenaufgang reiten sie zur Zuckerplantage bei der Mündung. Die Inspektion der alten Mühle und des Sudhauses zeigt, dass für eine Steigerung der Produktion ein zweites Bauwerk unerlässlich ist, es zudem eines weiteren Kanals bedarf, um die neue Mühle anzutreiben. Auch müssen grössere Sudkessel her für die zu erwartenden Erträge, die bestehende Anlage vermochte schon die letzten Ernten kaum noch zu bewältigen. Sie platzt aus allen Nähten. Also, unverzüglich mit dem Bau beginnen, schliesst die Groenberg.

Es geht gegen Mittag, die Sonne brennt vom Himmel, ausser den Sklaven geht keiner mehr ohne Sonnenschirm. Auch die Groenberg, in ihrem Dreihornsattel im Damensitz zu Pferd, öffnet ihren Knicker. Der nächste Besuch gilt der Sklaventruppe in den neuen Feldern. Das gepflügte Feld wird mit Stecklingen besetzt, im Abstand von einem Schritt werden in die Reihen die Zuckerpflanzen eingesetzt, Trieb um Trieb. Eine Kolonne von zwei Dutzend Sklaven harkt von blosser Hand die Löcher in den Boden und setzt die Stecklinge in die Furchen, schüttet Erde drauf, Loch um Loch, Schritt um Schritt, gebeugte Rücken, die Luft flimmert unter der prallen Tropensonne in der Mittagshitze, während in angemessener Distanz der Capt'n im Schatten unterm Kolabaum im Feldstuhl sitzt und döst, Banquo, sein hechelnder Schäferhund bei Fuss. Johann Rudolf steigt vom Pferd und setzt sich zum Capt'n, während die Groenberg zur Kolonne reitet, sie wünscht die Feldarbeiter zu begutachten, nachdem sie von Weitem zu erkennen geglaubt hat, dass sich Justin, der Neue, eine Pause gönnt und Woolie eine Prise Schnupftabak gereicht hat.

Der Capt'n berichtet Johann Rudolf vom bisherigen Gang der Feldarbeit, dass man die anvisierten Tagesziele gut erreichen werde, man komme zügig voran, als sie plötzlich Schreie hören. Die Groenberg drischt mit der Reitpeitsche auf Justin ein, wieder und wieder.

Johann Rudolf erhebt sich und brüllt: «Aufhören! Sofort aufhören!»

Er entschuldigt sich umgehend beim Capt'n. Die Bestrafung der Sklaven liege in jedem Fall auch weiterhin – er werde dafür sorgen – in der alleinigen Kompetenz des Aufsehers.

Die Übung, wie er es jetzt nennt, wird abgebrochen, Johann Rudolf ist ausser sich. Auf dem Ritt nach Hause sagt er der Groenberg alle Schande. Was ihr einfalle, auf die Neger loszuprügeln? Es liege nicht an ihr, die Sklaven zu züchtigen, das werde Konsequenzen haben. Ihr Benehmen sei ein Skandal, ihr Vorgehen indiskutabel, er verbiete ihr bis auf Weiteres, das Haus zu verlassen, er werde nicht länger mit ansehen, wie sie sich Freiheiten herausnehme, die ihr nicht zuständen, ein Mannweib, man mache sich ja lächerlich. Die Groenberg würdigt ihn keines Blickes, steigt im Park vom Pferd und lässt die Stute stehen. Sie macht sich auf ins Haus und verschwindet in ihrem Schlafzimmer.

Nicht nur, dass er gezwungen ist, die Groenberg in die Schranken zu weisen und zu massregeln, der Vorfall bewegt Johann Rudolf noch weit mehr, die Sache ist damit nicht erledigt. Sein innerstes Wesen ist getroffen, es stellen sich ihm Fragen, die er sich bisher nie gestellt hat und die verborgen in den Tiefen seiner Seele auf eine Antwort warten. Die Episode steht auch für die Ehe, die er mit der Groenberg eingegangen ist, sie ist wie eine Kristallvase, die in die Brüche gegangen ist, als hätte die Groenberg mit einem spitzen Hammer und mit Präzision genau an jene Stelle auf das Glas eingeschlagen, an dem die Spannung des Gefässes am grössten ist, und darauf das fragile Ding in tausend Stücke zersprang, nicht in einzelne Scherben, die kunstvoll wieder zusammengefügt werden können, die Daseinsform als Vase hat sie jetzt endgültig verlassen. Bis zum Nachtmahl kann die Eskalation noch vermieden werden, weil bis dahin die Groenberg sich nicht mehr blicken lässt. Doch dann, bei Tisch, nach der Suppe, die sie wortlos und jeden Blickkontakt vermeidend geschlürft haben, wird der Streit zur offenen Schlacht.

«Abscheulich, so etwas. Anders kann man das nicht nennen», sagt Johann Rudolf plötzlich.

Die Groenberg schmeisst ihm daraufhin die Serviette ins Gesicht, Johann Rudolf haut mit der Faust auf die Tischplatte, dann fliegen Teller durch die Luft, Gläser zerschellen am Boden, es fällt der Spiegel von der Wand.

«Du bist ein Schwächling, ein feiger Schwächling!»

Sie vergleicht Johann Rudolf mit dem Dackel, der sich bei Gewitter unters Sofa verkriecht, eine Memme ohne Eier sei er, er habe nie das Zeug zu einem Pionier gehabt, nicht wie seine Vorfahren. Die ersten Siedler hätten Mut bewiesen, hätten sich gegen all die Wilden durchgesetzt, die Menschen von damals hätten Leidenschaft besessen und die nötige Energie, sich hier zu behaupten.

«Die Zeiten haben sich geändert. Das sind Menschen!»

Zum Fortschritt gehöre Menschlichkeit. Das sei sein Beitrag zur Entwicklung, entgegnet Johann Rudolf. Auch er sei gewillt hier im Land Geschichte zu schreiben, aber ganz gewiss nicht mehr so wie die Väter, ohne Vernunft und fern von aller Humanität. Er sei schliesslich kein Barbar. Er redet sich in Rage, die Gedanken entwickelt er im Moment, aus tiefstem Grund kommt es aus ihm heraus, in heiligem Zorn wettert er gegen die sogenannten Helden, gegen eben jene Vorfahren, die damals ihre Sklaven enthaupteten, wenn sie wegliefen, die zur Abschreckung die Köpfe der Neger auf Pfähle aufspiessten. Er, Johann Rudolf, wolle vom Fortschritt reden, und der sei erst zu haben, wenn man die Menschen, die man zur Arbeit ja zweifellos benötige, auch anständig behandle. Er erhebt den Finger, um seinem Gedanken Nachdruck zu verleihen: «Guten Willens kann nur sein, wer aus freiem Willen handelt!»

Sie äfft ihn nach, hebt den Finger und entgegnet in gehobenem Ton: «... sagte der Pflanzer und verschloss die Augen vor der Wirklichkeit! Du verrätst deine Ahnen, mein undankbarer, lieber Mann!»

Die Türen beider Schlafzimmer werden von innen zugeschlagen, doch die Kirche bleibt vorderhand noch im Dorf, denn anderntags ist die Groenberg wie ein umgedrehter Handschuh, entschuldigt sich für ihre Entgleisung, wie sie den Vorfall nennt. Johann Rudolf derweil hat sich, erregt vom Streit und schlaflos, insgeheim den Aufbruch aus den Tropen zurechtgeschmiedet, zurück in seine Heimat.

Die Groenberg befolgt seine Anweisung, verlässt das Haus nicht mehr und kümmert sich nur um ihre eigenen Angelegenheiten. Sie lädt, wie das in der Kolonie Brauch und Sitte ist, andere freie schwarze und farbige Frauen zu Treffen ein. Zu den Abendgesellschaften werden die Negerinnen, Mulattinnen und Mestizinnen von ihren eigenen Sklavinnen begleitet, und dann wird getanzt und gesungen. Dafür lässt sie im Park ein Zelt aufstellen, illuminiert von Kirchenlichtern und Laternen. Es kommen jedes Mal ein, zwei, sogar mehrere Dutzend Weiber zur Versammlung. Chorgesänge dienen als eine Art Gerichtsbarkeit, wenn etwa Streitigkeiten unter Rivalinnen ausgehandelt werden. Der Chor stellt das Tribunal dar, in Wechselrede mit dem Vortrag einer Klägerin, die aufgefordert wird, in die Mitte zu treten, ihr Anliegen in Versform singend und tanzend darzulegen. Alle anderen klatschen mit den Händen den Takt, mit Trommeln, Rasseln, Muschelketten, stampfen den Rhythmus mit den Füssen und wiederholen reihum die Verse. Der Chor stimmt ein, wieder und wieder.

Einmal ist die Reihe an Groenberg. – Ihr Mann der hat ein Bastardkind / Jan Harry heisst der Kleine / Jetzt frag ich dich, jetzt frag ich alle, die hier versammelt sind / *Is she his mama? / No, no, no! / She ain't his mama, no! / Is she his mama? / No, no, no! / She ain't his mama, no!*

Die Groenberg kommt eines Tages zu Johann Rudolf und sagt ihm, dass sie nicht länger gewillt sei, besonders, wenn im Frühjahr ihr zweites Kind zur Welt komme, für den kleinen Jan Harry die gute Mama zu spielen, er sei in Wahrheit ja ein Bastard, auch wenn er Ryhiner heisse. Er möge ihn, wenn er nach Europa fahre, doch gleich mitnehmen und seinen Verwandten zur Erziehung überlassen, mit ihr habe der Kleine schliesslich nichts gemein, er stamme aus einer Aventüre mit einer Sklavin.

Siebtes Kapitel

Nantes an der Loire ist die letzte Station vor seiner Abreise in die Tropen. Johann Rudolf nutzt die Gelegenheit, Christophe Bourcard zu besuchen, Basler Handelsmann und Sohn von Christoph Burckhardt. Mit Beteiligungen des väterlichen Handelshauses im Segerhof, der Frères Merian und seines Onkels Johann Battier investiert seine Firma *Bourcard Fils et Compagnie* mit wechselndem Glück in den Seehandel.

Am Quai de la Fosse stehen die alten Briggs und Schoner, die als Handelsschiffe ausgedient haben. Sie werden hier zu *négriers* umgebaut, zum Transport der Sklaven werden Zwischenböden in die Frachträume gelegt. Bourcards Beteiligungen sind heute aber auf Korsarenfahrten ausgerichtet, nach unrühmlich verspielten Einsätzen für die von allem Pech der Welt verfolgte *Intrépide,* deren jämmerliche und verlustreiche Irrfahrt in einem Fiasko endete und jahrelange Prozesse zur Folge hatte, wie Bourcard freimütig zugibt.

«Seit einiger Zeit setze ich ausschliesslich auf die *guerre de course*», sagt er, «Kaperei auf offener See, die in aller Legalität die französische Marine im Seekrieg unterstützt. Aktive Embargopolitik, wenn du so willst. Ausgestattet mit einem Kaperbrief, der *lettre de marque* aus Paris, hat man dabei die Aufgabe, feindliche Handelsschiffe zu überfallen und das Schiff mit der beschlagnahmten Fracht im nächsten Hafen zu verkaufen.»

Sie schlendern den betriebsamen Kai entlang, an dem auf einer Länge von mehr als einer halben Meile die Schiffe vertäut sind, Holz wird entladen, Kaffee in Säcken, Zucker in Fässern, in vielen Schiffsrümpfen wird gearbeitet, Masten werden aufgerichtet, Takelwerk repariert und Planken geschrubbt. Am Ende der Hafenmauer zeigt Bourcard auf einen Dreimaster.

«Den lasse ich auf eigene Rechnung mit Kanonen bewaffnen, man nimmt dafür wendige Fregatten und Schaluppen wie diese hier, heuere einen erfahrenen Korsarenkapitän und eine Mannschaft von Abenteurern an und schicke sie auf Jagd durch die Meere. Klar, die muss man dann auch vertraglich an den Erträgen aus den Prisen beteiligen.»

Er ereifert sich, in diesen Zeiten der Seeblockaden und der Kriege sei jedes Geschäftsfeld, werde jeder Handel schwierig, es käme überall zu Engpässen in der Versorgung und immer häufiger zu Konkursen, der ewige Kampf um die Rückzahlung bei den säumigen Schuldnern, bei Fabrikanten, die ihre Wechsel nicht einlösen können, treibe ihn noch in den Wahnsinn. Alle Geschäfte mit Krediten gerieten hier ins Stocken. Und der Druck der Basler Aktionäre, der Druck seines eigenen Vaters auf ihn nehme täglich zu. Es sei zum Verzweifeln. Johann Rudolf sei dagegen ein wahres Glückskind, er bitte um Verzeihung für das Wort Glückskind in diesem Zusammenhang, nachdem sein Vater ja erst kürzlich gestorben sei, aber – «du bist jetzt dein eigener Herr und Meister», sagt Bourcard. Trittst das Erbe an und kannst auf den Plantagen in Surinam schalten und walten, wie du willst, übernimmst einen hochrentablen, produzierenden Betrieb ohne Schulden und kannst das Exportgeschäft in eigener Verantwortung auch noch selbst an die Hand nehmen.»

Und irgendwann, glaubt Bourcard, früher oder später, werde auch der Sklavenhandel wieder aufgenommen und für Nachschub sorgen, wenn wie Frankreich auch andere

Länder zur Einsicht gelangen, dass die Kolonien ohne fremde Arbeitskraft gar nicht zu halten sind.

Anderntags schifft sich Johann Rudolf zur Überfahrt nach Barbados und Surinam auf der *Tonnerre de Dieu* ein. Vorsichtshalber, bevor er das Schiff über die Brücke betritt, fragt er den Kapitän, um welche Art Fracht es sich denn handle, die er über den Atlantik bringe. Ausschliesslich um legale Ware, sauber verzollt und mit allen Papieren versehen, er müsse keine Angst haben, wird er versichert. Nein, Angst habe er nicht, sagt Johann Rudolf, er sei nur neugierig. Kurzum, auch wenn er es genauer wissen wolle, könne er ihm leider nichts weiteres sagen, als dass es sich um diverse Ware handle, gemischt, dies und das, er wolle da nicht ins Detail gehen, das sei allein seine Sache. Im Notfall habe man 14 Kanonen an Bord, damit könne man jeden verdammten Korsaren das Fürchten lehren, der sich in die Nähe des Schiffes wage, und Gewehre seien auch in genügender Anzahl an Bord, da könne er ruhig schlafen. Capitaine Rascasse ist das Ebenbild des Seebären aus dem Piratenbuch seiner Kindheit, wie Johann Rudolf sich erinnert. Rascasse trägt tatsächlich einen verwitterten Dreizack auf dem Kopf, einen verfilzten schwarzen Vollbart im pockennarbigen Gesicht und hat ein Holzbein.

Der Schoner, französische Flagge, zwei Masten, vielleicht 25 Mann Besatzung, 8 Passagiere an Bord. Es ist Johann Rudolfs erste Seereise. Die Segel werden gesetzt, Schratsegel, wie er lernt, sie dienen als Hauptsegel, dann die Focksegel, Stagsegel, Marssegel. Das Tauwerk ächzt, sie legen ab, hinaus in den Atlantischen Ozean, 3700 Seemeilen vor sich. Mit steifer Backstagbrise auf direktem Kurs Atlantis zu, wie Rascasse behauptet, die Küstengewässer der Azoren würden sie umsegeln, denn da tummle sich das Freibeuterpack, kreuze herum, auf und ab und hin und her auf seiner Jagd nach Beute, es sei eine Plage.

Johann Rudolf ist sich zu Beginn der Reise noch nicht im Klaren, ob er seefest ist, bleibt vorsichtshalber den ganzen Tag an der frischen Luft auf Deck und schaut aufs offene Meer hinaus, auf das graublaue mit den weissen Schaumkronen auf den Wellen. Tümmler begleiten das Schiff, manchmal sieht man in der Ferne einen Wal. Abends, vor dem immer gleichen schweren Mahl, das einem vor Sonnenuntergang serviert wird, einem öltriefenden Eintopf von unbeschreiblicher Farbe mit Hartkeks, schreibt Johann Rudolf in sein Tagebuch, das er, etwas wichtigtuerisch vor der Abreise «Aufbruch in das wahre Leben – Auf Pilgerreise zu mir selbst» betitelte. Der Eintrag auf der dritten Seite wird jedoch der einzige sein, noch ein Tagebuch, das er nicht weiterführt, weil, erstens, die Gleichförmigkeit der Tage auf der Seereise es ihm schwer machen, zum bereits Gesagten etwas Erwähnenswertes hinzuzufügen, ausser vielleicht, dass aus heiterem Himmel plötzlich eine Möwe über dem Schiff aufgetaucht ist, und weil er, zweitens, bisher nie den Ehrgeiz hatte, literarische Spuren zu hinterlassen, und im Übrigen, drittens, er dazu weder Neigung noch Begabung besitzt. Das Leben ist ihm schon Dichtung genug. Johann Rudolf hält sich da lieber an die Realität. *Stedmans Nachrichten von Suriname, dem letzten Aufruhr der dortigen Negersclaven und ihrer Bezwingung* von John Gabriel Stedman, einem Offizier der Niederländischen Truppen, ist seine Lektüre in seiner kleinen Kajüte mit dem eingebauten Bett. Der Bericht erzählt eindrücklich von den

Zuständen, die noch zu Zeiten des alten Faesch im Land geherrscht haben, und wie unmenschlich die Plantagenbesitzer damals mit den Sklaven umgegangen sind. Er erzählt auch von der Liebesgeschichte, die Stedman mit der jungen Sklavin Joanne hatte.

Leider kann er nicht weiterlesen. Er wird seekrank. Die Linsensuppe mit der fetten Wurst und der vermanschten Makrele im Eintopf lassen es nicht zu. Sein Magen lässt es nicht zu, genauer. Im Geschaukel keine weitere Zeile mehr, bitte. Nur ruhig atmen. Brechreiz unterdrücken, nichts denken. Er hört dem leisen Stöhnen der Planken zu, sieht durch das Bullauge, wie im hellen Mondlicht die Wolken vorbeiziehen, wie sie nach und nach das Himmelszelt verdunkeln, während die Wellentäler immer tiefer werden und die Berge höher.

«Hier ragte einst das blühende Reich Atlantis aus den Fluten, das verschwundene, das plötzlich untergegangene, auf dem dunklen Seegrund in tausend Klafter Tiefe liegt es unter uns begraben», verkündet ihm am anderen Morgen mit lauter Stimme der Kapitän. Er brüllt gegen den böig aufgefrischten Wind an, der inzwischen Sturmstärke aufweist, und lässt die Segel reffen. Von Abwettern oder Beidrehen sei jedoch noch lange nicht die Rede, es handle sich nur um eine Mütze voll Wind, man bleibe stramm auf Kurs, doch sei es nötig, das Sturmfock zu hissen, gleich erreiche man die Wetterfront, da vorne, wo er die schwarzen Wolken sehe, man steure geradewegs auf sie zu, da komme, ohne nass zu werden, keiner durch, man möge sich doch ins Innere des Schiffes begeben, er selbst werde sich nun besser an den Steuerstand gurten, Sicherheit gehe vor.

Im vorderen Deckshaus, in dem die Mahlzeiten eingenommen werden und das auch als Salon dient, sitzt Yankev
Glatshteyn, der Musikus, alleine an seiner kleinen Balda-
chinorgel, einem Orgelkasten mit Blasebalg, am Instrument,
das er nach Bridgetown auf Barbados zu überführen den
Auftrag hat, in die dortige Synogoge *Nidhe Israel*. Er gibt
die Geschichte gerne zum Besten, jedem, der danach fragt
erzählt er sie, und ja, auch die Christen würden ihren Tem-
pel nutzen, das sagt er immer wieder.

«Herr Ryhiner, welch ein Wetter! Sie kommen wie ge-
rufen, wie gesandt vom Himmel, wir haben ja den selben
Gott, nicht wahr, Jahwe wird uns beistehen, wenn Sie so gut
sein wollen, mir den Blasebalg zu bedienen, ich werde uns
musikalisch durch den Sturm manövrieren, bitte sehr.»

Die Wetterfront haben sie inzwischen erreicht, es toben
die Elemente, Blitze zucken. Glatshteyn ist ein begnadeter
Musiker, spielt und spielt. Scarlatti, Bach und Telemann.
Johann Rudolf sitzt neben ihm am Blasebalg, wird weggetragen von der Kunst, vergessen ist der Sturm, der draussen immer stärker wird. Sie trinken sich Mut an angesichts
der entfesselten Kräfte der Natur, sie kippen Schnaps um
Schnaps, um nicht zu schreien wenn die Bark im freien
Fall knarrend hinunterstürzt ins Wellental, wenn sie nach
einer Weile hochgehoben wird, ächzend hinauf zum Himmel, das Wasser bricht aus den tiefen Wolken aufs Schiff-
deck hinab, der Regen prasselt zornig auf die Wellen nieder,
es wird einem angst und bange. An eine Mahlzeit ist jetzt
nicht mehr zu denken, verkrochen sind alle anderen Passagiere. Die Matrosen brüllen draussen auf der Takelage, strei-
chen alle Segel bis auf eins, es flattert im Wind wie ein trauriges weisses Fählein, das gehisst bleibt in der Sturmnacht,
nichts geht mehr. Nur zu hoffen, dass kein Mast bricht.

«Willst du mit mir zu Gott singen?», fragt ihn Glatshteyn. Ein paar *niggunim*, ein paar Klagelieder, Gebete, die jetzt nötig seien angesichts des nahenden Untergangs.

«*Na-na-na / ja-ba-bam / ra-la-la / ai-ai-ai.*»

Zum ersten Mal seit dem Vortrag mit der Gesangselite anlässlich der reformierten Kirchensynode im Jahr 1795 des Humanistischen Gymnasiums im Basler Münster singt Johann Rudolf jetzt mit aller Inbrunst mit. Es überkommt ihn die Gänsehaut, derweil sie auf ihren Hockern, zeitgleich, fast unmerklich langsam hinabgleiten, von der Schwerkraft getrieben, von einer Ecke des Salons hinab zum anderen Ende des Raumes, samt Teppich auf dem die Orgel steht – und dann zurück, dahin, wo sie hergekommen sind, ins Eck am anderen Ende des Salons. Hin und her und wieder auf und ab. Als nach einer nächsten Talfahrt, nach dem Aufprall in der Sohle, eine Welle aufs Deck des Schiffes schwappt und die Gischt in einem Schwall krachend ans Fenster geworfen wird, verstummt ihr Gesang. Dann geht das Schiff erneut auf Bergfahrt.

Glatshteyn fragt, ob er jetzt nicht besser den Gesang nur noch *ungesungen* wiedergeben solle, was ja dem eigentlichen Kern der Musik entspreche, in Wahrheit ihre Essenz sei, frei gestaltet durch die Eingebung in stiller Einkehr statt rezitiert in vorgegebener Melodie, wo also das Göttliche in der friedvollen geistigen Konzentration am besten zum Ausdruck komme?

Inmitten des tosenden Sturms, der draussen wütet, lauschen die beiden dem stummen Gebet der Töne, himmlischen Gesängen, die der Orgel bei Glatshteyns Spiel mit den Tasten entweichen, vom Atem des Blasebalgs angetrieben. Und sie fahren auf ihrem Teppich langsam durch den Raum.

«Das Leben entsteht im Wasser, und das Wasser wird es nehmen!», sagt Glatshteyn, «wenn uns nicht ein Wunder rettet!»

Als das harte Aufschlagen erst einer rollenden Bewegung, dann einem vergleichsweise sanften Heben und Senken des Rumpfes weicht, sie wie die sprichwörtliche Nussschale auf den Wellen sanft auf und abgleiten, das Brausen und Heulen um das Deckshaus im Sturm nachlässt, wird ihnen klar, endlich hat der Kapitän nachgegeben, hat beigedreht, ist abgefallen vom steilen Kurs gegen den Wind.

«*Le Chaim!,* mein Freund, auf ein neues Leben!», trinkt und zerschlägt das Glas.

«Auf dass wir immer einen Grund zum Feiern haben!»

«Ist das russisch oder askenasisch?», fragt Johann Rudolf, von Todesangst noch immer gezeichnet, mit aufgerissenen Augen.

Yankev Glatshteyn singt,
Aus den Tiefen und den Tiefernochen,
Slawisch, Liebawisch und Türkawisch,
Liachisch, Kazachisch,
Griechisch und Teutonisch,
Kaukasisch, Aschkenasisch,
Karpatisch und Asatisch -
unser Sprachgelärme,
unser trauriges Allgemurmel,
undser ruml, undser schuml,
undser letwisch, undser
ljutwitsch, shargonino,
schlanker denger,
blonder senger,
sing, ladino!

«Schön!», sagt Johann Rudolf nur, er findet keinen treffenderen Ausdruck, sagt also schön.

Dann: «Ja, lass uns trinken, auf unser Leben!»

«A Mensch is a Mensch, anders sind nur die anderen!, nicht wahr. Und Sie, mein Freund?»

«Ich komme aus Basel, und bin nicht ganz so lebenslustig. Sind Sie denn Russe?»

«Gestatten, ich stell mich Ihnen noch einmal vor, Yankev Glatshteyn, ohne Alter, ohne Zeit, *no address, no money, no home,* war schon immer da, und werde erst geboren, am 20. August 1896 in Lublin, im Russischen Kaiserreich, bin stets auf Reisen durch die Welt, können Sie pfeifen?»

«Wieso pfeifen? Ich kann nicht besonders gut pfeifen, einem Hund kann ich pfeifen, aber sonst …»

«Verkakt, ist ja zum Hailen! Dann pfeif ich besser mal alleine. Hier, ich spiel was in G-Dur, unbedingt in Dur bei dem Wetter, was Strahlendes, was Hüpfendes, hier, das Concerto Nummer drei für zwei Orgeln von Padre Antonio Soler, die eine Stimme gepfiffen, die andere georgelt. Bitte, wenn schon nicht Pfeifen, dann wenigstens Blasen!»

Johann Rudolf hebt den Balg, er füllt sich mit Luft und Glatshteyn spielt das Thema auf der Orgel und legt die zweite Stimme virtuos in reinstem Ton gepfiffen obendrauf, setzt sie mit gespitzten Lippen lustig dagegen, verschränkt sie mit der ersten zu einem ergreifenden Ganzen, die Melodie erinnert an das Spiel einer Drehorgel, zugleich munter und melancholisch.

Als nur die Orgelstimme spielt, wirft Glatshteyn dazwischen: «Ganz schön keck, wie das tanzt und hüpft, nicht wahr, für einen geistlichen Herrn, einen *padre!* Und nachher spielen wir Karten, bis der Morgen graut!»

Er beendet das Stück und steht von der Orgel auf.

«Welche Kartenspiele kennt man denn in Basel? *As Nas, Bouillotte, Poch?*»

«Bis der Sturm sich legt, wird diese Nacht *gezschockt*», sagt Glatshteyn.

Er borgt sich ein paar *Francs* Startkapital bei Johann Rudolf, man einigt sich auf *As Nas,* französische Karten. As, König, Dame, Bube, Zehn. Einsatz, Bieten, Passen, Halten, Erhöhen, Aussteigen, sie wetten auf das beste Blatt.

Ist es noch spät in der Nacht oder schon früh am anderen Morgen? Noch immer ist die See rau, der Regen hat inzwischen nachgelassen, man segelt wieder auf dem alten Kurs, das Schwanken des Schiffes durch die langen Wellen geht noch immer hoch und nieder, wie ein Wiegen in den Armen eines Riesen, in der Krängung hart am Wind. Als Glatshteyn wieder blank ist, bittet er um ein paar weitere *Francs* Kredit, – «Gehen wir unter, bleiben wir stehn? Gehn wir weiter, wir werden es sehn!»

Runde für Runde wird auf das eigene Glück gesetzt, der Gegner getäuscht, wer hat die besseren Karten? Eine weitere Flasche Branntwein hilft bei der Entscheidung. Glatshteyn hat ein ordentliches Häuflein Münzen erspielt, es geht um alles oder nichts.

«*All in!*», fordert Johann Rudolf.

Glatshteyn zieht mit, setzt all sein Kapital aus den gewonnenen Partien, wirft es in den Pott und zeigt ein höheres Blatt, streicht die angehäufte Summe schmunzelnd ein:

«So ist das Leben, es meint es gut mit einem», sagt er.

Am Horizont unter den schwarzen Wolken kündigt ein kobaltblauer Streifen den kommenden Tag an. Die Matrosen takeln den Schoner wieder auf, und er nimmt flott an

Fahrt auf, mit vollen Segeln nähern sie sich den Küstenge-
wässern um Barbados.

In den frühen Morgenstunden wagt Johann Rudolf sich
auf Deck, sieht zum ersten Mal die Tropensonne strahlen,
dazu weht ein beständiger Passat, die See ist noch immer aufgewühlt, noch immer schäumt die Gischt, die sechs anderen
Passagiere, mit fahlen Mienen, kriechen aus ihren dunklen
Löchern ans Licht und klammern sich an ihren Becher Tee,
sehen den Matrosen bei der Arbeit zu, dazu ziehen kreischend erste Möwen von der Insel ihre Kreise um die Masten. Capitaine Rascasse humpelt mit seinem Holzbein über
die Planken und grüsst die Gäste zum neuen Tag:

«Na, meine Herren, gut geschlafen? Etwas steif die
Brise heute Nacht, nicht wahr?

Warum man auf einmal unter britischer Flagge segle, da
oben wehe doch der Union Jack im Wind, nicht?, will
Johann Rudolf wissen. Vor dem Sturm sei noch die Tricolore gehisst gewesen.

So könne man sich vor Korsaren schützen, Bridgetown
sei in britischem Besitz, *n'est-ce pas?*, heute früh schon, in
der Dämmerung, habe sich ein verdammter Hund von
einem Freibeuter mit bewaffneter Fregatte bis auf Sicht-
weite genähert, hätte bestimmt zugeschlagen, wenn er im
Fernglas blauweissrot gesehen hätte. Ein Rascasse aber lasse
sich nicht so leicht schnappen, *voyez-vous,* seit Generationen schon fahre man zur See. Die Frachtpapiere seien für
alle Fälle in zweifacher Ausführung vorhanden, zweifache
Herkunft der Ware, je eines für französische und eines für
die britischen Kontrollen.

Im Hafen von Bridgetown setzt Rascasse Ware um, gut verpackt in Kisten, Fässern, Säcken, Johann Rudolf an der Reling, rätselt noch immer über deren Inhalt, es wurmt ihn, dass sich Rascasse bedeckt hält. Was hat er zu verstecken? Was wird da gerade geschmuggelt? Auf Fragen reagiert Rascasse ungehalten, man solle sich gefälligst um seine eigenen Angelegenheiten kümmern, er führe dies und jenes mit, je nach Angebot und Nachfrage, Handelshäuser seien seine Auftraggeber, und diese hätten Anspruch auf Schutz der Ware und auf seine Verschwiegenheit, er bringe Güter von A nach B, hier zum Beispiel habe er eine Orgel geladen, die stamme aus Halberstadt im deutschen Sachsen und sei von der *Tonnerre de Dieu* samt ihrem Organisten, *voyez-vous*, heil über den Atlantik an ihren Bestimmungsort Bridgetown auf Barbados in die Antillen gebracht worden.

Bis zur Weiterfahrt nach Paramaribo müssen sie sich gedulden, der Gouverneur gibt für Tage keine Bewilligung zum Auslaufen, da bewaffnete amerikanische Korvetten vor der Küste kreuzen, allem Anschein nach Kaperschiffe auf Beutejagd, ob französische oder englische Schiffe, das ist dem neutralen Amerika einerlei. Nach dem dritten Tag wird Entwarnung gegeben, die Wasser seien frei. Die *Somerset,* eine englische Brigg, die nach Tobago übersetzt, und die *Tonnerre de Dieu* laufen gleichzeitig aus, die erste Strecke auf gleichem Kurs zum gegenseitigen Begleitschutz, bleiben auf Sichtdistanz, bis man sich ausserhalb der Küstengewässer auf offener See trennt und jeder auf seiner eigenen Route weitersegelt.

Die letzten 500 Seemeilen bis nach Paramaribo sind ein Katzensprung, in vier Tagen erreicht man die Küste Guyanas, erstmals sieht er die dunklen Wälder, die sich endlos bis in die Tiefen des Landes ausbreiten, vom Meer aus wie moosbewachsene sanfte kleine Hügelketten, Schwaden von süssem Wohlgeruch steigen in der sanften Brise in seine Nase. Der Dschungel wächst hier bis ans Wasser heran, an sumpfigen Küstenstrichen wuchern hohe Gräser. An den Ufern fliegen Schwärme scharlachroter Wasservögel auf, Schmetterlinge kommen an Bord, flattern gelbrot in die weissen Segel, ein Falter setzt sich auf Johann Rudolfs ausgestreckte Hand.

Die *Tonnerre de Dieu* fährt am 3. Februar 1808 in die Mündung des Stromes Suriname ein, an einem Mittwoch in der Frühe, in der feuchten Frische des tropischen Morgens, bei Temperaturen, die einem Europäer schon hochsommerlich vorkommen. Paramaribo.

Man ankert vor der Stadt im trägen Strom und wartet auf die Barken, die ans Festland übersetzen. Derweil werden die Segel der *Tonnerre* gestrichen. Fischerboote kreuzen umher, kleine Nachen, Lastenkähne mit nackten Rudernegern an den Riemen, Pirogen. Johann Rudolf steckt sich einen Cigarro an. Was für ein Moment in seinem Leben! Ein Hochgefühl stellt sich ein. Das müsste er in seinem Tagebuch festhalten können! Wie lässt sich das beschreiben, erhebend, nein, erhaben, wenn nicht gar olympisch, göttergleich, jedenfalls hervorragend, aber da fängt es wieder an, dieses Gefühl von Unvermögen, den richtigen Ton zu finden. «Das Land entdecken und für sich erobern ist der Traum», das hat er auf der Reise geschrieben. Schrecklich, dieser Satz. Aufgeblasen, selbstgerecht, eine hohle Phrase! Sein letzter Eintrag war das, Johann Rudolf beschliesst, es damit bewenden zu lassen, gestorben ist das Schreibprojekt, Übung abgebrochen, aus und fertig, zu abgeschmackt sind die Formulierungen, die er sich aus den Fingern saugt. Welche Erleichterung! Ein Luftschiffer, der Ballast abwirft und aufsteigt. Was zählt und was das Leben ausmacht, kann nicht aufgeschrieben werden.

Das Erste, was ihm an seinem Verwalter Bödeker auffällt bei seiner Ankunft auf Charlottenburg, am Steg, als er Johann Rudolf mit gestelzt wohlwollender Geste empfängt, die Arme weit zum Himmel ausgebreitet, ist diese schwarze, dicke Warze in seinem Gesicht, unter dem linken Nasenflügel. Sie lässt die anderen Eindrücke, die er beim ersten Betreten des Landungssteges auf seiner eigenen Plantage zweifelsfrei auch hat, das hübsche Gutshaus im stattlichen Park, das laute Geschrei der Papageien in den Kronen der Bäume, für einen Moment in den Hintergrund treten. Was für ein Mensch ist das, auf dessen Haut eine solche Geschwulst wächst, eine erbsengrosse, hornige Wucherung, besetzt mit einem schwarzen Haar? Vom ersten Moment an wird Johann Rudolf nicht mehr umhinkönnen, sich in Gegenwart seines Verwalters unablässig die Frage nach dem verborgenen Sinn von dessen Worten und Taten zu stellen. Was will dieser Bödeker mit seinen raumgreifenden Schritten bewirken? Gemessen an seiner Beinlänge können sie unmöglich dem natürlichen Gang des Mannes entsprechen. Was führt dieser Bödeker im Schilde? Nicht, dass er schwitzt und sein Gesicht und Hals unablässig mit seinem Taschentuch abtupft und laut seufzt, ist befremdlich, das tut jeder in den Tropen, der mit dem Klima nicht recht klarkommt. Bödeker stellt die liebe Mühe, die sein Körper mit der Anpassung an die feuchte Hitze des Landes hat, so offensichtlich zur Schau, als sei es eine Anmassung, die sein jeweiliges Gegenüber zu verantworten habe. Es gilt, auf der Hut zu sein bei solchen Menschen. Johann Rudolf wird lernen müssen das falsche Gehabe zu entschlüsseln, er wird sein Augenmerk darauf richten. Bödeker wird es nicht behagen, dass er, der junge Mann aus der Basler Besitzerfamilie, plötzlich hier auftaucht, in seinem Wirkungsfeld, wo er bis anhin freie Hand hatte. Möglich, dass Johann Rudolf Unrecht tut, ihm zu misstrauen, aber er wird sich vorsehen und die Augen offenhalten.

Zum eigenen Schutz, um Vertrauen zu schaffen, muss sich Johann Rudolf deshalb tarnen, er erweist ihm Ehre, indem er das Gästehaus bezieht und Bödeker weiterhin im Haupthaus Wohnrecht gewährt, – Bitte keine Umstände meinetwegen, ich bin hier ganz zufrieden, danke. Bödeker revanchiert sich umgehend, indem er Johann Rudolf, nebst Koch und einem Boy, seine schönste junge Sklavin zuweist, die für sein Wohl sorgen.

Die hübsche Servantin ist scheu wie ein Reh, Bödeker hat sie erst kürzlich erstanden. Ein Glücksfall für sie, wie Johann Rudolf findet, sie hätte es besser nicht treffen können, als in seine Dienste zu kommen. Bei ihm entkommt sie vorerst dem täglichen Anblick der Warze, ist Bödekers Zugriff entzogen. Es liegt auf der Hand, dass Bödeker das Mädchen bald schon mit dem Dienst als Frau betraut hätte, in den Kolonien hat jeder Verwalter eine Missi, die neben all ihren häuslichen Aufgaben, die sie erfüllt, auch diese Verpflichtung hat.

In der ersten Zeit kommt Johann Rudolf nicht umhin, seinem Verwalter abends Reverenz zu erweisen und lange

Nächte mit ihm auf der Veranda zu verbringen und Schnaps zu trinken. Abend für Abend das gleiche Ritual, man lässt sich Zigarren bringen und Genever, entlässt den Boy und bespricht die Welt, heikle Verpflichtung für beide, für Besitzersohn und Verwalter, denn es gilt im Gespräch, Vertrautheit und Einvernehmen zu markieren, guten Willen vorzutäuschen, die eigenen Worte abzuwägen und die des anderen einzuordnen, zu paktieren, um die eigene Stellung zu behaupten, Befürchtungen zu widerlegen, die mit Johann Rudolfs Ankunft naturgemäss berechtigt sind – Wird er sich in den Tropen niederlassen? Wird er die Gutsverwaltung selbst übernehmen? – Davon ist keinesfalls die Rede, zum jetzigen Zeitpunkt schon gar nicht, ich bin mit Ihrer Arbeit sehr zufrieden, was die Zukunft bringt, steht in den Sternen. Die Taktik ist wie beim Kartenspiel, den Gegner in die Irre führen, nichts vom eigenen Plan preisgeben, den anderen dagegen aushorchen. Johann Rudolfs erste Aufgabe wird es sein, sich sein eigenes Umfeld zu schaffen, Bekanntschaft mit Adel und Elite, der führenden Schicht der Kolonie zu machen, wenn er hier Fuss fassen und in Zukunft einen sicheren Stand haben will.

Sein erster Besuch gilt Charles Bentinck, Earl of Bentinck, dem Gouverneur und Generalbevollmächtigten der Britischen Souveränität. Er ist eine Schlüsselfigur hier in Surinam. Einer weiteren Persönlichkeit, dem Venezianer Conte Contarini, einem einflussreichen Handelsmann und Pflanzer, macht er in der Folge seine Aufwartung, mit einem Empfehlungsschreiben von Bentinck. Der Conte verfügt über die allerbesten Kontakte zu allen Kreisen, sowohl zu den Juden wie zu den ehemaligen Herren, den Holländern und den Franzosen. Der Conte kann ihm ein Reitpferd vermitteln, was hier im Busch einem aussergewöhnlichen Kunststück gleichkommt, denn an guten Pferden herrscht grosser Mangel, die Kosten für die Überfahrt sind beträchtlich, und eine Pferdezucht, wie man sie in Europa kennt, gibt es hier nicht. Einzig die kleinen Indianerpferde, die in den Zuckermühlen zum Einsatz kommen, gibt es da und dort zu kaufen.

Auf einem Pferderücken lässt sich die Umgebung leicht erkunden, vor den streunenden Hunden, ist man sicher. Auch vor dem Gesindel, das sich in den Strassen Paramaribos herumtreibt. Besoffene Soldaten, allerlei Pack und finstere Gesellen, die in der Gegend herumlungern, alles, was kreucht und fleucht kann man sich so leicht vom Leibe halten. Bald schon gehört auch er selbst, «der junge Herr von Charlottenburg auf seinem Pferd», wie er genannt wird, zum Bild der Siedlung, wenn er auf Inspektion von einer Plantage zur anderen reitet.

Die nächtlichen Besäufnisse mit Bödeker hat Johann Rudolf allmählich satt, er ist nur noch gelegentlich dazu bereit, sich abends aus Höflichkeit auf einen Trunk zu ihm zu gesellen und sich angestrengt über Gott und die Welt zu unterhalten. Dass sie jemals gute Freunde werden, das bezweifeln beide, zu tief klafft der Abgrund, man zollt sich nur der Form halber noch Respekt und geht sich aus dem Weg. Die Abende verbringt Johann Rudolf je länger, desto lieber in Gesellschaft von Belle, wie er sie nennt, seiner schwarzen Servantin, mit der er sich bestens versteht, obwohl sie beide nur radebrechen in einer Sprache, die ausser ihnen wohl kein Mensch beherrscht, einer Sprache, die sie *waikiki* nennen. Sie benutzen ausser den Worten, die sie erfinden, ihre

Augen, ihre Hände, ein ausgemachtes Mienen- und Gebärdenspiel und sprechen mit Stimmen und in Lagen, die an Tierlaute aus dem Urwald erinnern. Sie scheinen sich beide an ihrer erfundenen Welt, die sie mit niemandem teilen, zu ergötzen und kommen sich dabei näher, als die Etikette ihrer Herkunft im Umgang mit dem anderen es erlaubt.

Er bringt ihr das Kartenspiel bei, sie lehrt ihn das Wiegenlied, das ihre Mutter ihr einst in der Heimat sang. Sie liefern sich Spässe, gehen auf leisen Sohlen durchs Haus, um den anderen zu erschrecken, verstecken sich hinter Türen und lauern dem anderen auf. Johann Rudolf im Sitzbad, Belle mit dem Wasserkrug in der Hand, einen Schwall über seinen Kopf stürzend, das Wasser spritzt ihre Schürze nass, ihr schelmisches Lachen dabei, sein schnelles Abtauchen, dass die Wanne zum Überlaufen bringt, ein Wasserguss auf ihre Füsse, sie schüttelt sich, er lacht und fasst sie bei der Hand, sie schaut ihm in die Augen, während er sie zu sich ins Wasser zieht, sie lässt es geschehen, verliert dabei das Gleichgewicht und fällt platschend in die Wanne. Überall Wasser, überschwemmt den ganzen Fussboden, eine Spinne rennt um ihr Leben und verschwindet in der Wand. Keiner von beiden hat je zuvor mit einem Menschen geschlafen.

– Schnee ist wie Regen, nur weiss und leicht, wie Blütenstaub, Flocken tanzen vom Himmel herab wie ein Schwarm von weissen Schmetterlingen, bedecken die Erde. – Nimm mich mit, da will ich hin. – Aber kalt ist es da, kalt, ich kann dir nicht sagen wie kalt. Frieren ist wie Hunger und schmerzt.
Im Dämmerlicht der Jalousien, die in der untergehenden Sonne ihre fein ziselierten Schatten an die Wand werfen, an die Wand mit dem Spiegel, der ihr Bild zeigt, wie sie am

Bettrand sitzen, ihrer Väter Sitte zum Trotz, ihre nackten Körper, Seite an Seite, Hand in Hand, der weisse Mann und das schwarze Mädchen, wie sie den Kopf an seine Schulter lehnt und sie beide dabei lachen.

Das Gästehaus geht auf den Park, gegenüber steht Bödekers Villa, Bödeker auf der Veranda, der sich im Schaukelstuhl fläzt, Zigarre raucht und sich dabei wohl so seine Gedanken macht. Johann Rudolf und Belle vermeiden es, sich seinen Blicken auszusetzen. Belle, die Servantin, die Geliebte, macht höflich weiter Knickse, schaut weg, macht Augen, wendet den Blick ab, sieht zu Boden, seufzt, schaut zur Decke, beisst die Lippen, ringt die Hände, verdrückt sich durch die Schwingtür ins Office, Johann Rudolf hält sie zurück, fasst sie am Arm, blickt in ihre dunklen Augen, das aufgescheuchte Reh auf der Flucht in den Wald, sie halten inne in der Tür, einen Augenblick, halten den Atem in der Schwebe, – *Belle, I go away long time,* sagt Johann Rudolf und lässt sie gehen.

Mit Mambo, einem schwarzen Jäger, macht er sich auf, den Urwald zu erkunden. Nach der Überquerung eines Gletschers im ewigen Eis der Alpen vor Jahren und der Überfahrt über den Atlantik eine weitere Reise ins Ungewisse, in die grünen Tiefen des Regenwaldes. Zuerst ein langer Ritt auf kleinen Indianerpferden bis zur Judensavanne, von da auf dem Wasserweg weiter flussabwärts, von einer Siedlung zur nächsten, von Station zu Station, immer den menschlichen Niederlassungen entlang, wo Kirchenglocken da und dort zur Vesper läuten, wo sich Lastenboote kreuzen, die Zucker, Mehl und Früchte transportieren, wo Marktschreier am Ufer neben Bergen von Melonen sitzen, Bastmatten verkaufen, Hühner in Käfigen, Waren anpreisen, die Stimmen verhallen in den Tiefen des Waldes, Kindergeschrei, Gesänge ertönen aus den gerodeten Feldern, wo Bäume für neue Pflanzungen geschlagen werden, synkopische Hiebe, im steten Rauschen des Stromes auf bräunlichen Fluten. Nachts noch immer die feuchte Hitze im Innern des Landes, sie schlafen in immer bescheideneren Behausungen, unter Grasdächern einfacher Hütten oder im Schutz von Moskitonetzen unter freiem Himmel, beim Geplapper von Papageien, von Vogelschwärmen, die an Kinderstimmen erinnern, die einander *crescendo* ins Wort fallen, übertönen, jämmerlich schreien, kreischen, sich zu einem ohrenbetäubenden Gezeter steigern, *papaa-papaa!*

Die Vögel machen sich über ihn her.

Johann Rudolf schreckt aus dem Schlaf auf, mit klopfendem Herzen, das Gekreisch waren schreiende Kinder in seinem Traum, zum Glück nur das Gezänk der Vögel, das etwas abklingt, *diminuendo,* sich allmählich beruhigt, um, kurz bevor es ganz abflacht, von neuem aufzuflammen, zu dröhnendem Tumult. Im Schatten der Baumriesen in silbriger Kulisse des Mondscheins schaukelt er in der Hängematte. Er schläft wieder ein, mit wachen Sinnen – droht keine Gefahr?

Am Morgen des vierten Tages verabschiedet sich Johann Rudolf von seinem Führer, schliesslich war er aufgebrochen, um sich alleine durchzuschlagen durch den tropischen Wald, allein ins Innere des Landes, mit der Machete und auf Nebenarmen des Suriname im Einbaum.

Auch am hellen Tag ist ihm, er könne nicht sehen. Der blinde Orion, vor seinen Augen verschwinden die Farben der Pflanzen und der Bäume, vermengen sich im Halbdunkel des Waldes zu einem grünlichen Glimmen unter dem Blätterdach einer einzigen riesenhaften Kathedrale, er gleitet stumm dahin in seinem Einbaum auf dem trägen Fluss, kein Flecken Himmel ist mehr zu sehen, er weiss von den Stimmen und vom Rascheln und den Rufen, dass er umgeben ist von Tausenden von Lebewesen und beobachtet wird von Hunderten von Augenpaaren in den Ästen, den Wipfeln, im Unterholz, doch wenn er sich umsieht, kann er kein einziges Tier erkennen, weder Vogel, noch Affe, noch Katze, noch Schlange, noch Hirsch, noch Schwein, noch Bär, noch Hund, nur abgedunkeltes, grünliches Schimmern.

Kedalion wird ihm geschickt, ihm, dem blinden Jäger Orion, wie in der griechischen Sage, denkt er, als am Fluss ein kleiner, drahtiger, barfüssiger Indianerjunge steht. Er steigt in Johanns Boot und übernimmt das Paddel. Sie gleiten eine Weile schweigend daher, vom Fluss getrieben, in der Stille, Fliegen summen, in der Luft überall Mücken, Wespen, die Zeit bleibt stehen, hier im grünen Dämmerlicht. Der Junge steht auf, nimmt Pfeil und Bogen, spannt und zielt ins Wasser, wartet, man hört nur das leise Plätschern am Bootsrand, dann sieht Johann Rudolf einen schwarzen Schatten unter der Oberfläche, ein dicker Fisch schwänzelt langsam dahin, verschwindet unterm Rumpf. Der Indianer legt den Bogen beiseite und setzt sich wieder, nimmt das Paddel, das Plätschern nimmt zu, das Boot wird immer schneller, der Indianer rudert auf eine Stromschnelle zu, steuert das Boot in rascher Fahrt durch die Untiefen und durch enge Furten, wo es rauscht und schäumt, bis der Fluss wieder breiter wird und sich in tieferen Wassern weit verzweigt, in verschiedene Seitenarme, der Kahn nur noch langsam dahintreibt in stiller Fahrt. Je tiefer man eindringt ins Land, desto weiter verzweigt sich das Netz der Wasserläufe.

Am sandigen Uferstreifen setzt der Indianer den Einbaum auf, entsteigt dem Boot und verschwindet mit Pfeil und Bogen im Wald. Das Grün hat ihn verschluckt, kein Schritt ist aus dem Unterholz zu vernehmen, der Indianer hat sich aufgelöst im Blätterwerk. Johann Rudolf will ihm folgen, aber hat alle Orientierung verloren, er nimmt einen schmalen Waldpfad durchs Dickicht, versucht mit aller Vorsicht, Geräusche zu vermeiden, doch bei jedem Tritt knackt es unter seinem Stiefel und rascheln die toten Blätter. Dann, im Farn unter einem hohlen Stamm eines Kapokbaums steht er, der sehnige Junge in seinem Lendenschurz, bewegungslos steht er da, scheint zu horchen, imitiert dann pfeifend Vogelrufe. Von weit weg, von nah, von vorn, von links, von der Liane, kommt Antwort. Johann Rudolf versucht erfolglos, einen Vogel im Geäst auszumachen. Der Indianer ruft Affen, mit hohler Stimme aus der Brust. Von den Wipfeln der Urwaldriesen kommt Antwort, von allen Seiten, im Zwiegespräch mit seinen Lauten entsteht ein vielstimmiger Chor, mit den Vogelpfiffen ein Konzert, das er orchestriert. Im Dach der Kathedrale schwingen Äste, da und dort werden pelzige Arme sichtbar, vielleicht sind es auch Beine, Arme und Beine, flink schaukeln sie durch das hohe Astwerk von Baum zu Baum.

Ein Rascheln im Busch, der Indianer hält inne, richtet die Augen an die Stelle, wo das Geräusch entstand, spannt den Bogen und schiesst den Pfeil ab. Einen Moment noch horcht er gebannt, nimmt einen zweiten Pfeil aus dem Köcher, setzt ihn an. Dann steckt er ihn zurück, winkt

Johann Rudolf zu. Ein Wasserschwein liegt im Gebüsch, den Pfeil im Herzen des Tiers.

Zurück am Fluss nimmt er den Dolch und weidet das Schwein aus, das Gekröse wirft er ins Wasser. Wie aus dem Nichts schiesst ein Schwarm *Piranhas* heran und stürzt sich auf das Fleisch, tausend Fische zappeln an der Oberfläche, es braust und schäumt. Das ausgenommene Tier legt der Indianer ins Boot, sie nehmen die unterbrochene Fahrt wieder auf. Der Junge scheint zu wissen, wohin es geht. Die Arme des Flusses verzweigen sich weiter, winden sich in unendlichen Kehren, mal sind sie trüb, mal klar, sie gleiten durch den Wald. Gegen Abend wird angelegt, sie sind offenbar am Bestimmungsort angekommen. Den Einbaum ziehen sie gemeinsam hoch ans Ufer. Der Junge bindet das erlegte Tier an den Füssen an einem Bambusrohr fest und bedeutet, ihm beim Tragen zu helfen. Durch schmale Jagdpfade geht es eine halbe Stunde einen Hügel hinan, als sie auf einer Lichtung ein Dorf erreichen. Eine Feuerstelle in der Mitte, die Hütten sind im Kreis darum herum angelegt.

Auf einem Schimmel reitet ein Mann heran, mit Kopfschmuck und einer Halskette aus Raubtierzähnen, wohl ein Schamane, vielleicht der Häuptling der Arowacken, die hier wohnen. Johann Rudolf ist am Ziel seiner Reise, das Schicksal hat ihn hierhergeführt. Sein Kedalion, der Indianerjunge, hat ihn geleitet. Der Fremde, der er ist, wird von den Arowacken angenommen, Johann Rudolf wird aufgefordert, hier zu nächtigen.

Das Schwein wird am Feuer gebraten, der Schamane bereitet einen Trank zu, von Tanz und Gesängen der Dorfbewohner begleitet. Das Getränk wird in einer Schale im Kreis herumgereicht. Jeder ist aufgefordert, einen Schluck zu trinken, ein bitteres Gebräu von gelblich brauner Farbe. Kurze Zeit nach der Einnahme tritt Johann Rudolf der Schweiss aus allen Poren, sein Herz beginnt zu rasen, sein Kopf dreht sich, dass ihm schwindlig wird und elend. Nur seine tiefen, immer tieferen Atemzüge verhindern, dass ihm die Sinne schwinden, und er in Ohnmacht fällt. Seine Kehle trocknet aus, er fasst sich an den Hals. Er versucht aufzustehen, wankt, kräftige Arme stützen ihn, die Beine wollen ihm nicht mehr gehorchen. Er wird umsorgt, man gibt ihm süssen Saft zu trinken, es wird ihm schlecht davon, man bringt ihn zu einer Regenwassertonne, neben die er sich in ein Gebüsch hinein erbricht, sich wieder und nochmals übergibt, sich auskotzt, bis der Magen nur noch bittere Galle hinaufbefördert und er weinend zusammenbricht. Man bettet ihn auf eine Grasmatte, wäscht ihm das Gesicht und überlässt ihn seinen Träumen.

Johann Rudolf hört alle Geräusche verzerrt, das Froschquaken, es pulst und kracht, scheint wie Trommeln im Wald die Stille zu takten, verändert sich zu sphärischer Musik aus dem Jenseits, er fällt durch kosmische Bienenwaben, begegnet endlich Gott, der sich ihm in einer Kaskade leuchtender Farben des Regenbogens am Fuss eines monumentalen Wasserfalls zeigt und findet sich zugehörig einer anderen Welt in den Tiefen des Alls, das er in rasender Geschwindigkeit durchmisst, rasend, bis die Zeit an einem Punkt aufhört zu existieren.

Als der Morgen graut, sitzt er frierend an der Feuerstelle, allein mit dem Schamanen, der in die erloschene Glut starrt und ruhig mit dem Kopf nickt. Ob er ihm sagen könne, wo er sich hier befinde.

«*What land here?*», fragt er den Schamanen, ein paar Worte wird man wohl wechseln können, eine Sprache wird sich finden, sagt er sich. In Surinam?

«*English land*?»

Oder schon jenseits der Grenze im französischen Guyana.

«*French land*?»

Vielleicht gar im spanischen Gebiet, im Vizekönigreich Peru?

Der Indianer schweigt eine lange Zeit, bevor er sagt:

«*This is the land of many waters, long long time before.*»

Das Land der vielen Wasser! Kristallklar ist die Erkenntnis, deshalb also seine Begegnung mit Gott am Wasserfall!

«*Yes, I understand*», sagt er. Und jetzt müsse er unverzüglich seine Reise fortsetzen, er sei aufgebrochen, das Land zu entdecken und mache sich deshalb gleich auf den weiteren Weg. Er winkt zum Abschied und nimmt den Fusspfad hinunter, zurück zum Fluss, wo sein Einbaum auf ihn wartet. Einen Kedalion braucht er jetzt keinen mehr, Orion hat sein Augenlicht wiedererlangt.

Kleinere Stromschnellen passiert Johann Rudolf paddelnd, in rascher Fahrt, ohne das Boot wie bislang an schwierigen Stellen aus dem Wasser zu nehmen, es ist, als sei er selbst ein Teil der Natur, allein in der Wildnis und erstmals im Leben auf sich selbst gestellt, mit wachen Sinnen, auf dem Fluss, immer tiefer in den Urwald, hinein ins Land der vielen Wasser.

Der Fluss wird breiter und träger, ergiesst sich in einen klaren See, das grüne Dach öffnet sich, ein grosser blauer Himmel kommt zum Vorschein, man sieht die weissen Wolken ziehen. Am anderen Ende des Sees ein kolossaler Wasserfall, der von einem Felsen niederrauscht. Da!: Um die schäumende Gischt ein Regenbogen, das kann doch nicht wahr sein!

Johann Rudolf setzt sein Boot am sandigen Bord an Land, hockt sich auf einen Stein, vor sich die monumentale Kaskade, die stürzende weisse Flut, die tosend auf den Wasserspiegel niederprasselt, als aus dem Schatten der dicht bewachsenen Böschung am Ende der Bucht ein Reiter mit einem Schimmel erscheint. Der Schamane, er hält ein Bündel im Arm. Trägt ein in Decken gehülltes Kind, dessen Glieder und Kopf sich im Rhythmus der Pferdeschritte hin und her bewegen. In gemessenem Schritt läuft das Pferd zum Ufer des Sees, ins Wasser hinein, stapft immer tiefer hinab in die Gischt und auf geradem Weg auf den Katarakt zu, das Wasser steigt ihm bis zum Bauch. Beim Sturzbach schreitet das Pferd ungerührt weiter, bis es mit Reiter und Kind von den Wassermassen verschluckt wird. Von einem Augenblick zum andern sind sie nicht mehr zu sehen.

Johann Rudolf schöpft Wasser und wäscht sich die Augen aus, ein Trugbild wird ihn getäuscht haben. Als auf der glatten Wasseroberfläche sein Spiegelbild erscheint, ist sein Bart gewachsen. Wie lange wird es her sein, dass er aufgebrochen ist, seit wann ist er unterwegs? Ist es sein Bildnis, das er betrachtet oder sieht ihm ein anderer entgegen? Diese Augen sind ihm fremd, der Blick ist der eines anderen, doch das Wasser kann doch nur wiedergeben, was der Fall ist, sonst nichts, er wird sich wohl fremd geworden sein. Wenn er nicht wüsste, dass man sich selbst nicht abhandenkommen kann, würde er an sich zweifeln.

Die nächsten Tage, die nächsten Wochen vielleicht, er könnte nicht sagen, wie lange genau, verbringt Johann Rudolf allein in der Wildnis, jagend, mit der Flinte auf Pirsch, fischend mit dem Pfeil und Bogen im Fluss, wie es der Indianer ihn gelehrt hat. Nur selten stösst er auf ein Dorf, eine Siedlung, da vielleicht auf einen Militärposten, findet dort eine Station, in der er nächtigen oder wo er sich neue Munition beschaffen kann. Dann, als sich Trockenheit breitmacht und die Böden vor der grossen Regenzeit verkargen, kommt es zum verhängnisvollen Biss, bei dem er nur knapp dem Tod entrinnt, dem folgenschweren Spinnenbiss, er wähnt sich schon im Jenseits, unterhält sich mit seinem toten Bruder Jakob und seinem toten Vater, schwebt in einem Zwischenreich, ist bereits nicht mehr von dieser Welt. Er hat grosses Glück. Eine Patrouille von Söldnern entdeckt ihn durch Zufall, schon halb tot im Unterholz liegend, im Delirium, bringt ihn zur Militärstation. Er wird behandelt und wacht in einem neuen Leben auf.

Er kehrt zurück nach Charlottenburg, Belle, die Sklavin, ist hochschwanger, sie trägt sein Kind im Bauch. Johann Rudolf, auferstanden vom Tod, ist entschlossen, Belle zu heiraten, er macht Bödeker händeringend die besten Angebote, will Belle aus Bödekers Griff befreien, doch der bleibt hart. Johann Rudolf kann sie nicht freikaufen, nur das Büblein, Jan Harry, das Belle am 15. November 1808 zur Welt bringt, will er ihm zugestehen.

Bei allem Schmerz darüber, dass er Belle nicht kriegen kann, bei aller Wut und allem Hass, den Johann Rudolf gegen den Lumpen mit der Warze entwickelt, er wird dem Kind auf jeden Fall seinen Namen geben und es bei sich behalten, das gebietet ihm der Anstand. Nur, wie soll das gehen ohne Mutter? Johann Rudolf ist beim besten Willen keine Amme. Eine Frau muss her, die nach dem Rechten sieht im Haus und seinen Sohn erzieht. Noch vor Weihnachten desselben Jahres stellt er Groenberg ein, eine Mestizin, die nebst guter Referenzen, die sie als Gouvernante anderer Herrschaftshäuser vorweisen kann, ihm den allerbesten Eindruck macht, gebildet ist sie, eine höchst angenehme Erscheinung und ihre Gesellschaft sehr anregend, wie er sich schon nach kurzer Zeit eingestehen muss. Er entledigt sich der Warze, schickt den Verwalter Bödeker in die Wüste, oder wohin auch immer er zu gehen wünsche, auf jeden Fall, sagt er ihm, solle er ihm niemals mehr vor die Augen treten, solle es nicht wagen, jemals wieder einen Fuss auf eine seiner Plantagen zu setzen, und das bis in alle Ewigkeit.

Schon bald werden, wie könnte es auch anders sein, Nägel mit Köpfen gemacht, Johann Rudolf heiratet die Groenberg im hölzernen evangelischen Kirchlein der Herrnhuter Brüdergemeinde. Lied 26 aus dem Gesangbuch wird angestimmt, *Du hast uns Herr, in Dir verbunden:*

Lass unsre Liebe ohne Wanken,
die Treue lass beständig sein.
Halt uns in Worten und Gedanken
von Zorn, Betrug und Lüge rein.
Lass uns doch füreinander stehn,
gib Augen, andrer Last zu sehn.

Achtes Kapitel

Über der Bergkuppe erscheint eine Wolke silbrig glänzender Fische, ob Salme oder Forellen ist nicht auszumachen, jedenfalls Speisefische, wie die Dorfbewohner wissen, ein wiederkehrendes Naturphänomen, das unerklärlich bleibe, jährlich zwei Mal, zu Herbstbeginn und im Frühjahr, flögen plötzlich Fische über die Anhöhe und verendeten zappelnd auf den Weiden. Hinter Johann Rudolfs geschlossenen Augenlidern setzen sich die Bilder des merkwürdigen Traums von letzter Nacht fort. Was ihm hier aber in die Nase sticht, ist nicht der Geruch von Fisch, es ist der Geruch von Tod und Verwesung, die alle Kirchen umgeben, wenn an ihre Mauern die Friedhöfe grenzen. Wie die Begräbnisstätte zu St. Leonhard und der Kirchhof zu St. Martin ist auch der Leichenacker der Peterskirche gehörig überfüllt und seit Jahrzehnten in einem desolaten Zustand, dicht gedrängt reiht sich Grab an Grab, Gebein an Gebein, randvoll ist der Kirchhof, kreuz und quer liegen die Toten, knapp unterm Erdreich die Särge, Wand an Wand verscharrt, und mit jeder weiteren Leiche ist noch weniger ewige Ruhe zu haben, jede Nacht ist da ein Gewimmer und Gejammer bei den Toten, dass es dem Teufel graust. Gebeinsschicht um Gebeinsschicht stapelt sich hier seit Jahrhunderten, die nächste wird lediglich mit ein paar Schaufeln Erde zugedeckt, was es den Handlangern der Gelehrten, die nachts mit ihren Spaten ausschwärmen, leichtmacht. Die medizinische Fakultät muss mit frischen Leichen versorgt werden, wenn in der Anatomie Mangel herrscht. Vater litt Zeit seines Lebens an Erstickungsangst und mied, wenn

immer möglich, Ansammlungen von Menschen. Und jetzt?
Vom Regen in die Traufe. Die Orgel spielt zum Einlass, die
Totenglocke läutet, Johann Rudolfs Vater bekommt sein
letztes Geleit.

Die halbe Stadt ist versammelt, die gesamte Regierung,
Zunftleute und die Freimaurer, Freund und Feind, die
Faeschs, die Burckhardts, die Sarasins, *tout le gratin,* wie die
Franzosen sagen. Johann Rudolf wird es eng in seinem
steifen Kragen. Seine Gedanken springen. Was bringt einen
Vater, eine Mutter eigentlich dazu, dem eigenen Sohn exakt
die gleichen beiden Taufnamen des Vaters zu geben? Johann
Rudolf. Es ist Tradition, ja, das ist ihm wohl bewusst, und
seit Generationen kommt es immer wieder vor, in allen
Familien, aber Johann Rudolf, der hier im schwerhölzernen
Chorstuhl neben seiner Mutter und den beiden Schwestern
sitzt, die ja auch nicht heissen, wie ihre Mutter, jedenfalls
Elisabeth nicht, die ältere, Margaretha zwar schon, doch
mit zweitem Namen wenigstens Valeria, er stösst sich schon
sein ganzes Leben daran, es ist wie eine Behinderung,
Johann Rudolf, ein Klumpfuss, Johann Rudolf, der Sohn,
ja der Junior vom Senior, dem Apotheker, – Nein, ich bin
nicht Apotheker geworden wie er, ja, es ist traurig, dass die
Familientradition nicht weitergeführt wird, sicher, es wird
jetzt leider ein Ende nehmen, ja, mit der Apotheke am Fischmarkt auch, sie wird verkauft, das Haus zum Kannenbaum,
verkauft, auch wenn die Mama das nicht möchte. Es ist
jetzt an ihm, das Apothekerrecht zu veräussern, das in dieser
Stadt so begehrte Recht, der Hagenbach wird es mit Handkuss nehmen, schon deshalb wird er hier im Vollwichs zur
Beerdigung erschienen sein, mit seinem Wissen, seiner For-
schung und seinen Büchern, mit denen er hausiert, über die

Heilkräuter, obwohl er ja Mediziner ist und als Arzt eigentlich selbst keine Apotheke führen darf, das bestimmen die Gesetze der Zunft, egal, das soll in Zukunft seine Sorge sein, er kann ja einen Apotheker einstellen, der seine Kräuter verkauft, item, Johann Rudolf wird sich darum kümmern müssen, bevor er sich aufmacht in die Tropen, in Surinam wird dann alles anders sein, endlich neu, möglich, dass er sich dort anders nennen wird, Jochanan oder John, vielleicht Schang, wieso nicht, Schang Ryhiner, der Nicht-Apotheker in Paramaribo, keiner wird ihn kennen, das wird seine Befreiung, endlich, weg von dieser Stadt, weg von diesem Mief, von dieser Kälte.

Draussen im Kirchhof, nah an der Kirchmauer unter der Dachtraufe, wo die kleinen Kinder begraben werden, liegt, wohl schon ein paar Schichten nach unten ins Erdreich gesunken, Jakob, sein grosser Bruder, Jakob, der Apotheker geworden wäre und die Dynastie gerettet hätte, berührend die Erinnerung an seine Bestattung, wie Mutter den drei Geschwistern heute, nach so vielen Jahren, die seither vergangen sind, sagte, dass sie Jakob als Grabbeigabe damals einen Buchsbaumzweig mitgegeben hat, geschmückt mit Papierblumen und Flitter. Darob könnte er weinen, jetzt noch immer weinen, er könnte, wenn es nachher darum geht bei der Zeremonie zur Abnahme des Leids durch die Trauergäste ein paar Tränen zu produzieren, wenn die versammelte Gemeinde an ihm vorbeiparadiert, ihm das Beileid ausspricht und vielleicht ein paar tröstende Worte beifügt, es würde ihm, wenn er an jene Geste der trauernden Mutter am Grab seines Bruders denkt, an die Papierblume und den Flitter am Buchsbaumzweig, leichtfallen, echte Tränen zu weinen. Bis zum jetzigen Moment, muss er sich eingestehen, ist ihm ob seines Vaters Tod nicht wirklich zum Weinen gewesen, es mag sein, dass er in den vergangenen Tagen seit Vaters Zusammenbruch und seinem plötzlichen Tod viel zu beschäftigt gewesen ist, absorbiert von den tausend Dingen, die er in die Wege hat leiten müssen, die zu erfüllen er zu seiner Aufgabe gemacht hat, das Amtliche und das Familiäre, er hat das Leidzirkular verfasst, die Trauerfeier bestellt, mit Pfarrer Grynäus Psalmen, Gebete und die Predigt besprochen, hat in den Angelegenheiten zur Bevogtung von Mutter und den Schwestern die Leitung übernehmen müssen. Und da waren noch weitere Verantwortungen im Zusammenhang mit dem Antritt des Erbes, seine eigene vorzeitige Entlassung in die Mündigkeit vor der Vollendung des 24. Lebensjahres zum Beispiel. Die ganze Anspannung, die Gereiztheit, aber auch eine gewisse Kälte, die etwas verminderte gegenseitige Achtung, die sich in den letzten Jahren zwischen Vater und Sohn breitgemacht hat, all das mag dazu beigetragen haben, dass seine Gefühle unerwartet kühl bleiben nach seinem Ableben.

Am Montag war der Ausläufer angerannt gekommen, hatte Sturm geläutet, er sei geschickt, den jungen Herrn zu holen, der Herr Vater sei in der Apotheke zusammengebrochen. Johann Rudolf kam gerade noch zur rechten Zeit, Vater auf der Liege, atmet schwer, ist kreidebleich und schwitzt, – Mein Sohn, es geht mit mir zu Ende, ich habe nach dem Stadtarzt und nach dir rufen lassen, einen Pfaffen brauch ich heute keinen mehr, versprich mir, mein Sohn, schau mir in die Augen und versprich mir, ihr tragt mich hoch zum Friedhof, tragt mich die Totengasse hoch, vorbei am Haus von Paracelsus, den ich auf meinem letzten Gang grüssen will, von der Talstadt hier unten am Birsig möchte ich den Berg hoch zur Peterskirche, durch die Gassen wie das Sitte ist seit alter Zeit. Dann starb er, noch bevor der Stadtarzt eingetroffen war, der legte nur noch das Ohr auf seine Brust, dann schloss er ihm die Augen. Danach begann es zu schneien.

Die ganze Woche kalt und nass, Matsch von braunem Schnee, die Rossbollen auf dem Pflaster, am Tag vermischt mit Regen, nachts zu Eis gefroren, man muss auch heute Galoschen tragen.

Eigentlich ein Ding der Unmöglichkeit bei dem Wetter, den Sarg auf den Schultern die steilen Stufen bis zur Kirche hochzutragen, womöglich noch den Trauerdegen umgeschnallt, aber Johann Rudolf war es seinem Vater schuldig, die Mühsal hat er auf sich genommen. Dabei wäre es ein Leichtes gewesen, den Sarg auf einem Karren oder mit dem Leichenwagen vom Fischmarkt zum Segerhof und dann den Petersgraben hinauf zu fahren.

Schon nach den ersten vereisten Stufen halten sie an und greifen nach dem Treppengeländer. Die 85 unregelmässigen Stufen in der verwinkelten Gasse mit der Fracht auf den Schultern bergen für die Träger ungeahnte Hindernisse, die kaum zu meistern sind, sie keuchen und stolpern kreuz und quer hinan, von der Mauer auf der einen Seite zur Hausfassade gegenüber, taumeln mal hin, mal her um das Gleichgewicht zu halten und verfluchen Gott dabei.

Beim Haus in dem einst Paracelsus, der grosse Heilkundige und Medicus, gewohnt haben soll, vernimmt er an der Sargwand, an die sein Ohr gelehnt ist, ganz deutlich Klopfzeichen und leises Stöhnen von innen her, Johann Rudolf, ausser Atem von der körperlichen Anstrengung, unterdrückt sein Keuchen und Schnauben für einen Moment und horcht. Er sieht die Sterne tanzen. Das kann nicht sein, weiter! Sich auf keinen Fall etwas anmerken lassen, weiter, als ob nichts wäre, eine weitere Komplikation, das geht unmöglich. Dabei klopft es weiter, es stöhnt, einfach ignorieren, das wird das Beste sein, den zweiten Teil des Anstiegs in Angriff nehmen, doch was, wenn ihnen Vater, durch ein Wunder auferstanden, jetzt entglitte, der Sarg von ihren Schultern krachend zu Boden fiele und auf den glatten Treppenstufen ins Tal hinabdonnerte, er sich dabei womöglich noch ernsthaft verletzte? Nicht auszudenken, was dann geschähe, man bezichtigte ihn allergröbster Fahrlässigkeit, so ein gewissenloser Hund! Man würde ihm gar Tötungsabsicht vorwerfen, Vatermord.

«Anhalten! Abladen! Er ist aufgewacht!», schreit er.

Die Träger sichern ihren Stand und lassen den Sarg zu Boden, legen alle vier ihre Ohren an die Lade und blicken sich mit grossen Augen an.

«Er lebt!»

Sie heben den Deckel. Drinnen ruht, mit gefalteten Händen, so wie er hineingebettet wurde, Johann Rudolf Vater, mit geschlossenen Augen, in Totenstarre, unverändert als tote Leiche in der Kiste.

Wieder das Bild der Fische, die über die Anhöhe fliegen, wenn er die Augen schliesst und dem Spiel des Organisten lauscht, Johann Rudolf kann sich noch immer keinen Reim darauf machen, weiss nicht, was ihm das Bild bedeuten will, seine Träume sind für gewöhnlich im Alptraumhaften angesiedelt, auf der Flucht vor einem nahenden Verderben zum Beispiel, kann sich nicht vom Fleck bewegen, oder es eilt, er ist im Hintertreffen, wird erwartet, und es stellen sich immer neue Hindernisse in den Weg. Aber Fische, überm Berg? Heute früh, als Mutter heranrauschte, an die Zimmertür hämmerte um ihn zu wecken, ungehalten war angesichts seiner Gelassenheit – er lag um neun Uhr noch im Bett, am Tag der Beerdigung seines eigenen Vaters. Schangi, aufstehen! War nicht wie seine Schwestern schon fertig angezogen, in Hut und Mantel, zum Gehen bereit. Als auch noch seine Schwestern einen Aufstand machten, an seiner Zimmertüre rüttelten und Vorwürfe auf ihn einprasselten, welcher Teufel ihn wohl geritten habe, so spät nach Hause zu kommen und sich ausgerechnet heute auszuschlafen? Da hatte er einen Albtraum.

Seine Zunge fühlt sich pelzig an, der Nachdurst, ein flaues Gefühl im Magen und der Schädel brummt noch immer, – *Gro-sser Gott, wir lo-ben dich / Herr, wir prei-sen dei-ne Stär-ke,* es waren wohl tatsächlich zu viel der Schnäpse letzte Nacht, *Wie du warst vor al-ler Zeit / So bleibst du in E-wig-keit,* der Schwaninger und der Muchenberger haben dauernd nachgeschenkt, *Vor dir neigt die Er-de sich / und be-wun-dert dei-ne Wer-ke,* baumelte schon am Ast mit dem Strick um den Hals, der Schwaninger, nachdem er alles verzockt hatte, *Alles, was dich prei-sen kann / Cheru-bim und Se-raphinen,* ein Glück für ihn, dass er davongekommen ist, *Stim-men dir ein Lob-lied an / Alle En-gel die dir die-nen,* Kalbshirn mit einem rohen Ei verquirlt, ein Katerfrühstück, das wär's jetzt, *ru-fen dir stets oh-ne Ruh / Heilig, hei-lig, hei-lig zu!* Besser als die Fischpasteten, der Salm und die geräucherten Forellen, die nachher beim Leichenschmaus serviert werden. Salm und Forelle!, da sind sie wieder. Der Traum von heute früh!

Doch, er liebte seinen Vater, achtete ihn auch, er liebte ihn, wie man einen Vater lieben muss. Ob er ihn mochte, war nicht die Frage, mögen müssen sollte man bekanntlich nicht, aber Vaterliebe, die muss sein. Manchmal gelang es Johann Rudolf seinen Vater zu mögen, auch richtig zu mögen, das gelang besonders gut, wenn er genau so dachte wie er, dann wurde auch er von seinem Vater gemocht, wie alle anderen, die ihn mochten, weil sie dachten wie er, er doch so ein guter Vater war für alle, die ihn mochten. Er war eine Autorität, stellte etwas dar in der Basler Gesellschaft, eine geachtete Persönlichkeit, wenn man so will. Diese Aura könnte er sich zu Nutze machen, der nachrückende Sohn, so ein Nimbus kann übergehen vom Vater zum Sohn, wenn er in seinem Sinne handelt und tut, was dem Vater zur Ehre gereicht. Das hätte Jakob, sein grosser Bruder zweifellos getan, wenn er gelebt hätte, er hätte alles richtiggemacht, wäre Apotheker geworden ohne aufzumucken, wie ein guter Sohn.

Es ist Zeit, Abschied zu nehmen vom Dasein als Johann Rudolf Sohn. – Wenn ich unter dem Boden bin, kannst du tun und lassen, was du willst, doch solange du unter diesem Dach wohnst, in meinem Haus und bist nicht mündig, sage ich, was du zu tun hast und was nicht. Merk dir das, Tropenkopf! Johann Rudolf Vater hat alles unternommen, um Johann Rudolf Sohn von seinen Reiseplänen abzuhalten. Umso schneller wird er jetzt die Zelte abbrechen und übers Meer fahren, es wird ihn keiner daran hindern. Ein Brief an Bödeker, den Verwalter der Faeschschen Plantage Charlottenburg, ist bereits auf dem Weg nach Surinam. All die Gedenktafeln hier, Staubfänger, wer liest die schon? Für eine Grabinschrift an der Wand der Peterskirche hat die

Zeit nicht gereicht, ein Text müsste erst geschrieben werden, ein Steinmetz gefunden, die Höhe der Zuwendung an die Kirche bestimmt, all das müsste erst in Ruhe mit der Familie besprochen und gemeinsam beschlossen werden. Man könnte schreiben: Hier ruht Johann Rudolf der Ältere, der alles richtiggemacht und nichts gewagt hat, der jetzt tot ist und unter der Erde liegt wie alle anderen. Sittenstreng und selbstgerecht, ein kleiner Mann im Grossen Rat, stimmte mit all den anderen, mal für dies, mal gegen jenes, Apotheker wie bereits sein Vater, ein zünftiger Zünftler und hielt trotzdem immer Mass, diente seinem Regiment als braver Leutnant, war getreuer Gatte, seinen Kindern stets ein guter Vater, nur seine Frömmigkeit liess in der letzten Zeit etwas nach. – *Denn es wird die Posaune schallen, und die Toten werden auferstehen unverweslich, und wir werden verwandelt werden, 1. Korinther 15:52,* liebe Trauergemeinde!, wispert es von der Kanzel. Pfarrer Grynäus setzt gerne lange Kunstpausen, während derer man angehalten ist, über seine Worte nachzudenken.

Johann Rudolf stellt sich seinen Vater in der Verwandlung vor. Eine erste finstere Höhle mit Altar, beleuchtet von Lampions, umringt von Monstern, Drachen und Krokodilen. Ein Prüfungsweg durch die Unterwelt, wie in der Proserpina-Grotte der Arlesheimer Eremitage, funkelnde Augen eines ausgestopften Eulenviechs an der Wand führen ihn in eine obere Höhle, wo sein Blick an einer tropfenden, dunklen Wand entlang hochgeht zu einer Plattform, von hier erblickt er durch eine Felsspalte Proserpina mit einer Fackel in der Hand, Proserpina, die ihn hinauf zum Licht in die oberste Höhle führt, diese ist zum Himmel hin offen, am Tag von Sonne durchflutet, nachts vom Mond und den Sternen erleuchtet, das wird jetzt der Weg sein, den Vater geht, der Weg der Wandlung ins Ewige hinein, begleitet von seinen Brüdern im Geiste, von Graf Cagliostro, dem Gross-Kophta der ägyptischen Loge und Jakob Sarasin vom Weissen Haus am Rhein, Hand in Hand mit Musen und Göttern, auf ihrem Weg in eine bessere Welt, erfüllt von Freiheit, Gleichheit und Brüderlichkeit, ein nie mehr endender Montagsclub, eine Sozietät, mit welcher man in prächtigen Gärten wandelt, wundersam perlenden Wasserläufen folgt, Stufe um Stufe durch Grotten, hinauf ins Licht und an einer Quelle sitzend vielleicht ein Gartengedicht schreibt.

Einen elenden Nichtsnutz hat ihn seine Schwester Bethli geschimpft. Und die Grite hat gleich nachgetreten, verglich ihn mit einem dicken Kuckuckskind, das, obwohl schon flügge, noch immer im Nest sitzt und gefüttert wird, und das nicht wegfliegt, weil's ihm zu gut geht. Ja, Schangi, du, steh jetzt endlich auf! – *Nach kurzer Nacht steht der müde Wanderer zu neuem Leben auf. Christus, der vom Himmel kam, ruft uns zu: Ich bin die Auferstehung und das Leben!* Ein reizvoller Gedanke, wenn er ihn zu Ende denkt, Johann Rudolf, ein Kuckuckskind, entstanden aus einer Affäre, zwischen seiner Mutter und einem französischen Gesandten, möglicherweise. *Ancien Régime,* Unterhändler des Königs in geheimer Mission am Rheinknie, *Auberge des Trois Rois (moi, toi et le roi, nous sommes trois, nous sommes trois, moi, toi et le roi) en mission très discrète, o là là,* während der Vater im Labor Erbsen zählte, Knollen-Platterbsen beispielsweise, zerquetscht zu destillieren, sehr zu empfehlen als Heilmittel gegen Lungenerkrankungen und bei Heiserkeit.

Mutter ist gefasst, sie hält ihre Augen geschlossen und lauscht Grynäus` Trauerrede, die er mit deklamatorischen Gesten seiner Arme zwar, doch viel zu leise für die grosse Kirche, mit trocken-heiserer Fistelstimme von der hohen Kanzel hält. Für die Trauergäste in den hinteren Reihen ist es unmöglich, vom Gesagten auch nur ein Wort zu verstehen, nur hallende Wolken gewisperter Floskeln durchwimmern den Raum von Wand zu Wand und hoch zur Decke. Räuspern und Husten, Gesangsbücher, die zu Boden fallen, einzelne Nieser, man möchte sich, angesichts der Seuchen und Epidemien, die in der Winterzeit grassieren, vor Ansteckung schützen, dichtgedrängt in Menschenansammlungen zu sitzen sollte man tunlichst meiden, wie jeder weiss. Damen nesteln in ihren Ridiküls nach dem Riechsalzfläschchen, dicke Herren versuchen, die Nase schneuzend Darmgeräusche zu übertönen, Backfische richten ihre Blicke zu Boden, glucksen, scharren mit den Füssen auf dem Sandsteinboden, ringen verzweifelt mit ihrem nervösen Lachen. – *Der Mensch erntet im Jenseits, was er hienieden gesäet, und die Unsterblichen winden ihm den Kranz der Liebe und des Dankes aus den Blumen, die er gepflanzet hat im Leben.*

Aus den hinteren Kirchenbänken wird ein Rucken hörbar, als sich eine schwarz gewandete weibliche Gestalt, an ihrer Hand eine junge Dame, durch die Reihe der Kirchgänger zwängt, im Mittelgang der Leutkirche von Bank zu Bank nach vorne huscht, zum Chor und sich samt Anhang unter der Kanzel in die voll besetzte vorderste Reihe zwischen die Honoratioren der Stadt hineinquetscht. Ihr Schluchzen kann jetzt jeder hören, man sieht, wie sie sich windet vor Trauer und Schmerz. Das Fräulein Hugentobler, die Nostradame, ist die Person, die sich so bemerkbar macht, neben ihr das Huldeli. Vater war Huldelis Vormund, die Nostradame soll ihre Mutter sein, viel mehr weiss Johann Rudolf eigentlich nicht. Vater hat im Lauf der Jahre kaum je etwas erwähnt, sie waren einfach da, die beiden, die Nostradame als Faktotum in der Apotheke, das Huldeli war bei einer christlichen Familie platziert, basta. Das Haus zum Kannenbaum war seit je die Domäne der Nostradame, sie hielt die Apothekerschränke frei von Staub, die Instrumente, Waagen, die Schalen, Glastöpfe, Dosen, Flaschen, das ganze Labor, die Brennhüte, Destillierapparate und die Kessel. Ganz unhübsch ist es nicht, das Huldeli, muss man sagen, ausgewogene Gesichtszüge, fast klassisch, Augen, Nase, Mund, harmonisch im Gleichgewicht, dunkle Augenbrauen, etwas zu dicht vielleicht, geben der Schüchternheit, die sie an der Hand ihrer Mutter zur Schau stellt, etwas Trotziges, fast Verwegenes, rötlich-blond gewelltes Haar, heller Teint, rosa Wangen, die Augenfarbe lässt sich im schummrigen Licht der Kirche und aus der Distanz leider nicht bestimmen, wie alt mag sie sein? Vielleicht zwanzig, zwischen dem Bethli und der Grite vielleicht, wenn die keinen Mann findet, dann liegt es nicht an ihrer Erscheinung. Was hat die Alte nur so zu schluchzen? Man könnte ja meinen. Es ist geradezu genierlich, ausgerechnet neben dem Bürgermeister Merian so loszuheulen, inmitten all der Standesleute, die macht sich ja zum Affen. Sie wegzuschicken traut sich dennoch keiner, jemanden, der um einen Verblichenen weint, brüskiert man nicht, man lässt ihn in Gottes Namen gewähren. – *Ubi bene, ibi patria, wo es mir gut geht, ist mein Vaterland, wie der Wahlspruch des Hingeschiedenen es so treffend sagt, Gott ist meine Heimat, ruft Jesus Christus vom Kreuze, Vater, in deine Hände gebe ich meinen Geist.* Was wäre, wenn das Huldeli seine Schwester wäre? Das Gedankenspiel sei ihm erlaubt, auch in dieser Stunde, findet Johann Rudolf, die Gedanken sind frei. Vom gleichen Vater? Schwachsinn, natürlich. Doch mit letzter Gewissheit kann das keiner sagen, die Vaterschaft zweifelsfrei bezeugen kann nur der Storch, der gute Glaube, die Liebe oder die Hoffnung, nicht die Vernunft.

Neuntes Kapitel

I

Um dem Tod des Germanicus zu entrinnen, auf den er nicht vorbereitet ist, von Tacitus, den er hätte büffeln sollen übers Wochenende, muss er die Schule schwänzen, heute von acht bis zehn Uhr, die schriftliche Prüfung in Latein. Schangi, der sechzehnjährige Pennäler, geht über den Münsterplatz in Richtung Pfalz, in seinem Rücken der Eingang des Gymnasiums, durch den sich an diesem Montagmorgen seine Mitschüler drängen, vor sich die Aussichtsterrasse über dem Rhein, nur ja niemandem begegnen, den Kopf abgewandt, um nicht den Blick eines Lehrers zu kreuzen, oder eines Klassenkameraden, der ihn verpfeifen könnte. Es ist ein milder Vorfrühlingstag des Jahres 1800, die Singvögel schmettern ihre ersten Balzlieder von den Bäumen. Er wird sich die Zeit bis zum Mittagessen vertreiben müssen. Er schaut über die Brüstung in die Tiefe, wie wäre es, sich hinunterzustürzen und tot zu sein, stattdessen? Ist der Tod eine Option, wenn man die Folgen seines Tuns nicht gewärtigen will? Oder besser, seines Nichttuns? Wenn man nicht nochmals einen Brief vom Rektor zugeschickt bekommen will, in dem steht, dass der Herr Sohn die Schule schwänzt? Und dann die ewigen Standpredigten, sich erniedrigen lassen, sich anbrüllen lassen, die Strafen erdulden. Noch bis zu seiner Konfirmation hat ihn Vater zur Strafe übers Knie genommen – Und so einer will Apotheker werden? Ich werd's dir geben! Doch er will es trotzdem nicht begreifen, was geht ihn, den heutigen Schangi, ein

Germanicus an, was hat er mit einem alten römischen Haudegen von Antiochia am Orontes am Hut, mit seinen Feldzügen am Rhein, was gehen ihn, verdammt, die blöden Reden von Tacitus Brutalis überhaupt an? Latein vom Fass, abgefüllt in Dumpfköpfe? Wieder ist da heute einer wie der Germanicus, unser Näppi Berserkerus, auf seinen Feldzügen am Rhein, ganz Basel liegt ihm zu Füssen, er haut sich kreuz und quer durch die Kontinente, dass die Späne fliegen, frisst sich im Blutrausch durch Europa wie ein Fuchs im Hühnerstall, wird weiter Land um Land erobern, und alle sind ihm scheinbar verfallen ausser seine Feinde naturgemäss, aber denen wird er schon noch *mores* lehren, sagen alle. Schangi wird, wenn er von der Schule fliegt, bald nichts mehr übrigbleiben, als sich der Armee anzudienen und eine Karriere als Soldat zu machen, seine akademische Laufbahn ist ohnehin schon längst den Bach runter. Sein Benehmen «gibt zu Tadel Anlass», wie im Schulzeugnis neben den ungenügenden Noten zusätzlich noch vermerkt wird. Früher oder später wird er gezwungen sein, in den sauren Apfel zu beissen.

Es herrscht ein grosser Rummel, auf der Brücke wimmelt es von Glücksspielbuden, Gauklern und von Wahrsagerinnen, Ausrufer verkünden mit Trommeln und Trompeten ihre Botschaft, Rä-dä-bäng, rä-dä-bäng, grosse Rekrutierung auf dem Petersplatz! General Moreau braucht Truppen für die Rheinarmee, und bald ist Aschermittwoch, die Zeit, wenn auch die Zünfte ihre Mannen stellen. Schangi gibt sich einen Ruck und macht sich auf, geht hoch zum Petersplatz. Er schaut dem Treiben zu, hier herrscht Aufbruch, keiner geht hier Schritt, jeder rennt, herumgeschickt von einem Ort zum andern, Befehl und Vollzug, schon zwei einzelne Männer bilden eine Formation, man marschiert gestaffelt und in kleinen Gruppen, die einen mit geschultertem Gewehr, die anderen noch unbewaffnet, die Richtung immer klar vor Augen, im strammen Rhythmus, Treppen hoch, rein ins Zeughaus, auf der anderen Seite wieder raus. Die Musterung: Alter, Grösse, Gewicht, Hemd ausziehen, Sanguiniker, Wutanfälle? Choleriker, Phlegmatiker, schwermütig? Manchmal? Nie? *Leptosom,* der Körpertypus, *pyknisch,* im Idealfall athletisch, leichter Turmschädel, Schuhgrösse, Brustumfang. Neigen Sie zur Trunksucht? Faule Zähne: keine. Zunge zeigen: aaah. Linkes Ohr, bitte wiederholen: 21 – 21, 96 – 96, 77 – hä? Sehschärfe, Hose runter, zwei Finger an den Schliessmuskel hinterm Hodensack. Jetzt bitte husten, Stuhlgang normal? Danke, das war's. Da drüben geht's zur Kampfbahn, Laufen, Klettern, Liegestützen, Steinwurf. Tauglich, sie sind Füsilier, Grenadier, 1. Halbbrigade. 1 blauer Uniformrock, 1 weisse Weste, 1 weisse Hose, 1 schwarzer Filzhut, 1 Tornister, 2 Paar Schuhe, 2 Paar Gamaschen, 2 Paar Strümpfe, 2 Hemden, 1 Arbeitskittel, 1 Gewehr, 1 Bajonett, 1 Patronentasche mit Putzzeug.

Aus sicherer Distanz, im Karree vor dem Zeughaus an einen Baum gelehnt, schaut Schangi zu, Schwindel erfasst ihn, Beklommenheit, wenn er sich vorstellt, einst Teil eines solchen Räderwerks zu sein, das doch sonst alle Welt so fesselnd findet, wo jeder Schritt ein Mass hat, die Männer sich bellend unterhalten, Befehl und Gehorsam, dieses Stramme, Geordnete, scheinbar Unwiderstehliche erschreckt ihn mehr, als dass es ihn anzieht, ein Dasein im mechanischen Gefüge von Soldatenleibern, die im Kampfverband durch die Länder ziehen, von Sieg zu Sieg im besten Fall, um auf dem Feld der Ehre als Held zu verrecken, im anderen.

Beschwingt spielt das Militärspiel auf, Trommler und Pfeifer ziehen musizierend durch die Stadt, Standestruppen, Zünfte, Ehrengesellschaften paradieren durch die Strassen, tragen ihre Fahnen stolz voran. Schangi schliesst sich einer Gruppe von Trommlern an, den Petersberg hinunter durch enge Gassen, wo das beherzt aufs Fell Geschlagene mächtig von den Häuserwänden widerhallt, zum Fischmarkt und durchs Tor hinaus zur Brücke, wo ihn ein verlumptes Hutzelweib am Arm packt und zur Seite nimmt.

«Oh, Monsieur, eine grosse Wende steht bevor in seinem Leben.»

Nimmt seine Hand, um darin zu lesen, macht sich am Siegelring zu schaffen, dreht und wendet ihn, begutachtet ihn mit dem einen Auge von der Nähe.

«Oh, ein Halbmond, Stern und Berge, die Handfläche mit scharfen Linien, ich sehe grosse Reisen, schwarze Kinder, einem frühem Tod kann er leicht entrinnen, wenn er weise ist.»

«So, das reicht jetzt, lass mich los und scher dich zum Teufel, du alte Hexe!»

«Gib mir einen *Sous,* dann helf ich dir weiter.»

Sie grinst ihn an mit breitem Maul und dem einen Zahn, der aus dem Unterkiefer sticht, schräg das Köpflein mit dem blitzenden Auge, hält ihm die Bettelhand unter die Nase.

«Da hast du was, und scher dich fort!», ruft ihr Schangi zu, wirft ihr ein paar *Centimes* hin.

«Gott sei dir gnädig», haucht sie heiser, packt ihn wieder und zieht ihn näher an sich heran, ihr speichelfeuchter Atem riecht scharf nach Knoblauch.

«Nimm dir nur eine Frau, keine zwei, dann bleibt das Glück dir treu!»

Die Geldbörse an seinem Gürtel hält er fest, bei den Spielbuden halten sich die Beutelschneider auf und warten auf Gelegenheit. Taschenspieler und Tunichtgute lauern an jedem Eck, allerlei Gesindel treibt sich in diesen Zeiten auf der Brücke herum, herrenlose Hunde jagen hin und her zwischen all dem Volk und schnüffeln ihren Fährten nach. In einer Bude wird mit Karten gezockt und gewettet mit Würfeln, auf einem umgebauten Leiterwagen spielt der nächste Gaukler das Hütchenspiel mit dem Stein und den drei Bechern, die er auf dem Brett verschiebt, da kommt auch schon ein tumber Bauer daher, der darauf hereinfällt und seine Wette setzt. In seinem Holzverschlag, der nach vorne offensteht, sitzt einer am Tric-Trac-Brett und wartet auf einen Gegner. Es ist noch lange hin, bis es Mittag schlägt, so setzt sich Schangi zu ihm an den Spieltisch und kauft sich ein. Zwei Partien auf zwölf Punkte. Schangi gewinnt beide, der Budenspieler drängt auf Revanche, aber jetzt mit dem Hasardspiel. Die Partie geht anfänglich sehr gemächlich und überschaubar vonstatten, dann beschleunigt sich das Tempo, – Du bist *shooter, banco* setzen, wieviel Augen, du verlierst, jetzt bin ich dran, würfeln, du bist *fader,* 5 ist *main point, Pasch,* die 9 ist jetzt dein Glückspunkt, du verlierst, der Einsatz wird verdoppelt, meine Regel, wieder *Pasch,* ich bekomme den ganzen Einsatz. Du schuldest mir fünf Pfund, mein Junge.

Wie? Du hast sie nicht? Dann setz doch deinen Siegelring, sei kein Frosch.

Und das Spiel beginnt von vorne. Noch einmal beschleunigt sich das Tempo, bis dem armen Schangi schwindlig wird, der Schweiss ihm von der Stirne perlt, und er Spiel um Spiel verliert, bis um zwölf Uhr alle Glocken läuten und er sich mit leerem Beutel und ohne seinen Siegelring erhebt. Den Ring hat er erst im letzten Frühjahr von seinem Patenonkel, Götti Battier, zur Konfirmation geschenkt bekommen. Mit hängendem Kopf schleicht er sich davon.

Einfach so nach Hause, ohne seinen schönen Siegelring, das wird nicht gehen. Was ist zu tun? Sich der Gefahr gar nicht erst aussetzen, das wird das Beste sein, zum Essen gar nicht erst erscheinen, heisst demnach auf die Schnelle einen Vorwand finden: Nach der Schule auf dem Weg nach Hause durch Zufall auf V., den Pfau, getroffen, der lädt ihn zum Mittagessen ein, bin nur rasch vorbeigekommen, dies zu melden. Das klingt harmlos, wie er hofft, das kann gelingen. Schnell zum Rheinsprung. Doch was, wenn es da heisst, der Pfau sei nicht zu Hause, oder ist da, hat aber keine Zeit, weil er womöglich Gäste hat?

Ein Glockenzug, der Lakai erscheint: «Ja, der junge Herr ist da, ich bitte einzutreten, werde ihm sogleich Bescheid sagen.»

Hohe Halle, Wandteppiche aus dem Burgund, schwere, dunkle Möbel, menschengrosse chinesische Vasen. Sein väterlicher Freund seit der Kindheit, er ist der einzige Mensch, dem er sich in solch einer Lage anvertrauen kann.

Der Pfau kommt angerauscht: «Welche Freude, dich zu sehen! Was bringt dich her, mein Lieber? Lass uns zusammen zu Mittag essen, ich lade dich ein, wir gehen in den Storchen, hier am Tisch kommt man nicht zu Wort, Vater, Mutter, Brüder, Schwestern, zwei Tanten, ein Geschnatter wie im Gänsestall.»

Zwischen *Consommé* und Milkenpastetli kommt dann die unerwartete Wendung, der Pfau hält Schangi eine Moralpredigt, was er sich einbilde, mit Unvernunft und Aberwitz sei kein Staat zu machen, das Leben sei kein Larifari, es mache nicht lange Federlesen mit gestrandeten Existenzen. Schangi sei auf dem besten Weg ein Taugenichts zu werden. Ob er denn kein bisschen Stolz im Bauch habe? Keinen Ehrgeiz, etwas Anständiges aus sich zu machen? Sich in die Tasche zu lügen und zu hoffen, dass es die Zeit richten werde sei keine Haltung. Blauäugig und grün hinter den Ohren! Mit seinem Schlendrian verbaue er sich alle Wege. Und zu warten, bis er von der Schule fliege, und andere für ihn entscheiden, was er im Leben zu tun habe, gehe gar nicht. In seinem Alter!

«*Il faut prendre l'initiative,* mit anderen Worten, nimm den Finger aus dem Arsch, mein Freund!»

Schangi stochert in seinem Teller herum, die Gänsekeule lässt er liegen.

«Noch heute Nachmittag gehst du zu deinem Vater in die Apotheke und verlangst eine Unterredung, es sei dringend, eröffnest ihm, dass eine akademische Karriere für dich nicht infrage komme, und du ihn bitten möchtest, mit Christoph Burckhardt zu reden, du würdest im Handelshaus beim Segerhof den Beruf des Kaufmanns erlernen wollen. Damit sind dir alle Türen offen, in die ganze, weite Welt. Und was die Geschichte mit dem Siegelring betrifft, will ich sehen, was sich machen lässt, ich habe da vielleicht eine Idee.»

Zwei Wachen patrouillieren auf der Brücke, haben ein Auge darauf, das alles mit rechten Dingen zu- und hergeht, spielen, wenn etwas schief läuft Katz und Maus mit den Strolchen, die sich um die Buden tummeln. Wenn es zu viel Rummel gibt und keine Ordnung mehr herrscht, vertreiben sie die Gaukler, schliessen die Buden ohne Vorwarnung. Französisches Gesetz untersagt das Glücksspiel auf der Strasse, die Buden sind hier nur ausnahmsweise geduldet, weil die Truppen in der Stadt sind, und Soldaten lieben das Spiel. Napoleon lässt auch das Fasnachtstreiben in der Stadt nicht mehr zu, hat Angst vor einem Aufstand, eine Verordnung verbietet alles Musizieren und Tanzen in der Öffentlichkeit, gestattet keine Umzüge, sogar das Maskentragen ist nicht erlaubt.

Der Pfau erklärt ihm seinen Plan, sie trennen sich beim Tor, Schangi soll in Rufdistanz bleiben und beim Käppelijoch auf sein Zeichen warten, der Tric-Trac-Spieler darf ihn nicht entdecken.

Der Pfau setzt sich an den Spieltisch und gibt mit fahrigen Bewegungen den Betrunkenen, leichte Beute, auszunehmen wie die Weihnachtsgans, man spielt zwei Runden Hazard, bis dem Pfau zum Schein das Geld ausgeht, er zieht seinen Siegelring vom Finger, goldgefasst, mit edlem Stein, und wirft das gute Stück als Einsatz auf den Tisch.

«Was mag der wert sein?», fragt der Gaukler und sieht sich um, ob keiner sie beobachtet.

«Keine Ahnung, hast du selbst denn keinen Siegelring zu bieten, Schelm?» Schaut ihn mit halb geschlossenen Augenliedern eines Besoffenen an. Der Gaukler zögert nicht und holt aus seinem Beutel Schangis Ring hervor, gibt ihn auf den Tisch als Spieleinsatz.

«*Banco!*», ruft er und reibt sich die Hände.

Der Pfau rafft mit geschicktem Griff die beiden Siegelringe an sich, schliesst die Faust, streckt sie in die Höhe, das ist das Zeichen, schreit Zetermordio:

«Wachen! Wachen!», wirft den Hocker um, als er aufsteht und weiter um Hilfe ruft.

Die Wachen kommen mit gezücktem Säbel angerannt. «Was geht hier vor?»

Schangi erscheint jetzt, wie ausgemacht und schaut dem Treiben zu, der Pfau noch immer mit gereckter Faust, schreit, der verdutzte Gaukler weiss nicht wie ihm geschieht und schaut wie ein gefangener Fuchs in der Falle nach allen Seiten.

«Ich hab nichts Falsches gemacht», sagt er. «Hier geht alles nach der Ordnung, der Mann ist besoffen, nehmt ihn mit!»

«Ich bin nicht besoffen, Lümmel, Wachen, hier der Trickdieb! Wie kommt der Gaukler zu diesem Siegelring? Der gehört dem jungen Mann da drüben, komm her, hier ist dein Ring, der dir gestohlen wurde.»

Die Wachen machen kurzen Prozess, fragen Schangi, ob der Siegelring ihm gehöre.

«Ja sicher, das ist unser Wappen, Halbmond, Stern und Berge, der Herr kann das bezeugen, ich vermisse ihn seit heute früh.»

Die Wachen machen kein Aufheben, schenken ihnen Glauben, lassen die jungen Herren gehen, die Glücksspielbuden werden geräumt, die Gaukler verjagt, sie packen im Nu ihren Plunder und verschwinden von der Brücke.

Der Pfau ist ein begnadeter Zeichner, an jeder Fasnacht sind seine Masken Stadtgespräch, er formt die Larven nach dem Leben, jeder kann die Gesichter der Karikierten sofort erkennen. Das Verbot zum Maskentragen missachtet er auch in diesem zweiten Jahr nach der Revolution und zieht mit seinen Freunden bis spät in die Nacht kostümiert umher, von einer Spelunke zur nächsten, Tanzen, Trommeln und Fasnacht feiern, wie jedes Jahr. Er selbst als Napoleon, Schangi als seine Josephine, Megge Gisin spielt den Konsul Peter Ochs, dessen Frau Mizzi gibt den Vogel Gryff als Pfaffen, statt der Bibel hat er das Ochsenbüchlein* in der Hand. Im Schwalbennest an der Rheingasse im tiefsten Kleinbasel, Ecke Greifengasse, geht es hoch zu und her, Napoleon steht auf einem Stuhl und entblösst unter dem Gejohle der ganzen Beiz seinen Hintern, um dem Pfaffen ins Gesicht zu furzen, als die Wache zur Tür hereinkommt, ein abgehalfterter Stänzler in französischen Diensten, der im Quartier für Recht und Ordnung zu sorgen hat.

«*Guete Noobe,* ich bin die Obrigkeit, hier wird gegen das Gesetz verstossen, das ist ein Maskenball!»

---

* Als «höllisches Ochsenbüchlein» wurde die Einheitsverfassung bezeichnet, die Peter Ochs im Auftrag des französischen Direktoriums für die Helvetische Republik entwarf. Sie wurde selbst in patriotischen Kreisen heftig kritisiert.

«Entschuldigen Sie, Herr Oberwurstfresser-General, das sind keine Masken, mit Verlaub, das sind unsere wahren Gesichter», sagt Napoleon und zieht die Hose wieder an.

«Aufstand wird nicht geduldet, damit das klar ist! Der da spielt Napoleon Bonaparte, das sieht man!»

«Nein, Herr General Oberzapfhahn, ich bin nur eine gemeine Wildsau, hier meine Hauer.»

«Und das hier ist Madame Josephine, seine Frau, die ist ihr wie aus dem Gesicht geschnitten!», sagt der Stänzler.

«Nein, Herr Oberst Zapfensau, wieder falsch, das ist eine weisse Schnattergans, nichts weiter, und hier ein Ochs, ein blöder Ochs, wie Sie sehen können, *le boeuf, der Ochs, la vache, die Kuh, fermez la porte, die Türe zu*, und hier, darf ich vorstellen, ein Vogelvieh im schwarzen Kleid.»

«Das ist der Vogel Gryff, man hält mich wohl für blöd.»

Mizzi kommt jetzt angetrippelt und steckt sich von hinten einen Besenstiel durch die geschlossenen Beine, so dass sich dem Wachtmeister der vordere Teil steil nach vorn in die Höhe entgegenreckt.

«Dirif-dlif-dlif, dirif-dlif-dlif, der Vogel Gryff het's Pfyffli styff!»

«So jetzt reicht's aber mit dem Mummenschanz!», sagt die Wache, «Schluss damit! Sonst mach ich hier den Laden dicht. Und der da ist doch unser Konsul Peter Ochs, da macht mir keiner etwas vor! Das ist verboten!»

Monsieur Anatol, der Schwalbenwirt, gedrungener Körper mit Zwirbelschnauz, stellt sich auf die Zehenspitzen, reckt sich dem dicken Hünen in Uniform entgegen und lispelt ihm in höfisch gestelzter Manier ins Ohr: «Herr Wachtmeister, lieber Freund und Nachbar, die Frau Wirtin lässt Sie aus dem Separée, ihren rein privaten Gemächern, wenn Sie so wollen, im obern Stock, freundlich grüssen, sie schickt

Ihm per Boten, durch meine Wenigkeit, ein mündliches *billet doux,* des Inhalts, dass, wenn Sie doch bitte die Freundlichkeit hätten, ausnahmsweise ein Auge zuzudrücken, sie durchaus und gerne bereit wäre, sich entsprechend erkenntlich zu zeigen, ihm die eine oder andere Zärtlichkeit in dafür geeignetem, intimen Rahmen zukommen zu lassen.»

Die Wache stutzt, der Kopf braucht Zeit zur Verarbeitung des eben Gesagten, die Wache nickt, das Fleisch ist schwach, und entschwindet schweigend die Treppe hinauf.

«Berthele, Kundschaft!», ruft Monsieur Anatol hinterher.

II

Drei Jahre gehen ins Land und der anfängliche Enthusiasmus der Basler für Napoleon und die Sache der Freiheit und der Gleichheit ist in manchen Teilen der Bevölkerung jäh gekippt und einer Ernüchterung gewichen. Die Schweiz ist gespalten in zwei Lager, die sich bis aufs Blut bekämpfen. Bürgerkrieg ist die Folge. Die Helvetische Republik erleidet dabei zwar den Todesstoss, die Schweiz nennt sich wieder Eidgenossenschaft und bekommt eine föderalistische Verfassung, das Land jedoch ist faktisch nach wie vor ein französischer Vasallenstaat.

Schangi wagt den Sprung, bricht das Gymnasium ab und ist im Segerhof in Ausbildung zum Kaufmann bei Christoph Burckhardt & Cie. Grosshandel, weltweit. Mit Tuchen, Baumwolle und *Indiennes,* mit Kolonialwaren, Zucker, Kaffee und Kakao. Fernhandel, Spedition, Kreditwesen, Geldverleih und Wechselgeschäfte, Investitionen, Beteiligungen an Reedereien und Expeditionen, Finanzierung von Tuchfabriken im Elsass. *Marchand-fabriquant-banquier,* so die Bezeichnung des modernen Handelsmannes. Schangi lernt ein Kontor zu führen, Korrespondenz und Buchhaltung. Die Akkuratesse, die schiere Pedanterie, die dabei angewandt werden muss, geht Schangi gewaltig gegen den Strich. Es unterlaufen ihm bei der mangelnden Aufmerksamkeit, die er dem Kleinkram für gewöhnlich entgegenbringt, häufig Flüchtigkeitsfehler, die hinterher mit erbsenzählerischer Kleinarbeit korrigiert werden müssen. Aber im Gegensatz zur stumpfsinnigen Paukerei am Gymnasium ist ihm der Sinn der alltäglichen Korinthenkackerei wenigstens einsichtig, die Fehler, die sich einschleichen, haben oft einschneidende Folgen, sie können über das Gelingen einer Unternehmung entscheiden. Oder ihren Untergang herbeiführen.

Bei Burckhardt & Cie. herrschen eherne Gesetze wie in der Kirche. Es wird gepredigt, das heilige Wort steht in den Handlungsbüchern, sie sind das Credo des guten Kaufmanns und sollen auch von zukünftigen Generationen als Leitfaden für das eigene Handeln gelesen werden. Eifrig wie die Pfaffen dozieren die Handelsherren Redlichkeit, Unbescholtenheit, rechtes Mass in allen Dingen und zuoberst auf dem Sockel steht Menschenachtung, mit der allein könne man Achtung verdienen. Ferner wird Menschenkenntnis verlangt, die nur durch eigene Erfahrung zu erlangen sei, und allgemeine Weltkenntnis, was auch immer damit gemeint sein mag.

Seine Lateinkenntnisse sind ihm wider Erwarten oft von Nutzen, sie helfen etwa beim Verständnis von Verträgen und anderen offiziellen Dokumenten, juristische Ausdrücke im Schriftverkehr sind lateinisch. Sogar was er in den verhassten Mathematikstunden gelernt hat, kann er jetzt gebrauchen, simple Rechenkunst, nicht allzu schwierig, Wechselrechnungen, Kalkulation, Statistik, aber auch seine Geographie- und Geschichtskenntnisse sind ihm durchaus dienlich.

In der Beziehung zu seinem Vater hat sich in den letzten Monaten, ironischerweise seit Schangi ihm eröffnete, dass er das Gymnasium abbrechen wolle, so etwas wie ein Scheinfriede eingestellt, eine Gefechtspause im unausweichlichen Kampf der Generationen um Deutungshoheit. Senior wird sich mit der Tatsache abzufinden haben, dass sich Junior, Apothekersohn Johann Rudolf, als Rohrkrepierer erweist. Die alte, teure Familientradition wird dereinst, wenn der

Vater stirbt, mit ihm zu Grabe getragen. Ein bitterer Schmerz für ihn, ein harter Schlag. Der Sohnemann hat in seinen Augen bloss Flausen im Kopf, in die Tropen zieht es ihn, den Luftibus, wo er das Paradies auf Erden zu finden hofft. Die Fremde lockt, das Neuland, das von ihm zu entdecken und nur durch seine allein ihm innewohnende Besonderheit noch zu erobern ist, blühender Unfug. Kapriolen, naturgemäss.

Ein Burgfriede herrscht im Haus, das gegenwärtig noch beide bewohnen, wobei der Hausherr nach wie vor die Zügel in der Hand hält und dem Schangi noch immer sagt, wo Gott hockt, wie er sagt. Bis zur Mündigkeit nach vollendetem 24. Lebensjahr wird das auch so bleiben, wenn der Vater nicht vorher vom Allmächtigen abberufen wird.

Endlich, nach langen Querelen mit dem Vorbesitzer Thurneysen und mit gerichtlich erstrittenem Kaufrecht, erwirbt Johann Rudolf der Ältere in den Schorenmatten vor dem Riehentor ein Landgut mit ein paar Jucharten Ackerland. Hier erbaut er das Anwesen mit Gutshof, den langerträumten Rückzugsort inmitten prächtiger Natur, mit perlendem Bach im englischen Park, mächtigen Bäumen, einer Pappelallee, einem üppigen Blumengarten mit Heil- und Zierpflanzen, Kräutern, Gemüse, Beeren, mit Apfel-, Kirsch- und Pflaumenbäumen, Birnen und Trauben im Spalier, Kleewiesen und Matten, Pferden und Kühen, mit Hühnern und Gänsen. Hier lässt es sich leben und lustwandeln wie im Paradies. Johann Rudolf, Apotheker mit eigenem Arzneigarten und Imker in spe. Und, wer weiss, sagt er, vielleicht wird er eines Tages ein Buch über Heilpflanzen schreiben, am Steintisch im Schatten der Weinblätter, die sich an der

Pergola über ihm ranken, bei einem Glas Rhabarbersaft aus eigener Zucht.

In Reverenz an seine Schwiegereltern Faesch-de Hoy, die seiner lieben Frau Margarethe als Morgengabe bei ihrer Eheschliessung 1782 die Plantagen vermachten, gibt er dem Landgut den Namen *Zum kleinen Surinam*. Ein Tiefpunkt der Stillosigkeit, wie Schangi findet, eine nicht zu überbietende Peinlichkeit, eine Blamage, ein weiterer Beweis der Borniertheit seines Vaters. Sich derart blosszustellen in der Öffentlichkeit, jeder weiss, ohne das eingebrachte Vermögen der Mutter und die Einkünfte aus den Pflanzungen in den Tropen könnte man sich nie und nimmer so ein Anwesen leisten, und er als Freimaurergeist hat sich selbst nie ausersehen jemals dorthin zu reisen und sich um seinen Besitz zu kümmern, er hat sich herausgewunden aus der Verantwortung mit seiner Gutmenschtümelei, Sklavenhaltung pfui, nur besser wegschauen, als Nutzniesser in seinem Gärtchen vor dem Riehentor die Erträge zählen, die sich wie durch ein Wunder anhäufen und ausserdem die Abolisten feiern. Wie soll das gehen? Das ist doch die reine Heuchelei. Anstatt den Kopf in den Sand zu stecken, das ist für ihn beschlossene Sache, wird Schangi in die Kolonien fahren, er fühlt sich berufen, als Sohn und Erbe, er wird die Ärmel hochkrempeln und dort nach dem Rechten sehen. Vielleicht lässt sich Menschlichkeit und der Handel mit den Kolonien in Zukunft ja unter einen Hut bringen, es wird sich dazu wohl ein Weg finden lassen, so seine Vorstellung. Man muss es nur wollen.

Ein Teich soll gebaut werden, für die Smaragdenten. Leupi Heiri, der Pächter, stellt sich quer, er weigert sich den Lehenszins zu zahlen. Mit dem Bau des Anwesens sei ihm so schon ein grosses Stück Boden genommen worden, für die Landwirtschaft sei kaum mehr Platz geblieben, jetzt habe er die Nase voll, er werde es drauf ankommen lassen, bezahlen werde er nicht. Eine Frechheit, findet Johann Rudolf der Ältere, er werde ihn gerichtlich dazu zwingen, es gebe einen Vertrag. Die Leibeigenschaft sei nun mal abgeschafft, kontert Leupi Heiri, das Imponiergehabe des Herrn Apotheker beeindrucke ihn nicht im Geringsten, er könne ja Klage einreichen beim Gericht, ihm sei's nur recht.

Wieder muss sich Schangi für den Vater schämen, der auf sein Recht pocht, obwohl dem Pächter mit den Gärten, die sich laufend ausweiten, nach und nach immer mehr Ackerflächen abhandenkommen. Er schimpft den Vater einen Halsabschneider. Jener seinen Sohn einen Einfaltspinsel, einen naseweisen. Doch erstmals setzt sich Schangi gegen seinen Vater durch, er zieht die Karte Freiheit-Gleichheit-Brüderlichkeit, drängt auf eine Einigung, die von Angesicht zu Angesicht ausgehandelt wird, vor Ort sollen die neugeschaffenen Gegebenheiten begutachtet und die Tatsachen festgehalten werden, ohne den Amtsrichter dafür zu bemühen. Der Vertrag wird angepasst und mit Handschlag von Leupi Heiri und Johann Rudolf Vater, dem Lehnsherrn, besiegelt.

Bei Burckhardt & Cie. im Segerhof bekommt Schangi Einblick in die wechselhaften, kaum kalkulierbaren Entwicklungen des französischen Überseehandels. Sprunghaft verändert er sich, es geht von einer Krise zu einem Aufschwung und zurück. Als er seine Lehre anfing im vergangenen Jahr herrschte grosser Optimismus, die Geschäftswelt glaubte nach dem Friedensschluss zwischen Frankreich und England an einen Aufschwung, man erwartete das Ende der

Handelsblockaden und Kaperkriege. Napoleons Wieder-
zulassung der Sklaverei in den Kolonien versprach ungeahnte Gewinne für den Handel. Bourcard Sohn in Nantes
warb in einem Empfehlungsschreiben an die väterliche Handelsfirma in Basel für Investitionen, der Handel, schrieb
er in überschwänglichem Ton, hätte nach karger Zeit zur
alten Prosperität zurückgefunden, besonders im Seiden-
stoffhandel gebe es einen rasch wachsenden Markt, die
Nachfrage sei gross, er sprach von traumhaften Aussich-
ten.

Kaum ein Jahr später, im Mai 1803, mündet der Macht-
kampf der Rivalen England und Frankreich in den Ab-
bruch der diplomatischen Beziehungen und in einen
Wirtschaftskrieg mit gegenseitigem Handelsembargo und
Hafenblockaden, die alles sofort zum Stillstand bringen.
Die Investitionen jedoch sind bis dahin getätigt, Kredite
vergeben, Beteiligungen gezeichnet, Waren geliefert. Der
Handel stockt, der Absatz bricht ein, die Zahlungen der
Kredite werden fällig, die Firmen werden illiquid, Insol-
venzen, Pleiten und Konkurse sind die Folge. Der Tonfall
wird rau, es hagelt böse Briefe, Mahnschreiben, Schuld-
zuweisungen, Bezichtigungen, Betreibungen, Prozesse
werden angestrengt. Nichts geht mehr. Das Geld ist weg,
es herrscht Chaos. Die Webstühle stehen auch im Elsass
still, die Investitionen in die Fabriken verlieren ihren Wert,
allein die Unternehmung in Cernay, *Indienne*-Druckerei
und ehemals stolze Manufaktur mit 600 Beschäftigten,
die von Burckhardt & Cie. finanziert wird, reduziert den
Personalbestand auf 100, die Produktivität sackt zusammen. Ein Heer von Posamentern im Baselbiet ist arbeitslos
geworden.

Bei den de Bary in der Dalbe ist am Samstagabend Hausball. Schangi hat die Einladung dankend angenommen, in grosser Vorfreude, wie er es in seinem Antwortschreiben formuliert hat, obwohl er Tanzabende hasst, weil er sich blöd vorkommt. Gehemmt ist er, weil er kein geübter Tänzer ist. Klar hat man als Kind die Schrittfolgen und Figuren des Menuetts und der *Contredanse* gelernt und all das höfische Gehüpfe, es war wie der Reigentanz Teil des Spiels mit den Kindermägden und den Schwestern, aber als erwachsener Mann hat Schangi nie wirklich Gefallen finden können an dem gezierten Gehopse. Er kommt sich lächerlich vor, wenn er vor aller Augen herumtrippelt und wie die Hofschranzen vor dem König scharwenzelt. Seit jetzt Walzer getanzt wird an den Bällen ist das eine ganz andere Geschichte, ein Mann und eine Frau, nur sie beide. Er wählt die Dame aus, er fordert sie auf, darf ich bitten, mit mir herumzuwirbeln auf dem Parkett, ja, in meinen Armen, zum berauschenden Rhythmus, ein fliegender Tanz zu zweit, alles verschwimmt, nur noch die Augen des Mädchens, sie gibt sich seiner Hand an der Taille hin, alles wird leicht und wird leichter, nur noch das Drehen, die Fliehkraft und die Bewegung im Wind, und das Herz schwebt mit. So stellt sich Schangi das vor. Die Tatsachen sehen anders aus, er hat die Schritte nie gelernt, von Figuren und Varianten schon gar nicht zu reden, er bekommt Schweisshände allein beim Gedanken, wie ungeschickt er sich anstellt auf der Tanzfläche, wie ungelenk er wirkt, wenn er die Dame führen soll. Die de Barys geben den Ball für ihre Töchter, das Trinli und die Luise, beide nicht schlecht, wie er findet, aber nichts für ihn, Schangi hat die Yetti Preiswerk im Auge, schon länger eigentlich, wenn er sich's überlegt, seit sie zusammen geschwommen sind vor Jahren im

Rhein, als er damals beim Badehaus vor der Tür wartete, bis sie sich umgezogen hatte und sich vorstellte, wie ihre Brüste wohl schon etwas ausgebildet sein müssen. Das ist Jahre her, und inzwischen ist sie herangewachsen zu einer jungen Dame, die hübscheste von allen, wie er findet, mit ihren azurblauen Augen und den Sommersprossen auf der Nase. Schangi ist weit davon entfernt, ans Heiraten zu denken, doch der Anlass dient eigentlich dem Zweck, sich bei den Gleichaltrigen umzusehen und künftige Ehen anzubahnen. Man spricht nicht davon, aber es ist wie am Viehmarkt, bei solcher Auswahl ist bei allen, den Jugendlichen und bei den Eltern, der Puls erhöht und der Tonfall übertrieben, man gibt sich hochgestimmt und ist überschwänglicher als bei jedem anderen Anlass. Eine aufregende Sache jedenfalls.

V., der Pfau, hat sich anerboten, ihm am Samstagnachmittag vor dem Ball Tanzunterricht zu erteilen. Der Pfau, das wird ihm von jedem neidlos zugestanden, ist weitherum der beste Tänzer. Fünfzehn Uhr dreissig zum Tee im Musiksaal des Blauen Hauses, V. hat alle Geschwister fortgeschickt, – Ehrenwort, keiner wird uns stören, die Eltern auf Visite in der Stadt, das Hauspersonal avisiert, Jalousien geschlossen. Zuerst zeigt er ihm die Grundschritte, Gehschritt vorwärts, Rückschritt, Seitschritt, Gleitschritt, raumgewinnend, so der Fachausdruck, wie er ihm erklärt. – Jetzt der Walzerschritt, im Karree, Dreitakt, eins-zwei-drei, eins-zwei-drei, kennst du ja, Betonung auf eins, bumm-tick-tick, rechts beginnt, ein Schritt nach vorn, links ein Schritt seitwärts, auf drei schliesst der rechte Fuss zum linken, dasselbe rückwärts, links zurück den Schritt auf eins, rechts jetzt seitwärts, und schliesse dann auf drei. Komm, ich zeig's dir in der

Tanzhaltung, ich bin die Frau, du bist der Mann, deine Linke fasst meine Rechte, deine Rechte an meinem Rücken, flache Hand, ganz wichtig, die Finger nicht gespreizt, du beginnst vorwärts, mit dem rechten Fuss, Achtung, und: bumm-tick-tick, jetzt rückwärts, mit links beginnen, bumm-tick-tick, geht ja, du wirst schon sehen, und jetzt der Drehschritt, rechts auf eins, und bumm-tick-tick, jawoll, du wirst Furore machen, bumm-tick-tick.

Der Salon und das Esszimmer des kleinen Stadtpalais der de Bary ist für den Anlass umgestaltet worden, der blaue Salon mit den ägyptischen Motiven an der Tapetenwand ist voller kleiner Tische und Sitzgelegenheiten, das Esszimmer mit der offenen Durchgangstür, den blassgrünen Tapeten mit Griechischen Götterbildern leergeräumt, die Teppiche sind eingerollt und weggetragen worden, das Holzparkett ist nun grosse Tanzfläche. In der rechten Ecke vor dem Spiegel spielt ein Trio, ein Hammerklavier, zwei Streicher, die Musiker im schwarzen Frack. Kein Walzer, zu Beginn des Abends wird das *Menuett* von Boccherini gespielt, wie bei jedem Anlass zur Begrüssung, später dann die *Sarabande* von Händel zum Auftakt vor der *Polonaise*.

«Oh, der junge Herr Schangi, hocherfreut, sei willkommen, ich darf noch Schangi zu dir sagen, wenn's erlaubt ist, wie alt bist du jetzt?»

«Im Zwanzigsten, Herr de Bary, ich soll schöne Grüsse ausrichten von meinen Eltern. Danke für die Einladung. Guten Abend, liebes Trinli, liebe Luise, auch euch beiden, besten Dank, die Blumen sind für euch.»

Es gibt Punsch und Weisswein, dazu Salzgebäck, – Ach, da schau her, grüss' dich Yetti, welche Überraschung, dich hier zu sehen! Wie lang ist's her, du schaust prächtig aus in deinem Kleid, Kompliment! Aber da sind noch alle anderen, die man begrüssen muss, bevor man sich den ersten Tanz mit der Auserwählten sichern kann, die Konkurrenz ist gross an diesem Abend, – Grüss dich Männi, Franz-Carl, – Guten Abend Georg. Salut Fritzli. Alle sind sie da und wollen mit ihr tanzen, mit Yetti, da ist sich Schangi sicher. Ein zweites Glas Punsch zur Auflockerung, was ist da sonst noch im Angebot? Das Dorli Lichtenhahn im gelben Kleid mit den Puffärmeln, na ja, Salomé Forcart, ça va, das Lotti Hoffmann, vielleicht, mal sehen, Maieli Fürstenberger, das Räf, kommt nicht infrage, dann doch lieber noch Georgette Heusler, die hat etwas, wie sie dasteht mit einem Glas in der Hand und den Kopf im Rhythmus der Musik wiegt und sich selbst verstohlene Blicke im Spiegel zuwirft, sie findet sich die Hübscheste von allen, mit ihrem weit ausgeschnittenen Kleid. Ist sie aber nicht, da kann sie sich noch so lange bewundern, die beste ist nach wie vor die Yetti.

Die Heusler schaut in Schangis Richtung, Oh, Gott, schaut ihn direkt an, – Grüss' dich Georgette, ergreifend, diese Musik von Händel, und doch festlich, nicht wahr, passend zu den Tapeten, findest du nicht auch? Wir sehen uns später, ich bin grad noch im Gespräch da drüben, und er macht sich auf, zurück zu Yetti, doch die ist inzwischen schon vergeben, verdammich, jetzt wird sie vom schrecklichen Iselin bearbeitet, ich könnte mich ohrfeigen, hätt' ich nur nicht lockergelassen vorhin, mein Fehler. Noch einen Punsch, und dann, wie weiter?

Auftritt V., der Pfau, in schimmerndem Frack und Seidenshawl, steht in der Halle wie ein Gockel, von Cape und Zylinder entledigt er sich mit elegantem Schwung, sein welliges Haar ist adrett gebürstet und geformt, er grüsst von weitem schon strahlend in die Runde, dann sein Einmarsch wie eine Diva, die Hände erhoben zum Gruss. Das lenkt den schrecklichen Iselin von der Yetti ab, er lässt sie stehen und wendet sich ihm zu, breitet die Arme und begrüsst ihn theatralisch. So, jetzt oder nie, das ist seine Chance, – Yetti, meine Liebe, darf ich Dir noch ein Glas Weisswein bringen, nicht gerade höflich, der Herr Iselin, lässt Dich verdursten.

Die Polonaise, der Auftakt zum Tanz. – Darf ich bitten, Mademoiselle? Schangi reicht ihr den Arm. – *Avec grand plaisir, Monsieur!* Doch da geht's schon los mit seiner Mühe den richtigen Takt zu finden, es ist Yetti, die den Schangi führt, sie kennt die Figuren und weiss die Schritte, sie beherrscht sie blind, dreht sich um ihre eigene Achse, reicht ihm die Hand, blickt ihm lächelnd in die Augen, wie eine Gouvernante, die dem kleinen Schüler bei den Hausaufgaben hilft. Schon läuft es aus dem Ruder, sein Schifflein, sein fester Plan war es doch, den sicheren Steuermann zu geben. Aber noch ist es nicht so weit, der Paartanz noch nicht dran, beim Walzer wird er den Takt angeben, so viel ist sicher.

Die Polonaise ist überstanden, höflich wird applaudiert, Yetti zwinkert ihm neckisch zu. Modeste Grétry, *Air pour valser,* ist angesagt. – Jetzt führe ich!, sagt Schangi. Hin und her und Schaukelschritt, das geht gerade noch. Doch dann, beim leisen Zeichen zum Anstoss für den ersten Schritt im Karree, das er Yetti geben müsste, stockt sein Hirn, linker oder rechter Fuss zuerst? Wie ein Blitz durchzuckt ihn diese Frage, er überlegt und schon ist es dafür zu spät, zwei-drei, und er erstarrt stattdessen, sein ganzer Körper, bumm-tic-tic, wie ein Brett, schaut ihr in die Augen und schluckt, bumm-tic-tic, sein Herz schlägt ihm am Hals unter dem steifen Kragen, bu-bumm-tic-tic, Schweissperlen auf der Stirn, ti-tic-bumm-bumm, der Puls, was ist los mit dir?, – Schangi, lass doch einfach los, komm schon, mein Kavalier, wir Mädchen können das viel besser, eins-zwei-drei, schau, so geht das doch, links-zwei-drei, lass Dich gehen, dann wird das schon, und wie das geht, zwei-drei, wir schaffen das.

Aber nichts hilft, Schangi, wie gelähmt in seiner Schreckensstarre, taumelt von einem Fuss auf den andern, mal links vor, mal rechts, zu spät, zwei-drei, und sieht dabei nur noch schwarz vor seinen Augen.

– Schangi? Kannst du mich hören? Siehst du meinen Finger? Schangi, bist du wach? Schangi liegt ausgestreckt auf einem Sofa. Pharaonen in kurzen Lendenschürzen stehen mit kantigen Bärten in unnatürlich verdrehter Körperhaltung neben kleinen Pyramiden und beobachten ihn mit scharfem Blick. Der Pfau schüttelt ihn an den Schultern, tätschelt ihm die Wangen, ein Glas Wasser, schnell. Es weht ein Wind. Yetti wedelt ihm mit dem Fächer japanische Luft zu. Es riecht nach Zigarrenrauch. Von weit her spielt ein Walzer. Ein Fiasko, der Ball. Schangi wird den Abend zusammen mit dem Pfau bei Monsieur Anatol und dem Berthele sturzbetrunken im Schwalbennest beenden.

Zehntes Kapitel

«Schangeli, Flöte üben!», ruft die Mutter durchs Haus, als aus Schangis Zimmer noch immer keine Blockflöte zu hören ist. Es ist Mittwoch, der Nachmittag ist schulfrei, nach dem Mittagessen stehen die Hausaufgaben und Solfège an. Um 15 Uhr ist Unterricht bei Vikar Hähnle. Die ganze Woche hat er keinen Ton geübt. Ein Jahr ist Pflicht, danach kann der Sohnemann entscheiden, ob er weitermachen will oder ob er ein anderes Instrument erlernen möchte, es ist ihm auch zugestanden ganz aufzuhören, wenn er am Musizieren keinen Gefallen hat. So viel Freiheit muss sein. Doch Schangi scheint begabt, hat schon nach kurzer Zeit gute Fortschritte gemacht und bereits nach einem halben Jahr, zur letzten Weihnacht, etliche Lieder begleiten können, hat mit den Schwestern, die dazu gesungen haben, *O Tannenbaum* gespielt, es war entzückend, gar wonnig, wie alle fanden.

«Schangi, hörst Du? Flöö-tee!»

Schangi ist zwölf und weiss selbst, was er zu tun hat. Das Jahr mit der Flöte ist um, und er wird vollendete Tatsachen schaffen. Mit Bienenwachs verstopft er sorgfältig die einzelnen Tonlöcher und die Anblaskante des Instrumentes, stopft das Rohr am Fussstück im Schallbecher mit Virginia, den er aus Vaters Tabakdose in der Bibliothek genommen hat. Dann dreht er den Schlüssel seiner Zimmertür. Den Schnabel des Kopfstücks verwendet er wie bei der Pfeife als Mundstück und entzündet das Kraut mit einem glimmenden Scheitlein aus dem Ofen. Ein Rauchritual zur Beendigung seiner Kindheit. Die Ofentür lässt er offenstehen und setzt sich im Schneidersitz auf den Boden vor den Ofen. Schangi blickt ins lodernde Feuer in der Brennkammer und zieht genüsslich an seiner Pfeife, bis es an der Tür klopft.

«Schangi? Warum schliesst du dich im Zimmer ein? Mach auf.»

«Ich bereite mich grad auf die Stunde bei Vikar Hähnle vor, ich brauche noch zehn Minuten, eine Überraschung, ich komme gleich runter.»

«Bist du allein? Es riecht nach Rauch.»

«Ich sag's ja, Überraschung!»

Als Schangi im Salon erscheint, wo Vater und Mutter beim Kaffee sitzen, hält er die angesengte Flöte in der Hand und stellt sich vor den Vater hin.

«Vater, ein Jahr ist um, und ich habe mich entschieden. Ich möchte nicht mehr in den Musikunterricht. Danke dafür, dass ich die Wahl hatte. Ich habe mir Mühe gegeben, die richtige Entscheidung zu treffen. Ich muss es mir leider eingestehen, es fehlt mir die Neigung zum Musikalischen.»

«Um Gotteswillen, Kind, du bist kreidebleich, ist dir nicht gut?», fragt die Mutter.

«Ich hab's gehalten wie der Papa, wenn eine wichtige Entscheidung ansteht, raucht er eine Pfeife. Beim Tabakrauchen behält man einen kühlen Kopf.»

Zum Glück muss er sich nicht rechtfertigen, es war so abgemacht zwischen Vater Johann Rudolf und dem Sohn. Für Vater verhält es sich in der Erziehung gleich wie in der Gartenkunst, die Anlage muss gestaltet sein, die Natur soll sich darin jedoch frei entfalten können, und die geschlängelten Wege sind immer auch Wege der Erkenntnis, sagt er, so seien dunkle Grotten zum Beispiel mit Spiegeln bestückt, zur Selbsterkenntnis auf dem Weg hinaus ans Licht. Was Schangi nicht sagt, weil es niemanden etwas angeht, was aber der wahre Grund seiner Abneigung gegen das Musizieren ist, will ihm nicht aus dem Kopf, währenddessen salbadert Vater vor sich hin, dass ein Garten immer auch zur sittlichen Verbesserung des Betrachters dienen sollte, er selbst werde seinen eigenen Landschaftsgarten einst nach diesem Prinzip anlegen wollen, man gelange stets durch einen Prüfungsweg zur Erleuchtung und zu neuem Wissen, das halte er für die sinnvollste Erziehung des Menschen. Was Schangi für sich behält, ist, dass er den Vikar Hähnle für einen Widerling hält und seine Lehrmethoden abartig. Wenn Schangi in der Flötenstunde zwei Mal den gleichen Fehler macht, muss er sich auf den Schoss des Vikars setzen, vor sich den Notenständer und darf die Flöte nur mit den Lippen blasen und muss mit dem Finger die entsprechende Stelle auf dem Notenblatt anzeigen, während der Vikar die Flöte hält und ihm die richtigen Fingerstellungen auf den Tonlöchern in der Abfolge zeigt.

«Also, à *la bonne heure!* Kein Musikunterricht mehr», sagt Vater. «Es zeugt von einer gewissen Reife, wie du vorgegangen bist. Ich sehe, mein Sohn, dass du dich nicht aus heiterem Himmel, aus einer Laune oder aus Trotz entschieden hast, sondern nach eingehender Prüfung deiner selbst.»

Die Zeit sei gekommen, als *pater familias* gedenke er ihn künftig seinem Alter entsprechend in gewissen Bereichen des Lebens selbst zu unterweisen, da er, wie er wisse, dazu bestimmt sei, seine Nachfolge anzutreten, als sein Junior einst die Apotheke am Fischmarkt zu übernehmen.

«Auf die Reise nach Neuenburg kommst du mit.»

Es stehe ein Besuch bei den de Pury an, seine Mutter und er seien dort eingeladen, auf dem Anwesen in der prächtigen Stadt über dem See. Er werde ihm umgehend einen Pass ausstellen lassen, man reise dabei bekanntlich ins Preussische. Es geht um die Plantagen, die Familie de Pury besitzt in Surinam ebenfalls Plantagen, und es gelte, sich über die Führung ihrer Unternehmen in Übersee auszutauschen und über die Kontrolle der dortigen Verwaltung. Es gehe darum, zu besprechen, ob die Pflanzungen in Zukunft überhaupt noch zu halten seien. Das ist es, was Schangi schon lange erwartet, dass sein Vater ihn endlich ernst nimmt. Er nimmt sich vor, bald mit dem Rauchen zu beginnen. Zum ersten Mal in seinem Leben ins Ausland!

Über den Hauenstein, Langenbruck, mit der Post nach dem katholischen Solothurn an der Aare, dort übernachten, im Gasthof Krone am schönen Platz vor der Stiftskirche St. Ursen, Schangi bekommt ein eigenes Zimmer weit oben im dritten Stock, schreibt dort erste Zeilen in sein Tagebuch, das er von nun an führen will, «Besichtigung der Kirche, was für ein Pomp bei diesen Katholen!». Anderntags via Biel und mit der Chaise nach Aarberg, von dort per Diligence nach St. Blasien und Neuchâtel.

Der See glitzert silbern im herbstlichen Licht, hinauf in die Stadt, das Palais der Familie liegt westlich des Stadtschlosses. Sie fahren durch das Tor und den französischen Garten, an einem Springbrunnen vorbei und gelangen zum Haupthaus. In der Einfahrt wartet der Diener in Livree. Er begleitet die Gäste zur Halle, die de Pury sind avisiert und stehen bereit zum Empfang. Formen des Umgangs, die man in Basel kaum mehr auf diese Weise zelebriert, höfische Manieren, die man aus Erzählungen früherer Zeiten kennt. Der Hausherr küsst Mutter die Hand, Vater, etwas verlegen, ringt sich durch, seinerseits Madame de Pury galant die Hand zu küssen.

L'heure du thé, im Salon werden *Friandises* und *Sablés* serviert, auf feinstem Porzellan, die Tellerchen werden von einer schwarzen Dienerin in weissen Handschuhen gereicht, sie bringt auch den Tee, knickst jedes Mal, wenn sie einem Gast oder ihrer Herrschaft auf dem Zustelltischchen etwas hinstellt. Neben der fahrbaren Vitrine mit dem Konfekt und dem Geschirr steht ein schwarzes Mädchen in Schangis Alter, auch dieses in weissen Handschuhen und einem Häubchen auf dem Kopf, es schiebt auf den zugeflüsterten Auftrag der älteren Dienstmagd hin das gewünschte Zuckerwerk auf die Tellerchen.

Schangi versucht den Kopf nicht nach dem Mädchen zu drehen, weil er nicht dabei ertappt werden möchte, wie neugierig er in Wirklichkeit ist, stattdessen erstarrt er zur Salzsäule und verfolgt dabei jede ihrer Bewegungen aus dem Augenwinkel. Er ist noch nie einer Negerin begegnet.

«Ist sie nicht süss, Jeannot?», sagt Madame de Pury amüsiert.

«Ich sag Jeannot zu dir, weil Schangi in meinen Ohren fremd klingt.»

Sie streckt dem Mädchen die Hand zu. *«Viens, ma petite, viens vers moi»,* sagt sie. «Das ist unsere Marie-Belle, das Töchterchen von Reine-Claude, die uns hier bedient, sie ist noch etwas scheu, oder schüchtern, wie man auf Deutsch sagt, aber das gibt sich mit der Zeit, *n'est-ce pas ma princesse?* Komm, sag unserem Gast aus Basel schön guten Tag.»

Jetzt kann Schangi natürlich nicht verhindern, dass er errötet, als Marie-Belle sich vor ihn hinstellt und ihm die Hand reicht. Er könnte vor Scham in den Boden versinken, alle Blicke auf sie zwei gerichtet.

«Wenn wir Erwachsenen nachher das Geschäftliche besprechen, kann dir Marie-Belle solange die Stallungen und die Pferde zeigen. Was meint ihr?»

Wenn Marie-Belle nicht eine so dunkle Hautfarbe hätte, könnte man auch bei ihr erkennen, wie es ihr die Schamesröte ins Gesicht treibt.

Sie sagt «*Oui, madame*», drückt Schangi die Hand und knickst dabei ungelenk.

So muss ein königliches Gestüt aussehen, ein eleganter Bau, in der Gestaltung dem Haupthaus ähnlich, nur in die Länge gezogen, hohe Rundbogenfenster, die Stallungen etwas abseits, zum Tor hin angeordnet, ausgebreitet vor dem gepflasterten Rundhof mit einem steinernen Tränkbrunnen. Vier angebundene Arbeitspferde in gewöhnlicher Ständerhaltung, vier Reitpferde, Vollblüter in geräumigen Boxen und zwei leere Verschläge, eingestreut mit frischem Stroh, es riecht nach Leder, nach Holz, nach Heu, kein bisschen nach Pferdestall, so sauber werden die Tiere hier gehalten.

Marie-Belle trägt jetzt kein Häubchen mehr und hat ihre weisse Spitzenschürze ausgezogen, ihr blauweiss gestreiftes Kleid sieht hübsch aus an ihr, die beiden, keine Kinder mehr und noch keine Jugendlichen, schlendern schweigend von einem Pferd zum andern, tätscheln Kruppen, streicheln Nüstern und versuchen noch immer angestrengt, den Blick des anderen zu meiden, nur nicht hinschauen, keinesfalls sich in irgendeiner Weise bemerkbar machen. Wie kann man, möglichst neutral, ohne damit etwas auszudrücken, einen lockeren Schlendergang vorgeben und so tun, als wäre dies die alltäglichste Übung der Welt, mit einem schwarzen Mädchen zu spazieren? Locker flanieren ohne umzukippen, mit einem unbekannten, derart fremden Wesen an der Seite die Umgebung erkunden, wie soll man mit ausgetrockneter Kehle einen vernünftigen Satz herausbringen, der einem beim anderen nicht der Lächerlichkeit preisgibt. Schangi räuspert sich mehrmals.

«*Toi malade?*», fragt Marie-Belle.

Wieso krank?

«*Mais non! Mais non!*», sagt Schangi geschwind und zieht sich zurück in sein Schweigen.

Schangi kann aus dem Augenwinkel jetzt erkennen, wie Marie-Belle ihm den Kopf zuwendet. Wenn auch er, nur schon leicht, ihr den Kopf zuwendete, würden ihre Blicke sich unweigerlich kreuzen.

Sie beginnt zu sprechen. Ihr Redeschwall, der sich in einem fremden Singsang auf ihn ergiesst, klingt sehr anmutig, und es könnte die Hemmung unweigerlich lösen, wenn Schangi doch nur schon ein paar einzelne Brocken davon verstehen würde. Ihre Sprache, wohl eine Art Französisch, den Silben und Lauten nach zu deuten, und Schangi hat doch Französisch als Fach in der Schule, trotzdem kommt er nicht dahinter was ihre Worte bedeuten.

Schangi kann nicht anders, als seinerseits den Kopf nach ihr zu drehen, und sie, noch immer schweigend, freundlich anzulächeln.

Auf der Koppel jagen zwei Pferde, mal miteinander, mal nur das eine, in wildem Galopp hin und her, der Boden wird erschüttert, sie wiehern in den Wind hinaus, die Mähnen fliegen, ihre Leiber drehen sich um die eigene Achse, sie rennen wieder los, holen sich ein. Beim einen schachtet sich von den Hinterläufen aus, am Bauch nach vorne hin, ein langer Schlauch aus, das andere steht jetzt still und schnappt mit den Zähnen nach dem Hals des einen, worauf das eine das andere bespringt, die Vorderläufe auf dessen Rücken stemmt, während Zuckungen seine Kruppe erschüttern, es schnaubt und grunzt und beisst das andere in den Nacken.

Wieder räuspert sich Schangi. Diesmal fragt Marie-Belle ihn nicht nach seinem Befinden. Ihre Blicke streifen sich bloss für einen kurzen Moment noch einmal scheu, und sie treten stumm den Weg zurück zur Villa an.

Beim Nachtessen, wie zuvor schon beim Tee, ist es Madame de Pury, die in der Runde bei der Konversation den Ton angibt. Sie bestimmt die Themen und stellt gezielt dem einen oder anderen Teilnehmer am Tisch eine Frage, um das Gespräch in möglichst ausgewogener Manier in Gang zu halten.

«Jeannot, wie war der Ausflug zu den Stallungen?»

Wieder sind alle Augen auf ihn gerichtet.

«Toll, der Pferdestall, und so sauber.»

«Das wollen wir doch hoffen», sagt Madame. «Und waren alle Pferde drin?»

«Nein, da waren zwei auf der Koppel, die haben herumgetobt wie wild, sie haben gekämpft und getanzt, das eine ist dem anderen sogar auf den Rücken gesprungen, wie beim Ringkampf, und hielt es fest umklammert.»

«Hach, unser Nero, ein wahrer Don Juan, besteigt jede Stute, kaum ist er aus dem Stall heraus. Aber uns soll's recht sein, *n'est-ce pas, Guillome?* Ein guter Deckhengst, edler Orientale und blaublütig, mit gutem Stammbaum.»

Reine-Claude serviert die Platte mit den getrüffelten Wachteln, während Marie-Belle bei der Anrichte bereitsteht und vor sich hinstarrt. Schangi fällt es jetzt leichter, nicht zu ihr hinüber zu äugen, es besteht eine stille Übereinkunft zwischen den beiden, dass man jetzt den Blick des anderen meidet.

Als die Herren zu Kaffee, Cognac und Zigarre ins Kaminzimmer wechseln, verzieht sich Schangi in sein Zimmer im oberen Stock und versinkt in den weichen Kissen der übergrossen Bettstatt mit Baldachin sogleich in tiefen Schlaf. Er träumt von Marie-Belles Armen mit der schimmernden braunen Haut, sieht sie, wie sie neben den seinen, den blassen in der Sonne glänzen und deren Farbe ihn so sehr an Schokolade erinnert, was ihn im Traum enttäuscht, weil das alle sagen, wenn von Negern die Rede ist, und er doch ganz etwas anderes dabei empfindet, etwas wesentlich Differenzierteres, das er nicht genauer benennen kann, weil es dafür keinen Ausdruck gibt. Dann wechselt die Szene plötzlich. Ein Pferd hinter dem anderen im Schritt, die Reitschule auf Ausritt, Schangi ist der Dritte in der Reihe, von St. Jakob aus der Birs entlang, an einem brütend heissen Sommertag, im Schutz des kühlen Waldes die Böschung hinab zum Fluss. Die Pferde stampfen bei jedem Tritt absichtlich stark ins Wasser damit es hochspritzt, die Kieselsteine gluckern und kullern unter den Hufen, als von vorne, von Münchenstein her, ein Reiterverband auf sie zukommt. Die Birs ist an dieser Stelle breit genug, um sich zu kreuzen, so bleibt man auf Kurs und geht dabei möglichst nah am eigenen Ufer entlang, weg von der Mitte. Die Vorreiter an der Spitze der Sektion, wohl die beiden Reitlehrer, ziehen den Hut zum Gruss, sie kreuzen sich als Erste, man winkt sich zu, der zweite Reiter dem Zweiten, und als der Dritte dem Dritten begegnet, auf gleicher Höhe, erstarren die beiden vor Schreck, Schangi sieht im anderen sein Ebenbild, spiegelgenau der gleiche Schangi, selbe Hose, selbe Haartracht, das gleiche braune Pferd und seine Augen, wie sich auch der andere beim Vorbeiritt im Sattel umdreht und ungläubig dem anderen Schangi hinterhersieht, ihn mit seiner Reitergruppe entschwinden sieht, jeder vorwärts und in entgegengesetzter Richtung im Fluss.

Wo ist Marie-Belle geblieben mit ihren braunen Armen? Schangi erwacht vom Sonnenstrahl, der durch den Spalt zwischen den schweren Taftvorhängen seine Augen trifft und dreht sich zur anderen Seite, spürt am Nachthemd und an seinem Bauch klebrig kalte Nässe, fremd. Ein Fleck am Leintuch deutet darauf hin, dass er nachts etwas ausgeschieden haben muss, was jetzt hier festklebt und nicht mehr wegzumachen ist. Gelb ist es nicht und auch nicht rot wie Blut, eher Fischkleister, wie es riecht, hochnotpeinlich, auf jeden Fall. Kein Wort davon, heimlich, still und leise aufgestanden, wie der Blitz das Nachthemd eingerollt und in den Koffer damit.

Es gibt so vieles, was er jetzt in sein Tagebuch notieren möchte, er nimmt es hervor und findet keine Worte. Er quält sich mit der Niederschrift der Gedanken, nur ihre Augen und die braune Haut im Kopf und dabei klopft sein Herz. Fast schreibt er hin: Jemand muss nach Surinam. Das werde ich sein. Aber das Blatt bleibt leer.

Beim Abschied, als sie die Kutsche besteigen, steht da der Diener in Livree, öffnet die Türen und hilft Mutter ins Coupé, beim Hausportal winken Monsieur et Madame de Pury. Reine-Claude und auch Marie-Belle sind nicht zugegen. Schangi hätte sich gewünscht ihr beim Lebewohl in die Augen zu sehen, ihre Augen in den seinen, ihre braune Haut noch einmal anzuschauen und hätte ihr von weitem zugewinkt mit seiner blassen Hand.

Fragen drängen sich auf:

«Was ist jetzt mit Surinam?»

«Ach, weisst du, das ist ein weites Feld, dieses Surinam.»

Auf der Reise nach Basel bringt der Vater grosse Themen des Lebens zur Sprache, wenn nicht gerade andere Passagiere zugestiegen sind und mithören, wie auf der Strecke zwischen Solothurn und Balsthal. Dann schweigen sie und schauen in die Landschaft, die an ihnen vorüberzieht. Wie wird ein Mensch zum Menschen, der er ist? Wie kommt Leben überhaupt zustande? Warum wird einer schwarz geboren, der andere weiss? Und wieso gibt es Mann und Frau? Er sei jetzt in einem Alter, befindet Vater, in welchem er ihm all diese Dinge erklären wolle, als Apotheker sei er in gewisser Hinsicht ja auch Fachmann, befasse sich studiertermassen und beruflich mit der Natur und sei dazu berufen, ihm, so weit wie möglich, diese Fragen zu beantworten. Er hüstelt und schaut vielsagend in Richtung der Mutter, die sich in die Lektüre ihres Romans vertieft. Kinder seien in diesen Fragen nach dem Geheimnis des Daseins noch völlig unschuldig, weswegen man erst mit ihnen darüber spreche, wenn sie eine gewisse Reife, nach einem entsprechenden Prozess auch des Körpers, erlangt hätten, er wolle Schangi deshalb bitten, im Beisein seiner kleinen Schwestern auf keinen Fall das Thema zu erwähnen, die Einweihung in diese Dinge sei bei Mädchen die Aufgabe der Mutter. Unschuldig, das sei sie, die Kinderseele, dieses Wort wähle er ganz bewusst, von Sünde könne erst die Rede sein, wenn die erste Verlockung durch das andere Geschlecht erfolge, wenn gewissermassen die Anziehung zum Fremden locke. Wie er vielleicht selbst schon herausgefunden habe, sei es nicht der Storch, der die Kinder bringe, das sei nichts als ein ausgemachtes Ammenmärchen, es sei vielmehr von Gott und der Natur bestimmt, wann und wo Kinder zur Welt kommen und welcher Rasse sie angehörten. Wie bei den Pflanzen bedürfe es beim Menschen zur Fortpflanzung sowohl des männlichen wie auch des weiblichen Elements, zur Bestäubung der Blüte brauche es, wie er ja wisse, die Biene, was quasi, er könne es nur auf diese Weise erklären, dem Vollzug der Ehe bei verheirateten Menschen entspreche. Dies sei das Wunder der Natur, das wahre Geheimnis der Entstehung des menschlichen Lebens. Er staune noch immer, auch in seinem fortgeschrittenen Lebensalter, über jede Geburt eines Menschenkindes und könne Gott dem Allmächtigen nur in Demut danken für das Wunder.

«Warum gibt es schwarze und weisse, rote und gelbe Menschen?»

Das habe die Natur durch eigene Züchtung so eingerichtet, wie es reinrassige Rennpferde gebe durch Zucht und Kaltblüter, die als Arbeitstiere genutzt würden oder Kleinrassen wie die Shetlandponys, die in den Schächten von Zinnminen im Bergbau zum Einsatz kämen, so verhalte es sich auch beim Menschen, gewisse Rassen seien von kräftigem Bau, robust und stark, die eigneten sich besonders zur körperlichen Arbeit, andere, wie viele der weissen Spezies, eher zur geistigen, je nach Veranlagung sei das verschieden. Bis zu einem gewissen Grad sei eben Vorsehung im Spiel, wenn man von der besonderen Tauglichkeit einer Person und der Ausrichtung im Leben eines Menschen rede, und wo man seine Heimat finde, letztlich auch, was die berufliche Bestimmung jedes einzelnen sei, in gewissen Fällen. Ihm, Schangi, sei es beispielsweise vorbestimmt, einst Apotheker zu werden, weil es seinem Bruder, dem Erstgeborenen Joggeli, leider nicht vergönnt war, zu leben.

Schangi kommt in die Apotheke am Fischmarkt hereingestürmt, an Nostradame, dem Hausdrachen, winkend vorbei, – Grüssgott, wie geht's?, hinein in Vaters Kontor und stellt sich mit verschränkten Armen vor ihm auf.

«Vater, wenn ich gross bin, möchte ich nach Surinam», sagt Schangi.

«Nur über meine Leiche, mein Sohn. Die Zeiten der Kolonien sind vorbei.»

«Ich will den Urwald erforschen. Ich will die Welt entdecken.»

«Dein Platz ist hier», sagt Vater, «und damit basta.»

«Wir könnten zusammen dorthin reisen, du und ich, und nach den Pflanzungen sehen.»

«Das kannst du dir aus dem Kopf schlagen, den Traum vom Paradies auf Erden haben schon andere geträumt, auch Rousseau, mein geliebter Rousseau, mit seinem edlen Wilden. Und dann: überall die Sklavenrevolten. Insektenschwärme, die Tropen sind voller giftiger Schlangen, Fieber, Hitze und immer unerträglich feuchte Luft, die alle krankmacht. Nein, mein Lieber, die bessere Welt ist hier, die Zivilisation ist hier, in den Tropen lauert nur der Tod.»

Statt nach diesem Fehlschlag auf direktem Weg nach Hause, in sein Zimmer und die Wut in sein Kissen schreien, geht Schangi einen Umweg zum Seidenhof, den Grossvater Faesch besuchen, den Witwer, der allein mit seinem alten Diener im grossen Haus am Rheinbord wohnt. Im Wohnzimmer, im Halbdunkel der holzgetäfelten Wände, hoch überm Fluss zum Wasser hin, sitzt er im Erker am Fenster in seinem Polstersessel und schaut hinunter in die Fluten. Er hat einen weissen Backenbart, buschige weisse Augenbrauen und ist grau im Gesicht.

«Setz dich, mein Junge», sagt Grossvater. «Erzähl mir alles über Surinam, du warst ja lange dort», sagt Schangi und setzt sich auf den Hocker.

«Ja, Surinam, was soll ich sagen? Ein weites Feld, die Kolonien, ein weites Feld, ich war vor langer Zeit in holländischen Diensten, bin dort Leutnant geworden, in der Kompanie meines Bruders Johannes, hab deine Grossmutter kennengelernt, Catherine, sie war eine schöne Frau, leider schon lange, lange tot. Auch Valeria, meine zweite Frau, tot und begraben, bleibt nur der Fluss.»

«Grossvater, wenn ich gross bin, gehe ich nach Surinam», sagt Schangi.

Grossvater wendet den Blick vom Strom jetzt erstmals ab und schaut seinem Enkel ins Angesicht.

«Ja, tu das, man muss sich darum kümmern, sonst tanzen dort die Mäuse.»

Zuhause sagt er kein Wort von seinem Besuch beim Grossvater. In den nächsten Tagen bleibt Schangi am Mittagstisch stumm. Auch der Vater ist wortkarg. Grite und das Bethli streiten sich, Mutter fährt dazwischen, aber von Tischgesprächen, wie sie bis vor dem Besuch bei den de Pury in Neuenburg stattfanden, kann nicht mehr die Rede sein. Man hört die Standuhr ticken und die Bodenbretter knarren, wenn die Suppe aufgetragen wird, dann die Löffel an den Tellern.

«Du sollst nicht schlürfen, Schangi», sagt Grite und knufft den grossen Bruder in die Seite.

«… und du dir den Rotz von der Nase wischen, Zwerg, wenn du mit den Grossen redest, sagt Schangi.

«So, jetzt reicht's aber», sagt die Mutter.

Polternd kommen durch das Treppenhaus forsche Schritte näher, in der Tür erscheint Mareile, die Dienstmagd: «Der Herr Inschpektor!»

Und Wacker, der Polizeibeamte, tritt herein, rotwangig, stumm, bleibt stehen. Er nimmt seinen Hut vom Kopf.

«Sie entschuldigen die Störung, es geht um Herrn Faesch vom Seidenhof, es scheint, dass er sich heute früh vom Fenster seines Erkers in den Rhein gestürzt hat, wie Zeugen es gesehen haben wollen. Wir tun unser Bestes, ihn zu finden, Gott hilf, dass er am Leben ist, aber es muss gesagt sein, darum komm ich her, Ihnen vom Vorfall zu berichten.»

Lange Tage und bange Nächte folgen. Vater überlässt der Nostradame die Apotheke, an der Türe steht wie immer, wenn er nicht im Hause ist, das Schild «Heute keine Rezepte», sie darf keine Medikamente, keine Drogen oder Gift verkaufen, nur Pflaster, Salben, Öle und gewürzte Zuckertäfelein. Vater hat sich anerboten, zusammen mit den Kräften der Polizei die Ufer abzusuchen. Er heuerte zusätzlich Fischer mit ihren Netzen auf den Booten an, nach dem alten Faesch Ausschau zu halten. Derweil sitzen sie mit der verzweifelten Mutter am Esstisch, Schangi legt mit ihr Patiencen. Man macht sich damit Hoffnung. Wenn das Spiel aufgeht kommt sicher bald die Meldung, er sei gerettet, man habe ihn noch lebend gefunden. Doch sie legen Reihe um

Reihe neue Karten aus, immer wieder, Asse in der Mitte, die Stapel schwinden, die Stapel wachsen, selten geht das Spiel nach Wunsch der beiden aus, und wenn doch, dann bleibt die Meldung trotzdem aus, bedrohlich getaktet durch den dumpfen Stundenschlag der Uhr.

«Die Schwermut, Schangi, die Schwermut lastet», sagt die Mutter. «Ich hätt' es besser wissen müssen, er, allein im grossen Haus, am Erkerfenster, und nur mit seinem alten Diener.»

Am darauffolgenden Sonntag geht Schangi mit dem Vater mit, auf eigenen Wunsch. – Ja, Vater, ich bin dazu imstande und traue mir es zu, musste er insistieren. Die Polizei hat die Hoffnung wohl aufgegeben, den alten Faesch noch lebend zu finden, und so ist am Sonntag bei der Truppe arbeitsfrei. Sie gehen rheinabwärts bis nach Kembs. In den Auenwäldern durchstreifen Vater und Sohn die Ränder der Seitenarme des mäandernden Stromes. Sie teilen sich auf in den Furten, wo das Wasser manchmal nur knietief fliesst. Da! Es ist Schangi, der ihn entdeckt, in einem seichten Wasserlauf liegt ein Körper, kopfüber, leblos, wird festgehalten vom Geäst eines Sanddornstrauchs, vom leisen Wellengang immer wieder bewegt auf die flache Böschung zu und zurück ins Wasser, hin und her.

«Daaaa!», ruft Schangi seinem Vater zu, nähert sich, bleibt vor dem Leichnam stehen und hebt den Arm zum Zeichen.

Mit geeinten Kräften dreht man den schweren Körper um, schwerer als man denkt, sehr schwer, Grossvater, nicht mehr hager jetzt, aufgedunsen im Gesicht und am ganzen Körper, wachsig die graue Haut, die Augen zugekniffen, den

Mund hat er grausig aufgerissen, der Oberkiefer entblösst, die gelben Zähne wie ein Gaul.

«O Gott, ich hab's geahnt», sagt der Vater.

Johann Jakob, der Grosspapa, wie Johann Jakob, Schangis grosser Bruder, beide sind sie tot, jetzt vereint im Himmel.

Schangi ist mit einem Mal erwachsen geworden. Er ist dem Tod begegnet. Und er kennt seit Neuchâtel die Geheimnisse des Lebens. Schangeli darf ihn keiner mehr nennen, auch die Schulkameraden nicht, wenn schon, dann Schangi. Aber lieber wär ihm Johann. Im Deutschunterricht liest er das Buch *Allgemeine Betrachtung der Triebe der Thiere, hauptsächlich über ihre Kunsttriebe: zum Erkenntniss des Zusammenhangs der Welt, des Schöpfers und unser selbst* von Hermann Samuel Reimarus, er ist begeistert vom Inhalt, macht sich Notizen zur besprochenen Frage und fordert seinen Lehrer Friedreich Werthemann zu einem philosophischen Disput heraus. Werthemann ist vollen Lobes über seinen Eifer und gibt ihm die Höchstnote 6 für seine Arbeit zum Thema. Leider wird das in seiner schulischen Laufbahn im Gymnasium auf Burg die einzige Episode gewesen sein, in der sich Schangi aus freiem Willen und mit Begeisterung mit einem Schulstoff auseinandergesetzt hat.

In der Stadt herrscht Aufregung. Napoleon soll nach Basel kommen. Man hört es überall. Napoleon! Ein Fieber geht um, eine grosse Erregtheit ist mit Händen zu greifen, in Patriotenzirkeln werden geheime Treffen abgehalten, auf dem Marktplatz werden Verlautbarungen vorgelesen, Rä-dä-bäng, der Stadtschreiter tritt auf, Ratsherren tagen, im Ratshaus geht's zu wie in einem Bienenhaus. Napoleon, die forsche Tatkraft in Person, kommt ins Land, Begeisterung macht sich breit, eine Unrast plötzlich, Lust auf Veränderung.

Napoleon hält Einzug, Truppen säumen die Strassen auf seinem Weg, das Volk ruft ihm zu, tausendfach geschrien: «Freiheit, Gleichheit!» Mit Kanonendonner wird an der Albanschanze zum Salut geschossen, voraus reiten die Kuriere, gefolgt von Jägern der Freiheitskompanie und dem Sechsspänner mit den Ratsdeputierten Hagenbach und Gemuseus, dann kommt die achtspännige Staatskarrosse, weitere Equipagen vorn und hinten im Gefolge und zum Geleit, Husaren reiten mit und zum Abschluss die Dragoner. Auf dem Blumenplatz paradiert die Infanterie, die Ehrenwache, Grenadiere. Gastwirt Iselin zu den Drei Königen hat vorgesorgt, im Feuereifer für die Sache der Revolution hat er seine Herberge umgetauft, *Au Trois Mages* heisst sie jetzt, er liess die Kronen von den Königsstatuen auf dem Hausfries entfernen, die Trikolore weht im Wind, welch ein Ereignis, der General zum Staatsdiner in seinem Speisesaal.

Das Grosse, das Neue, bewegt jetzt alle, es entsteht ein Sog, Schangi mit seinen vierzehn Jahren kennt die Gründe für die Kriege nicht, von denen alle reden. Die einen wettern gegen die Franzosen und wollen die alte Ordnung wiederhaben, die anderen, wie der Oberzunftmeister Peter Ochs, sind Patrioten und sind für die Freiheit und für Gleichheit. Aber weshalb denn Krieg? Sollen die doch ihre Könige behalten, wenn sie welche haben wollen, und die anderen, die keinen König wollen, sollen ihn zum Teufel jagen.

V., der Pfau, übertrifft sich selbst in diesen Tagen. Um möglichst nah dabei zu sein, wenn der Weltgeist durch den Gasthof weht, verkleidet er sich als Gehilfe des Mundschenks, der selbst ein falscher Mundschenk ist. Kaufmann Merian, auch er ist nicht eingeladen, gehört nicht zum erlauchten Kreis, gibt den Mundschenk. Niemand nimmt Notiz von den falschen Herren. Es herrscht ein Gedränge und Geknuffe in dem Saal, jeder will ein Stück vom Brot, das hier gebrochen wird, es ist wie bei der heiligen Kommunion. Der Pfau, in bester Position und in nächster Nähe zum Feldherrn in der vorderen Ecke des Saales, braucht sich als Mundschenk nicht zu betätigen, der Gastwirt selbst kümmert sich um sein Wohl. Er skizziert derweil, gnadenlos und wieselflink, Blatt um Blatt, hält auf seinem Zeichenblock mit Kohlestift akkurat die hundemüden Gesichtszüge, die überreizte Gestimmtheit des Generals während seines Parforceritts quer durch Europa fest. Napoleon, wie er bisher auf keinem Porträt, auf keinem Bild je zu sehen war. Napoleon, neben Bürgermeister Buxtorf und Peter Ochs am Tisch mit den Honoratioren und General Dufour von der Festung Hüningen, die Lichtgestalt wird fast erdrückt von all den vielen Menschen, die ihm, dem Weltenführer, die Ehre erweisen wollen. Es muss Wache her, ihn zu beschützen. Nach drei Stunden bricht Napoleon ab, erhebt sich vom Tisch und macht sich mit seinem Gefolge wieder auf, nach Rastatt zum Kongress.

Alle reden jetzt von Staatsumwälzung, von Revolution. Die Burgen brennen in der Basler Landschaft, die Vögte werden ausgeräuchert, sie fliehen mit angesengten Hosen von ihren Felsennestern, man weiss hier in der Stadt nicht recht, ob man empört sein soll, wie lange man die Rambassen gewähren lassen will, ob militärisch einzugreifen nicht doch die beste Lösung wäre, jedenfalls ist in Basel schulfrei, wenn auf dem Platz das grosse Fest gefeiert wird, das Fest zur Feier der Revolution, die ohne Blutvergiessen, nur durch die Vernunft geleitet, über die Bühne gehen soll. Es sind sich auf einmal alle einig, die Basler Herren und ihre Untertanen, die neu mit gleichen Rechten ausgestattet sind: *Vive la République Helvétique!*

Auf dem Münsterplatz geht der Wasenmeister um, er soll zur Feier alle herrenlose Hunde, die auf dem Hügel herumstreunen, fangen und erschlagen. Die Plage soll ein Ende haben, diese Hundswut, die vom Teufel kommt, sie soll ein für alle Mal beseitigt werden. Im ersten Kreuzgangflügel legt er frisches Rattenfleisch als Köder aus und lauert hinter der Säule mit einer Keule in der Hand. Schlägt einem nach dem anderen den Hundeschädel ein. Bei der grossen Parade am Montag, wenn das herausgeputzte Volk mit Kind und Kegel zur Freiheit singt *Vive la République Helvétique!,* ist kein Hund mehr auf dem Platz. Schluss ist mit den räudigen Hundemeuten mit ihren gefletschten Zähnen, ein für alle Mal. Der frisch gewählte Rat von Stadt und Land wird im Münster gemeinsam Andacht feiern und die Truppen werden defilieren. Es wird eine neue Zeit anbrechen.

Liestals Volk stiftet eine riesige Tanne zum Zeichen der Verbrüderung mit den Städtern, zur grossen Versöhnung, frisch geschlagen im tiefen Wald ob Sissach wird sie herangekarrt, zwei Pferde ziehen den vorderen Wagen auf dem der Stamm festgebunden ist, wohl zwei Dutzend Ellen misst sie bis zur Krone, die ganz weit hinten auf einem Zweiradwagen liegt. Mitten auf dem Münsterplatz wird sie errichtet als Symbol der Freiheit, geschmückt mit einem Federhut und blauweissroten Banderolen.

Auf den Giebeln der Türme zu St. Martin und St. Georg wird die Trikolore ausgerollt. Schangi sieht dem Treiben zu, es geht ihm dabei wie all den anderen, die nicht Staatsmänner sind. Man weiss doch nicht ganz so recht, was man von der Sache halten soll. Er schlendert vor zur Pfalz, zur steilen Mauer über dem Fluss, die genauso so hoch ist wie die Freiheitstanne. Schangi legt sich rücklings auf den schmalen Sims der Mauer, knapp hat in der Breite sein Körper darauf Platz, er schaut zum Himmel, hinauf zum ziehenden Gewölk, weisse Staffeln federleichter Nebellocken schieben sich vom Sundgau heran. Es ist kein Schwindel, der ihn erfasst, mehr ein Kitzel, der ihn trägt, hoch überm Abgrund, und das Wissen darum, dass nur er allein entscheidet, ob er friedlich träumend ruhig liegen bleibt oder sich mit einem Ruck auf die linke Seite wälzt, ins Nichts, und in die Tiefe stürzt. Die Schwerkraft ist nicht aufgehoben, es folgt kein Vogelflug, es ist ein plumper Sturz. Der Aufprall nach dem kurzen Fall bricht dir alle Knochen und zerreisst dein Herz, dass du auf der Stelle gleich krepierst, noch ehe du zu Sinnen kommst. Grossvaters Sturz vom Erker in den Rhein dagegen endet in der Strömung, in die er taucht, und was, wenn dich kein Strudel in die Tiefe zieht? Schangi kennt den kleinen Tod, der auf den Absprung folgt. Die Mutprobe, von der Brücke in den Rhein zu springen, hat er letztes Jahr bestanden. Ein Drang, ein Trieb, etwas zwingt dich aufzutauchen und Luft zu holen. Und wenn du nicht mehr leben willst? Lässt dich treiben in den Fluten, atmest Wasser durch die Kiemen, mit den Wirbeln zieht's dich runter bis zum

Grund, kopfüber drehst du eine Runde um die andere dort im Kreis herum, bis die Dunkelheit dich umklammert. Dann treibst du stumm und wirst getragen von deinen weichen Flügeln, wirst langsam weggespült, hinab durch Auen, Furten, entlang dem Kieselgrund. Schwimmst unter Fischernetzen vorbei, vorbei an Barken, Flössen, mit dem Lachs, der Barbe und der Nase, ein Hecht schwimmt mit dir und küsst dein Ohr, bis du in Kembs ins flache Wasser kommst, herangetrieben ans Ufer, und wirst von einem Sanddornbusch festgehalten.

Als Kind, zum ersten Mal im Rhein geschwommen in jenem heissen Sommer, und unter dem Brückenjoch den toten Mann gespielt, Kopf im Wasser, auf dem Rücken, umspült von Wellen, es riecht nach Fisch, nach nassem Eisen und etwas modrig, auch nach Kot, im Ohr vom Grund das Kieselrollen, ein Jauchzer, wie der Alphirt, wenn er an die Felswand seinen Segen ruft, das Echo in den Bergen endlos widerhallt.

Im Haus zum Rheineck, im sogenannten Patrioten-Kämmerlein, wird derweil der Sieg der Bewegung gefeiert, die hier entstand, die Revolution von oben, Peter Ochs hat sich durchgesetzt, hat vermittelt zwischen Basel und Paris. Der Münsterplatz füllt sich nach und nach mit Menschen, die jetzt alle gleichberechtigt sind, freie Bürger, ob von Stadt oder Landschaft, alle Stände sind vertreten, Privilegien abgeschafft, die vererbten Rechte aufgehoben. Soldaten, ihre Gewehre mit aufgepflanztem Bajonett bei Fuss, sind zum Defilee bereit, die Militärkapellen üben ihren Auftritt, durch alle Gassen strömt das Volk herbei, Kinder, Alte, Kräuterkrämer, alle sind sie wunderfitzig, das Sandweiblein schiebt seine Karre durch die Menge, *Dand, daufed Dand, ein Däcklein Dand,* die Handwerkerburschen hänseln es und rufen *Dand, daufed Dand,* spielen ihre Streiche mit ihm, der Hinterhaus-Adel gibt sich die Ehre, geschniegelt und gestriegelt, festlich gelaunt und im Sonntagsputz, alle kommen aus ihren Löchern hervorgekrochen, sich unter dem Freiheitsbaum zu verbrüdern, das Fotzeldorli und der Schriftgelehrte, aus Waldenburg der Metzgermeister und die Jungfer Iselin von der Augustinergasse. Es ist Revolution in Basel! Vom nahen Bürgerspital an der Freien Strasse kommen alle Pfründer her, die auf eigenen Beinen gehen können, auch die debilen. Schangis alter Vetter Daniel, der seit jeher dort versorgt ist, stolziert dem Grüpplein wie ein eitler Geck voran mit seinem Silberstöckchen in der Hand und dem runden Hütchen auf der Stutzperücke. Jeden, dem er begegnet und der ihm in der Menge nicht ausweicht, begrüsst er freundlich mit einem Händedruck und fragt, ob man seinen Namen kenne, er sei eben *dr Heer Ychner, Ry-hiner, langes iiii und hartes ach, wie Bach.*

Elftes Kapitel

Mit der Nostradame liess sich immer ganz gut Scharade spielen auf dem Dachstock, auch die Pfandspiele, die sie erfand, waren recht unterhaltsam. Die gute Fee vom Labor tauchte im letzten Winter auf, sie diente bei uns als Aushilfe-Gouvernante. Schwester Hedwig nennt sie der Vater, eine liederliche Gumsel, sagt die Mutter, und bekommt ihr hartes Gesicht mit den Schlitzaugen, wenn sie von ihr spricht. Dann, über Nacht, schwupp, ist das Fräulein Hugentobler weg, von einem Tag zum anderen ist das Fräulein aus dem Haus verschwunden, mit keinem Wort mehr wird es jemals noch erwähnt. Das Fräulein ist ganz einfach nicht mehr da. Wie Schangis Mama bekam auch sie im Sommer einen dicken Bauch, kurz bevor sich die Mutter ins Schlafzimmer zurückzieht, weil bald das Kind zur Welt kommt, ist die Gouvernante weg.

«Schangeli muss jetzt tapfer sein», sagt die Mama und hat Tränen in den Augen und ihren lieben Hundeblick, als sie ihn auf die Wangen küsst und ihren Bub zum Abschied noch einmal ganz fest an sich drückt, mit ihrem harten, dicken Bauch, dann schaut sie den Papa an und bekommt den fuchtigen Katzenblick mit den schmalen Augen und ein Kinn aus Holz.

Sie sagt: «Du musst ein grosser Junge sein, der Papa wird sich um dich kümmern, die kleine Grite bleibt hier bei Mama und bald schon, wenn das Kindlein da ist, mit Gottes Hilfe, dein Schwesterchen, dein Brüderchen, wer weiss, dann kommst du wieder heim.»

In der Apotheke am Fischmarkt, im oberen Stock des schmalen Hauses, ziehen sie ein, Schangeli und der Vater. Sie beziehen ihr neues Quartier, ein Bett steht da in einer Stube zum Hinterhaus, im Zimmer nebenan ein Sofa, vollgestellt mit Kisten, Büchern, Schachteln, die Jalousien sind zugezogen, das Licht ist schummrig, die Luft ist stickig, aus dem Labor der Apotheke im Erdgeschoss riecht es nach scharfen Dämpfen.

«Hier richten wir dir das Bett, hei, mein Lieber, wenn das kein Abenteuer wird, nur du und ich und sonst kein Mensch, wir werden sehen, was sich machen lässt, auf jeden Fall ein Abenteuer», sagt der Papa und zündet sich eine Tabakspfeife an.

Die Schachteln werden weggeräumt, die Bücher in die Kisten gepackt, auf das Sofa kommt eine Decke und ein Kissen, Schangi packt sein Leinensäcklein mit der Wäsche aus und legt sein Bilderbuch mit den farbigen Tafeln von den Tieren und den Fabelwesen und den Weltwundern auf seine neue Bettstatt.

Seine Eltern haben sich gestritten die letzten Tage, hinter Türen, die sich wie die Falltore in den Burgen schlossen. Schangeli im dunklen Flur hört nur dumpf die bösen Stimmen, die sich bedrohlich überlagern, immer lauter.

«Wenn du noch einen letzten Funken Respekt hast vor deiner Frau ...»

«Jetzt nimm Vernunft an, Margaretha!»

«Ich will dich nicht im Haus, es reicht, geh!»

Schluchzen, Schweigen, Schritte auf den Dielen, Schangi schleicht davon, in seinem Zimmer warten schon die Drachen, die ihn fressen wollen, dann kommt die Kindermagd und packt die Sachen.

Was bis anhin galt, bedingungslos und strikt, was mit absolutem Verbot belegt war in der Apotheke, das gilt plötzlich nicht mehr, jegliches Berühren von Geräten, von Gegenständen, auch nur mit dem Finger, allein der Knöpfe der unendlich vielen Schubladen im Drogenkasten, der Dosen, Standgefässe, Flaschen, Töpfe, des Labortisches mit den Reibeschalen, des Schneidebretts, der Mühlen, Mörser und der Zangen ganz zu schweigen, unantastbar, es stand unheimlich mit dem Tod und dem Jenseits in Verbindung – Finger weg! Nur mit den Augen schauen! Mit einem Mal ist dieses eherne Gesetz aufgehoben.

Vater schaut ihn mit grossen, lieben Augen an: «*Glycyrrhiza glabra,* schau, was heisst das? Du wirst es sehen, öffne das Lädchen und schau selbst, was drin ist, Süssholz, davon kannst du nehmen, so viel du willst, und da, auf dem Tresen, das weisse Glas mit dem Kräuterzucker, lang rein und nimm dir ein paar davon heraus, die sind für dich.»

Selbst der Destillationsherd mit den vogelförmigen Glasretorten, ihren spitzen, langen Schnäbeln, die Kupferkessel, alles soll er plötzlich anfassen, mit den Handflächen erspüren, ertasten, mit den Fingern erkunden.

«Ich will dir zeigen, was der Papa hier im Labor macht.» Er hebt ihn hoch und setzt ihn auf den Labortisch.

«Bei den Präparaten für die Heilkunde geht es darum, das Nützliche vom Unnützen zu trennen, alles, aber auch wirklich alles, kann auf den Menschen eine Wirkung haben, schädliches Gift oder heilsame Medizin, das herauszufinden ist die Kunst, dabei musst du die Stoffe in einzelne Teile zerlegen, bis in die kleinsten kleinen Teile. Und dann musst du sie so wieder zusammensetzen, dass sie dem Menschen nützlich sind. Das Leben ist so etwas wie ein Baukasten mit allen möglichen Elementen, diese herauszukitzeln, zum Beispiel aus einer Blume, das ist deine Arbeit als Apotheker, durch Trocknen, Pressen, Zerreiben, Einlegen in Alkohol, durch Schmelzen oder Kochen kannst du diese Stoffe aus einer Pflanze, von Blüte, Stengel oder Wurzel, oder einem Frosch vielleicht, herauslösen und so für deine Zwecke mit anderen Elementen vermischen, deren Wirkung du kennst. Auf dass im Endeffekt die gewünschte Arznei entsteht. Die fertige Mischung musst du dann nach einer bestimmten Formel in ein Pulver, eine Salbe, einen Sirup, eine Tinktur oder ein Öl hineingeben. Schau, hier auf dem Regal stehen meine wichtigsten Rezepturen: das Magistralwasser, die weissen Tropfen, die gelben Tropfen, das Öl gegen Hysterie, die Imperialpillen, die Paradiespaste, der Lebensbalsam. Alles ist in der Natur enthalten, man muss es nur finden.»

In diesem Zusammenhang wolle er mit Schangi einen Versuch wagen, es gehe dabei um ein interessantes Wissensgebiet, mit dem er selbst erst neulich Bekanntschaft gemacht habe, um die sogenannte *Hydromantie*. Graf Cagliostro höchstpersönlich habe es kürzlich im *Weissen Haus* am Rheinsprung vorgestellt.

Vater füllt eine runde Kristallvase mit Wasser und stellt sie vor Schangi auf den Tisch, es gehe darum, dass darin die Zukunft eingeschrieben stehe. Diese sei jedoch nur für jene lesbar, die noch in Unschuld lebten, dieses Experiment gelinge nur, wenn es von einem Knaben seines Alters durchgeführt werde.

«Bist du bereit? Setz dich in diesen Stuhl und lass dich einfach gehen, du denkst an nichts und sitzt nur da, schaust in dieses Wasser, in das stille, klare Wasser, siehst vielleicht die leichte Bewegung am Rand und an der Oberfläche, Kreise, die sich langsam verformen. Schau hin, schau ganz genau hin, und wenn du etwas darin siehst, etwas hörst, das zu dir spricht, dann sag's mir bitte.»

Schangi sagt: «Ich sehe darin das Land der vielen Wasser.»

«Aha», sagt Vater, «das Land der vielen Wasser, und wo ist das Land der vielen Wasser, Schangi?»

«Uh», sagt Schangi, «weit, weit weg.»

«Und, was siehst du noch?»

«Ich sehe schwarze Frauen und schwarze Kinder und schwarze Männer.»

«Neger demnach, in den Tropen?»

«Lange Flüsse und grosse Regen und das weite Meer.»

«Ach so, die Kolonien, um Himmels willen. Ja, gut. Willst Du ein Pfefferminzbonbon?»

Er wechselt das Thema: «Ich hab eine prima Idee, weisst du was? Die Apotheke bleibt heute geschlossen, und wir zwei gehen auf Abenteuer!»

Schwester Hedwig, die gute Seele, stehe ihm gegenwärtig sowieso nicht als Hilfe zur Verfügung. Er habe vor, mit ihm nach Arlesheim aufs Land zu fahren, zu den prächtigen neuen Gärten, die *Solitude Romantique* der Frau Landvogt von Andlau und ihres Vetters, dem Domherrn von Ligertz, besuchen. Etwas so Schönes habe die Welt noch nicht gesehen, darin seien sich alle einig, die schon dort gewesen seien.

Auf der Fahrt mit der Mietkutsche, unter der aufgespannten Lederhaut des Dachs, auf das der Regen unaufhörlich niederprasselt, wird es Schangi schlecht, das viele Süssholz und die Schleckereien schlagen ihm auf den Magen. Er friert, seinen Mantel hat er nicht dabei, und der Kutscher hat keine Decke. Auf der Brücke in Münchenstein, die beim Bruckgut die Birs überquert, setzt das Schlottern ein, und als man in Arlesheim bei der Mühle am Bach das Tor zum Park erreicht, ist er vor Kälte schon wie erstarrt. Der ganze Talkessel verschwindet hinter einem einzigen dichten Regenschleier. Keine Menschenseele.

Zum Aufwärmen gibt es in der Mühle einen Tee. Und vielleicht lässt der Regen ja nach.

Der Egelbarometer zeige Sturm an, meint die Mühlfrau und rät zum Aufbruch. Der Garten sei recht gefährlich, wenn es stürme.

Bei diesem Hundewetter gebe es ausser ihnen wohl keine Besucher, er warte in der warmen Mühle, solange sie im Garten unterwegs seien, sagt der Kutscher.

Schangi zieht man einen viel zu grossen steifen Umhang über samt Filzkapuze, die scharf nach Mottenkugeln riecht. Vater und Sohn stapfen los ins Ungewisse.

Der schroffe Burgfels empor zum Schloss, bewachsen von regennassem Dickicht, ragt drohend wie ein Drachenhort in den dunklen Himmel. Wind peitscht den Regen durch den Wald. Rinnsale aus dem Unterholz des gähstotzigen Waldbodens münden auf dem Bergpfad rieselnd in kleine Bäche. Glitschige Steintreppen und verwobenes Wurzelwerk werden zu Fährnissen des Steigs. Der Vater mit seinem grossen schwarzen Hut schreitet auf dem Weg voran, während Schangi stolpernd kaum vom Fleck kommt, bei jedem Schritt droht er auf den Saum des bodenlangen Überwurfs zu treten.

Sie kommen zu einer kleinen Kanzel im hohlen Kalkfels, die jäh über dem Abgrund herausragt, sie soll bei gutem Wetter eine prächtige Aussicht ins Elsass und hin zum Blauen bieten. Der Bart des wilden Riesen am Geklüfte wird umrankt von Efeu, an Kinn und Backe ist er bedeckt von Moos, Farn wächst ihm aus der Nase, es erscheint im Nebel sein im Erdreich eingewachsener Kopf aus Fels mit grausig verdrehtem Blick. Sie gehen an ihm vorbei, Schangi versucht keuchend Vater zu folgen.

Ums Eck dann, nach dem Gang über die schwankende Hängebrücke mit den fürchterlich rasselnden Ketten, erblicken sie beim Wasserfall, wo lange Dornenäste wie Krakenarme vom Gezweig der morschen Eiche herunterhängen, einen Totenschädel, der aus dem Wald hervorlugt, auch er aus grauem Felsgestein. Der Weg geht durch seine Augenhöhle, sie treten ein in eine Grotte, Schangi glaubt sich im Totenreich, als Gewürm darin, Made oder Assel, gelangt man auf allen Vieren kriechend durchs Nasenbein des Kolosses, der an dieser Stelle wohl seit tausend Jahren liegt, – Komm mein Sohn, nur weiter. Hinein in eine nächste Höhle, wo knöcheltief das kalte Wasser steht, und es modrig nach verfaulten Blättern riecht. Über einen Altartisch aus Tropfstein plätschert durch eine Spalte ein Gerinne von der Felswand – Ist das, was sich ums Tischbein ringelt, nur eine Natter? Harmlos? Vielleicht ist sie giftig, die gelbe Höhlenschlange. Sie zischt mit ihrer gespaltenen Zunge. Plötzlich, von weit her, läutet ein Glöcklein, wahrscheinlich von der Waldkapelle, wohin man durch dieses Höllenloch aufsteigt, hinauf ans Licht, das nun immer heller wird, aber vom Himmel fällt durch die Öffnung nach wie vor, stärker, immer stärker werdend, eiskalt der Regen.

Bei der fensterlosen kleinen Waldhütte, die geduckt unter knorrigen Wurzeln an der Felswand klebt, klopft Vater an der Tür, die öffnet sich wie von Geisterhand. Drinnen sitzt an seinem Hüttentisch im Flackerschein der Kerze ein Eremit, funkelt mit den Augen und nickt mit dem Kopf, nach einer Weile winkt er mit seinem steifen Arm zum Grusse, dann schliesst sich die Tür wieder wie von selbst.

Sie nehmen den letzten Aufstieg zum Gipfel in Angriff, hinauf zur Ritterburg, die jetzt im Wald erscheint, der Weg wird immer steiler, – Papa, warte!, als ein fahlblauer Blitz das graue Gewölk über der Burg durchzuckt und ihren Blick auf die toten Augen der Schlossruine lenkt, auf die abweisenden, hohen Mauern und auf den schlanken, runden Wehrturm mit dem spitzen Chinesenhut auf der Zinnenkrone. Ein markdurchdringender Donnerhall folgt darauf, der den Wald und die Fluren des Fürstbistums bis weit ins Land hinein erbeben lässt.

«Papa, ich will nach Hause», sagt Schangi. «Ich habe Angst.»

Er setzt sich auf den nassen Waldboden.

«Mir ist kalt.»

«Schade, so ein Wetter», sagt der Vater.

«Mir ist hundeelend», sagt der Sohn, hält sich fest an einem Ast und erbricht sich in die Schlucht.

Der Vater sagt: «Oje, dabei wäre hier der schönste Ort gewesen, mit Rundblick hinab zur Sophienruhe und auf die Weiher, ausgerechnet. Hmm, ist das ein Pech, ich denke, es wird wohl besser sein, die Übung abzubrechen, so leid es einem tut.»

Sie drehen um und machen sich an den Abstieg. Schangi bibbert am ganzen Körper und kann sich kaum mehr auf den Beinen halten, das Wasser läuft ihm unter der Kapuze in den Kragen. Er weint.

«Nicht weinen, Schangi», sagt der Vater. «Es kommt ja alles gut, mein Kind, bald sind wir wieder unten.»

Schangi mag nicht mehr laufen, nein, nicht einmal mehr bis zur Milchwirtschaft am See mit der Alphütte, schon gar nicht mehr bis zum grossen Köhlerhaufen, mag nicht einmal mehr auf`s Karussell, Schangeli will nichts, als nur nach Hause, heim ins Bett, es wird dem Vater gar nichts übrigbleiben, als ihn in den Arm zu nehmen und den Kutscher anzuweisen zurückzufahren, so schnell es geht. Und zwar nicht zum Fischmarkt, nicht zurück zum Haus zum Kannenbaum, Schangi will zur Mutter, das Apothekerhaus mache ihn krank, er fürchte, da zu sterben.

Das Sein, das nicht mehr ist, der Tod ist Schangis Angst, mit einem Mal, noch nie kam ihm bisher der Gedanke. Was ist, wenn nichts mehr ist? Er denkt sich aus, wie seine Eltern um ihn trauern würden, während sie ihn zu Grabe tragen, die Grosseltern, Onkel, Tanten, seine Schwester wäre dafür wohl noch zu klein, woher denn soll die Grite wissen, was das ist, der Tod? Und er selbst, der nicht mehr wäre, wo wäre er zu Hause? Im Paradies wie sein grosser Bruder Joggi? Mit ihm vereint? In einem warmen Garten bei ewigem Sonnenschein, wo die Quellen rauschen, aus denen Milch und Honig fliesst, und Bäume wachsen, üppige Pflanzen und überall die Rosenbüsche ohne Dornen und freundliche Löwen, mit denen man spielen kann? Wenn er nicht mehr wäre, dann wären Vater und Mutter, die sich gerade streiten, in ihrer Trauer vereint, würden sich in die Arme nehmen und weinen. Schangi trägt die Schuld daran, dass sie sich nicht vertragen. Mit seinem Tod wird Gott diese Sünde vergeben, es braucht dazu ein Opfer, und das wird der Schangi sein. Vielleicht reicht auch, sagt er sich, dass er von jetzt an alles richtig macht, immer nur das Gute tut, wie jetzt, wenn er schaut, dass er und Vater zurück nach Hause kehren, der Mutter beizustehen, wenn das Kind zur Welt kommt. Schangi schläft ein.

Zwölftes Kapitel

Ostermontag, den 28. März 1785. Traurige Festtage. Winterkälte hält die Stadt seit Tagen fest im Griff. Gelbe Narzissen blühen in den Gärten, alles spriesst und treibt schon aus, als der unerbittliche Frost hereinbricht. Es riecht nach Schnee. Jakob ist schwer an einem Nervenfieber erkrankt. Schangeli ist noch kein halbes Jahr alt. Jakob schläft beim Vater, der Kleine im anderen Zimmer bei der Mutter, die Eltern haben sie getrennt, weil sie sich sorgen, die Krankheit könnte sich übertragen. Es begann mit einem Katarrh, Fieber und einem roten Hautausschlag am ganzen Körper.

Joggeli, der Zweijährige, wird unruhig, hat Schweissausbrüche, es würgt ihn und dann verfällt er in Mattigkeit und bekommt einen stumpfen Blick, hat keine Esslust mehr, jammert und wimmert, sein kleiner Körper wird zusehends schwächer, er mag keine Flüssigkeit mehr zu sich nehmen. Man zieht die Vorhänge, legt ihm nasse Tücher in den Mund, er ist lichtempfindlich, verdreht die Augen, die Lider zittern, und dann, wie bei der Fallsucht, windet er sich plötzlich mit zuckenden Gliedern in Krämpfen, Schaum vor dem Mund, bis zur gänzlichen Erschöpfung seiner Kräfte.

Als sein Puls immer schwächer wird, holt man endlich den Stadtphysikus, der das Büblein untersucht, man hält Konsilium. Auszuschliessen sind seiner Ansicht nach Blattern, Dusel, Darre, die englische Krankheit, Glasfriesel, Halsbräune, Maselsucht, Schleimfieber, Schwindsucht und eine ganze Reihe weiterer Krankheiten, er raunt dem Vater zu, man müsse mit dem Schlimmsten rechnen, die Naturheilkraft scheine nach und nach aus dem Kind zu weichen. Neben dem Mädesüss-Sirup empfiehlt er Essigwickel und Umschläge mit Dost, Sonnenhut und Knoblauch, Chinarinde soll in doppelter Dosis verabreicht werden. Blutschröpfen täglich zwei Mal, in kürzeren Sitzungen.

Jakobs Gesicht wirkt fremd, es zieht sich in die Länge, sein Mund ist weit geöffnet, er bekommt eine bedrohlich fahle Gesichtsfarbe, ein russiges, fast schmutziges Grau, die eingefallenen Wangen und seine schmalen Lippen sind blutleer, bei flacher Atmung wirkt er wie betäubt. Vater Johann Rudolf, der gelehrte Apotheker, ist mit seinem Latein am Ende, – Ich kann jetzt nicht mehr helfen, sagt er. Es bleibt einzig noch die Hoffnung auf Cagliostro. Der berühmte Graf, der vielgefragte Wunderheiler, ist gegenwärtig in Riehen im Landhaus bei den Sarasins zu Gast und empfängt seine Klientel dort zu Séancen.

Vater schickt nach dem Stallburschen, er soll das Pferd bringen, wickelt den Knaben in Laken und Decken ein, zieht Reitermantel und Dreispitz an und macht sich mit dem Bündel im Arm auf den Weg. Im Schneegestöber, das wie ein Himmelszeichen alsbald einsetzt, überquert er den bleifarbenen Strom, reitet durch das Theodorstor zur Stadt hinaus, die Landstrasse ist bereits knöcheltief von Schnee bedeckt, und man kann im Sturm den rechten Weg jetzt kaum mehr sehen. In den Schorenmatten, bei der Brücke, zuckt es unter Vaters Arm im fieberheissen Bündel, der kleine Jakob führt mit letzter Kraft ein kurzes, schweres

Gefecht gegen den Tod, erstarrt mit einem Mal, um ganz allmählich zu erschlaffen, schaut mit aufgerissenen Augen seinen Vater an, sein Kampf ums Leben ist verloren. Jakob stirbt im letzten Schnee.

Visum et repentum

Fundbericht 1824, 29. Juli, Schloss Ebenrain, zu Handen von Bürgermeister und Rat der Stadt Basel

Auf beschehene Requisition des hochgeehrten Statthalter Forcarts zu Sissach haben wir Endsgenannte uns heute Mittags um 12 Uhr auf den Ebenrein begeben, und allda in Gegenwart des hochgeehrten Statthalters in den neben dem Schlafgemach nach der Landstrass ligenden Ekzimmer den entseelten Körper des Herrn Ryhiners besichtiget, und Folgendes an Ihme vorgefunden:

Der entseelte Leichnam des Herrn Ryhiners lag mit weissem Hemde, Brusttuch und Morgenhosen welche um den Leib mit einem weissen Halstuch befestiget waren angekleidet der Länge nach auf dem Rücken in sehr häufig von ihm geflossenem coaguliertem Geblüte – die Füsse unten über einander liegend nach dem gegen Itingen gerichtetem Fenster – Kopf und Arme lagen gegen die Mitte des Zimmers.

Nach näherer Untersuchung des Körpers besonders des Kopfs zeigte sich im Gesicht in dem inneren Augenwinkel der rechten Seite Orbita dextra eine im Durchmesser circa halbe Zoll lange runde Wunde, die gantz durch das siebförmige Bein Os ethmoideum des Hauptschädels eingedrungen war, wodurch alle Knochen des Hirnschädels vollkommen zersprengt und zersplittert wurden, auch das Gehirn in mehreren Portionen sowol auf dem Boden als an den Wänden des Zimmers zerspreittet sich vorgefunden. Am ganzen übrigen Körper

zeigte sich nichts von einer äusserlich erlittenen Gewalt-
hätigkeit.

Dieses erschröckliche Unglück scheint sich Herr Ryhiner
selbst durch einen Pistolen-Schuss stehend verursacht
zu haben, denn an der Ekwand gegen die Landstrass
war die Wand in der Höhe von ungefähr 4 ½ Schuh mit
schwarzem Pulver rauch bezeichnet, und in nemlicher
Höhe in der Gegenwand gegen dem Schlafzimmer über
wurde die Kugel noch in der Wand stekend vorgefunden. Die Pistole lag losgedrükt unter einem Sessel gantz
nahe auf der rechten Seite des entseelten Körpers, und
der Ladstok derselben auf dem Boden in dem ausge-
flossenen coaguliertem Geblüte.

Dieser traurige Unfall ist sehr wahrscheinlich aus einem
plötzlichen Anfall eines wahren Melancholischen Wahn-
sinns entstanden.

Wir fanden daher keinen Anstand diesen bedaurungs-
würdigen Herren nach Gesetzesvorschrift beerdigen zu
lassen.

Sissach. 29. Juli 1824

Dr. Heinimann Bezirks Physikus

Chirurg von Arx

Möge Johann Rudolf Ryhiners Geist nach all der langen Zeit nun endlich Ruhe finden.

NR, 18. März 2019

Die Charakterzüge und Handlungsweisen der Figuren des Romans sind frei erfunden, insbesondere auch ihre Wortwahl. Gewisse überlieferte Eckdaten bildeten lediglich die Ausgangslage, die vorliegende Geschichte zu erdichten.

Dank

Mein Dank gebührt Max Triet, dem gewitzten Historiker und lieben Freund, für seine wertvolle Hilfe bei den Recherchen.

Ebenfalls bei Zytglogge erschienen

Dominik Osswald

Schneisen

Roman
ISBN: 978-3-7296-5022-0

Eine überfahrene Katze, ein ausgebrochener Rasenmährobo-
ter, ein verschwundener Polizist, ein regionales Boulevardblatt,
das ausser Rand und Band gerät, und zwei investigative Nach-
wuchsjournalisten, die dem Polizeichef, der negative Schlag-
zeilen vermeiden will, auf den Pelz rücken … Als ein kurzes,
aber heftiges Unwetter über das beschauliche Dorf Regenstetten fegt, ist nichts mehr, wie es sein sollte. Die Regenstetter,
die vierzig Jahre lang mit dem «grössten ungelösten Kriminal-
verbrechen des Landes», das sich in ihrem Dorf zugetragen
hat, zu leben gelernt haben, werden nervös. Was damals geschah, weiss man nicht, dennoch gilt der Fall in der öffentlichen
Wahrnehmung als abgeschlossen. Doch nun kommen die
Dinge ins Rollen, denn in einem Dorf wie Regenstetten hängt
alles mit allem zusammen und drängt unweigerlich an die
Oberfläche. Und nichts ist plausibler als die Realität, die man
sich zusammenreimt.

Im Debütroman des Journalisten Dominik Osswald ist nichts
so, wie es zu sein scheint. Mit sichtlichem Vergnügen führt
der Autor durch ein Spiegelkabinett aus unterschiedlichen
Wahrheiten und Wahrnehmungen und entfaltet eine (Medien-)
Groteske, die so abwegig gar nicht scheint.

Ebenfalls bei Zytglogge erschienen

Patrick Tschan

Der kubanische Käser
Das wunderbarliche Leben und
Lieben des Noldi Abderhalden

Roman
ISBN: 978-3-7296-5005-3

In einer bitterkalten Nacht im Frühmärz 1620 treiben Liebeskummer und Branntwein den jungen Toggenburger Noldi Abderhalden in die Fänge eines Anwerbers der Spanischen Armee. Als Reisläufer für die katholische Sache lernt der Sechzehnjährige das raue Soldatenleben kennen. Als er dem Heereskommandanten das Leben rettet, wird er als Kriegsheld an den spanischen Hof beordert. Dort entgeht er nur knapp der Spanischen Inquisition und wird nach Kuba verbannt, wo er eine Horde Rindviecher zu beaufsichtigen hat. Noldi Abderhalden wäre nicht Noldi Abderhalden, wenn er aus dieser Situation nicht machte, was nur er daraus machen kann.

Der Autor lässt einen geradlinigen Toggenburger quer durch die Wirren des Dreissigjährigen Kriegs marschieren und bitterem Ernst mit heiliger Einfalt die Stirn bieten.

Ebenfalls bei Zytglogge erschienen

Lukas Holliger

Das kürzere Leben
des Klaus Halm

Roman
ISBN: 978-3-7296-0979-2

Ein arbeitsloser Filmvorführer verschanzt sich in seiner Wohnung in Basel. Nur das Arbeitsamt oder die Einsamkeit treiben ihn aus dem Haus. Eines Tages fällt ihm ein Mann ins Auge, den er von nun an verfolgt: Klaus Halm. Dieser wirkt bei aller Unscheinbarkeit wie sein exaktes Gegenbild, denn mit Frau, Kind und Arbeit hat er alles, was dem Erzähler fehlt.

Immer weiter versenkt er sich in das minuziös beobachtete Leben des Klaus Halm, und am Ende ist sich nicht nur der Erzähler unsicher, wer hier eigentlich wessen Leben lebt.

Nominiert für den Schweizer Buchpreis 2017

Ebenfalls bei Zytglogge erschienen

Adam Schwarz

Das Fleisch der Welt
**oder die Entdeckung Amerikas
durch Nikolas von Flüe**

Roman
ISBN: 978-3-7296-0957-0

Als sein Vater Niklaus beschliesst, die Familie zu verlassen, um Eremit zu werden, ist Hans von Flüe schockiert. Drei Jahre später hat sich der junge Bauer jedoch an die väterliche Abwesenheit gewöhnt. Er hat eine Menge zu tun, bewirtschaftet einen eigenen Hof und hilft seiner Mutter und den Geschwistern.

Da tritt sein Vater auf einmal wieder in sein Leben und fordert Hans auf, ihn auf eine letzte Pilgerreise zu begleiten. Zögernd willigt Hans ein. Die Reise führt das ungleiche Paar nach Westen, immer dorthin, wohin Niklaus' Vision sie treibt. Als sie am Atlantik ankommen, glaubt Hans, die Reise sei nun zu Ende. Ein Irrtum, denn Niklaus möchte sich mit einem Floss auf den Ozean wagen …

‹Das Fleisch der Welt› ist ein wilder spätmittelalterlicher Road Trip, der daran erinnert, dass man weder vor der Welt, noch vor der eigenen Familie und schon gar nicht vor sich selbst fliehen kann. Glaube und Unglaube, Wahrheit und Lüge und die Kolonialgeschichte werden in diesem gewieften Text neu erzählt.

Ebenfalls bei Zytglogge erschienen

Benedikt Meyer

Nach Ohio
**Auf den Spuren der Wäscherin
Stephanie Cordelier**

Roman
ISBN: 978-3-7296-5006-0

1891 wandert die erst 19-jährige Stephanie Cordelier aus der Region Basel in die USA aus. Sie erhofft sich in der Neuen Welt ein besseres Leben. In Ohio lernt sie den amerikanischen Alltag kennen, wird Dienstmädchen bei einer Ärztefamilie und beginnt, sich heimisch zu fühlen. Dann wendet sich das Schicksal gegen sie.

125 Jahre später beschliesst ihr in Bern lebender Urenkel, ihrer Geschichte nachzugehen. Mit einem Containerschiff reist er über den Atlantik und mit dem Fahrrad nach Ohio, um vor Ort herauszufinden, was Stephanie Cordelier wirklich erlebt hat.

Spannend wie ein Detektivroman erzählt der Autor von der Suche nach den Lebensspuren der Urgrossmutter und anschaulich wie ein historischer Roman von den Erlebnissen einer jungen Frau, die mutig in ein neues Leben aufbricht.

Ebenfalls bei Zytglogge erschienen

Beat Hüppin

Donetta, der Lichtmaler

Roman
ISBN 978-3-7296-0992-1

Im abgelegenen Val Blenio gibt es wenig Arbeit, und Roberto Donetta hangelt sich von Beschäftigung zu Beschäftigung, um seine immer grösser werdende Familie durchzubringen. Mal arbeitet er als Marronibrater, dann als wandernder Samenhändler. Daneben widmet er sich intensiv der Fotografie. Unermüdlich dokumentiert er das Leben in seinem Tal. Trotz wirtschaftlich schwierigster Umstände und gegen den Widerstand seiner Familie hält er an seiner Leidenschaft fest und entwickelt künstlerische Ambitionen.

Beat Hüppins Roman befasst sich mit dem Leben und dem fotografischen Werk des Tessiner Fotografen (1865–1932). Es war ein spektakulärer Fund, als man Ende der 1970er-Jahre 5000 Glasplatten des Wanderfotografen entdeckte. Die dokumentarische Kraft und die ganz eigene Bildsprache seiner Arbeiten, so ist sich die Fachwelt einig, machen Roberto Donetta zu einem grossen Pionier der Fotografie.

Ebenfalls bei Zytglogge erschienen

Mirjam Britsch

Über den Simplon

Roman
ISBN 978-3-7296-5023-7

Im Sommer 1910 ruft die Mailänder Flugschau einen inter-
nationalen Wettbewerb mit einem stolzen Preisgeld aus: Zum
allerersten Mal in der Geschichte soll ein Flugzeug die Alpen
überqueren. Als Zielort ist der Platz vor dem Mailänder Dom
vorgesehen, Ausgangspunkt wird Brig im Oberwallis. Vorbei ist es mit der beschaulichen Ruhe im Bergtal. Plötzlich
bricht die weite Welt in die dörfliche Enge ein. Touristen aus
ganz Europa wollen dem Spektakel beiwohnen. Der aus
ärmsten Verhältnissen stammende Edi ist fasziniert von den
Flugapparaten. Hautnah erlebt er in Ried-Brig die Startver-
suche mit.

Mirjam Britschs Roman erzählt den Flugwettbewerb aus der
Perspektive des Bauernjungen Edi und schildert, wie sich
dessen Schicksal mit dem des tragischen Helden Geo Chavez
verbindet.